# 작가와 – 작품을

지은이  지젤 사피로

옮긴이  원은영

# 분리할 ── 수

# 있는가 ── ?

**일러두기**

- 각주에서 옮긴이 주는 별도 표기했다.
- 본문에서 글의 이해를 돕기 위해 옮긴이가 내용을 추가한 부분은
  대괄호 [ ]로 표시했다. 단, 인용문 속의 대괄호는 지은이가 내용을 추가한 것이다.
- 단행본, 전집, 총서는 겹낫표 『 』, 신문, 잡지 등 정기 간행물은 겹화살괄호 《 》,
  단편소설이나 논문, 기사 등 짧은 글은 홑낫표 「 」, 방송, 연극, 영화, 곡 제목은
  홑화살괄호 〈 〉로 묶었다.
- 지은이가 쌍따옴표, 이탤릭체, 굵은 글씨체로 표기한 부분에는 각각 홑따옴표,
  고딕체, 굵은 글씨체를 사용했다. 다만 인용이 아닌 강조를 위한 쌍따옴표는
  홑따옴표로 바꾸어 옮겼다.

나에게 작품에 대한 취향을 주신,

그리고 멀리서, 이 에세이를 쓰는 데 함께해 주신,

루스, 나의 어머니께.

# 목차 ━━━━━━━━━━

옮긴이의 말 ━━━━━━━━━━━━━━━━ 8

한국어판 서문 ━━━━━━━━━━━━━━ 18

서론 ━━━━━━━━━━━━━━━━━━━ 22

**1부  작가와 작품** ━━━━━━━━━━━ 34

**1장  환유 관계** ━━━━━━━━━━━━ 40
　　'작품' 경계의 불안정성
　　일관성을 조직하기

**2장  유사 관계** ━━━━━━━━━━━━ 56
　　저자, 화자, 인물
　　자신에 대한 글쓰기
　　저자와 그의 허구적 분신: 우엘벡과 베니에-뷔르켈

**3장  지향성/의도성 또는 내적 인과 관계** ━━━ 76
　　의도에 대한 소송? 대독 협력자들의 "실수할 권리"
　　역효과? 오렐상의 노래와 브렛 베일리의 〈B 전시〉

**2부 스캔들에 휩싸인 작가들** ——————— **90**

**4장 권한 남용** ————————————— **94**
    상의 의미: 폴란스키 사건
    타락한 아동 성애-작가의 영광과 비참

**5장 평판을 위태롭게 하는 현실 참여** ——— **122**
    억압의 해석학: 블랑쇼와 그라스 vs 드 만과 야우스
    하이데거의 "형이상학적 반유대주의"
    모라스를 추넘하기?
    엔드 게임: 문학에서 이데올로기로

**6장 페터 한트케는 악의 옹호자인가?** ——— **172**
    의심의 글쓰기에 대한 애매성
    현실 참여의 대가

결론 —————————————————— 196

감사의 말 ————————————————— 202

지은이 후기 ———————————————— 204

부록 〈자율성의 불순한 기초〉 ——————— 218

# 옮긴이의 ——— ——— 말

이 책은 프랑스에서 2020년 가을에 발간되었다. 나는 무척 반가운 마음으로 책을 읽었다. 두 가지 이유에서였다. 첫 번째로, 작가와 작품의 구별에 대한 질문은 이런저런 사건이 불거질 때마다 언제고 머릿속에 (그리고 종종 공론장에도) 떠오르는, 그러나 개인적으로는 간명한 대답을 내리기 어려운 질문이었기 때문이다. 두 번째로는 이 주제를 종합적으로 다루는 책을 적어도 나는 그전까지 읽은 적이 없었기에, 이 책이 내게 어떤 준거점이 되어 주길 기대했다. 그리고 뒤에서 이야기하겠지만, 한국에서 이와 관련한 논의들이 주기적으로 거세지는 것을 프랑스에서 바라보면서 바로 이두 번째 이유 때문에 번역을 결심하게 되었다.

2020년, 작가와 작품의 관계에 대해 생각하게 만든 몇 가지 사례를 기억한다. 2월 말 프랑스의 세자르 시상식에서 로만 폴란스키 감독이 감독상 수상자로 호명되자—그는 당시 시상식장에 없었다—배우 아델 에넬이 "수치"라 외치며 시상식장을 도중에 빠져나간 일이 있었다. 이 수상 결과와 아델 에넬의 행위는 프랑스에서 영화계를 포함한 문화계 종사자, 비평가 등의 공개적인 입장 표명과 갑론을박을 불러왔다(4장에서 이를 확인할 수 있다). 이에 비길 정도는 아니지만 한국에서도 논쟁이 일었다. 영화 전문지에 작가의 윤리와 작품의 관계에 대해 두 평론가가 쓴 글이 실렸고* 온라인상에서 독자들이 이에 반응하기도 했다. 2019년 베니스국제영화제에서 심사위원대상에 해당하는 은사자상 수상작이었던 이 영화 〈장교와 스파이〉는 한국에서 극장 개봉을 하지 않고 2020년 12월 VOD로 출시되었다. 두 번째. 한국에서 2020년 5월 우디

---

\*　듀나, 「로만 폴란스키 영화 소비가 비윤리적이라 말할 수 없다. 듀나 평론가가 말한다」, 씨네21, 2020년 3월 23일, http://www.cine21.com/news/view/?mag_id=95033; 박우성, 「로만 폴란스키 영화를 포기해야 한다. 박우성 평론가가 말한다」, 씨네21, 2020년 3월 23일, http://www.cine21.com/news/view/?idx=0&mag_id=95034

앨런 감독의 〈레이니 데이 인 뉴욕〉이 개봉했는데, 당시 영화 포스터에서 감독의 이름은 좀처럼 눈에 띄지 않았고 "〈미드나잇 인 파리〉 제작진"이라는 문구가 그 자리를 대신했다. 2017년에 촬영했던 이 영화는 감독의 수양딸 성추행 의혹이 재차 불거지면서 미국에서 개봉하지 못했고—2020년 10월이 되어서야 소수의 극장을 통해 개봉했다—주연 배우 중 티모시 샬라메가 영화 출연을 후회하며 출연료를 전액 기부했는데, 이러한 논란이 한국에도 전해졌기 때문이었다. 세 번째. 그해 가을, 고 김기덕 감독이 자신의 성폭력 의혹을 보도한 방송사와 그러한 의혹을 폭로한 여배우를 상대로 낸 손해 배상 청구 소송에서 패소했다는 뉴스가 보도되었다. 이후 12월, 그가 라트비아에서 사망했다는 소식이 전해졌고, 영화계의 몇몇 인사들이 그를 예술가로서 추앙하는 뉘앙스를 담은 애도를 SNS에 표했다가 네티즌과 다른 비평가 등으로부터 비판을 받았다.

이 사례들은 다음과 같은 질문들을 생각하게 한다. 작가의 도덕성과 작품 윤리를 분리할 수 있는가? 윤리적으로 또는 그에 더하여 법적으로 문제가 되는 행위를 저지른(저질렀다고 의심되는) 인간 OOO과, A라는 작품의 창작자 OOO을 구분할 수 있는가, 혹은 구분해야 하는가? 더 나아가, 다른 층위의 질문을 다른 행위자들과 연결시켜 제기할 수 있다. 공인의 기능을 수행하는 기구들은 비판받을 만한 행위를 저지른 작가의 작품을 여전히 공인할 수 있는가? 관객, 독자, 청중은 그러한 작품을 여전히 소비할 수 있는가? 작품을 선택하고 유통하는 문화 매개자에게는 어떠한 책임이 있는가?

나의 궤적과 연구 분야로 인해 영화계에서 일어난 일에 특별한 관심을 기울이고 떠올리게 된 질문들이지만, 이는 공연계, 출판계 등에서 불거진 논란에도 유사하게 적용된다. 2023년 고은 시인의 신간이 일으킨 논란에서도 마찬가지다. 출판사인 실천문학사는 2018년 성추행 의혹 폭로 이후 국내에서 활동하지 않고 있던 시인의 시집 『무의 노래』를 2022년 12월 발간하고, 여론의 반대 및 불매 운동, 일부 매체로부터의 비판을 마주한 뒤 2023년 1월 판매를 중지했다. 출판사는 이러한 판매 중지 결정이 "여론의 압력"으로 인해 출판의 자유와 표현의 자유라는 "기본권리가 범죄시되고 억압받"았기 때문이라고 했다.* 그리고 시집 재판매 여부를 판단하기 위해 "출판의 자유권", "출판의 자유권리 억압 사태에 대한 원인 분석", "왜 하필 고은 시인과 실천문학만 가지고 그러는지요?"를 각각 제목으로 하는 온라인 설문 조사를 4월부터 6월에 걸쳐 시행했다.** 이 사태는 문화 매개자의 역할과 책임, 문제가 되는 작가의 작품을 놓고 벌어지는 보이콧과 검열의 구별에 대한 문제를 명백하게 관통한다.

　한국 사회에서 이러한 질문이 최근 들어 중요해진 건 아니다. 일제 식민기 친일 행적을 보인 작가들의 작품을 어떻게 할 것인지에 대한 문제는 작가와 작품의 관계에 있어 뿌리 깊은 문제이며, 이 질문이 역사적 맥락에도 깊이 얽혀 있음을 보여 준다. 1966년 임종국의 저서 『친일문학론』이 발간된 이래, 특히 2000년대를 거치며 학계와 지식인 사이에서 친일 문학 및 친일 협력 작가에 대한 연구와 논의가 활발해졌다.

　집에 있던 오래된 책, 세로쓰기로 되어 있어 신기해 하며 읽었던 『무정』의 저자가 친일 작가였다는 것을 뒤늦게 알게 되었을 때의 당혹감이 어렴풋이 떠오른다. 나는 2000년대 초반 청소년 시기를 보냈다. 이광수, 채만식, 서정주 등 읽고 공부했던 저자들이 일제에 협력한 사실을 언제 어떻게 알게 되었는지 정확한 기억은

---

\* 　실천문학사, 「출판의 자유권리 억압 사태에 대한 원인 분석 설문 조사」, 2023년 5월 4일, http://silcheon.com/2023/05/04/출판의-자유권리-억압-사태에-대한-원인-분석-설문-조/

** 　실천문학사, 「왜 하필 '고은' 시인과 '실천문학'만 가지고 그러는지요?」, 2023년 6월 5일, http://silcheon.com/2023/06/05/왜-하필-고은-시인과-실천문학만-가지고-그/?ckattempt=1

나지 않는다. 그러나 고등학교 문학 교과서에 등장하는 숱한 작가들이 작품 형태로나 다른 방식으로 친일 활동을 했다는 사실을 상세하게 배우거나 작품 감상에 있어 그러한 역사적 사실을 고려하게끔 배운 적이 없음은 확실하다.

2000년대에서 2020년대에 이르는 사이, 교과서에 친일 협력 작가들의 작품을 계속 실을지 말지, 친일 작가의 이름을 딴 새로운 문학상을 만들지 말지, 이미 존재하는 문학상을 어떻게 할 것인지에 대한 문제는 반복하여 불거졌다. 나는 친일 협력 작가들과 그들의 작품을 둘러싸고 펼쳐진 토론과 연구 결과물 전체를 파악하고 있지는 않다. 그럼에도, 한국 근대 문학에 중요한 자취를 남긴 이 작가들의 작품을 감상함에 있어 어떠한 시각과 자세를 갖춰야 할지 우리는 아직 더 많이 논의해야 하지 않을까 생각한다.

앞서 언급한 이슈들에 대하여 지젤 사피로의 책을 참고하며 가까운 사람들과 대화를 나누다가, 이 책이 (국제적 명성이 있는 창작자들을 포함하여) 프랑스와 유럽 중심의 사례를 다루고 있지만 한국에서도 읽고 생각해 봄 직한 부분이 충분하다고 깨달았다. 이러한 문제에 관련되었거나 개입하고자 하는 이들이 이 책을 읽고 토론을 더욱 거세게 해 주었으면 하는 바람을 갖기에 이르렀다. 그리고 다행히도 이음출판사를 만나 한국어 번역본을 소개할 수 있게 되었다.

이 책은 객관성과 체계성을 갖추어 연구 대상을 구성하고 연구 방법을 설정하여 실행한 과학적 작업물은 아니다. 저자가 서론에서 이 '에세이'는 사회학적 연구 결과가 아니라고 선언하고 있듯이 말이다. 지젤 사피로는 작가와 작품의 분리라는 문제를 놓고 태도의 이념형을 도출시키는, 서로 유사하거나 함께 논의할 만한 사례들을 짝지어 제시한다. 그리고 이 문제에 어떻게 접근해야 하는지를 각각의 사례 분석을 통해 보여 준다.

학술서는 아니지만, 다양한 이론과 학문적 논의를 바탕으로 하고 있어 책 읽기가 마냥 쉽지 않은 것이 사실이다. 더군다나 모든 사례가 한국 독자에게 익숙하지도 않을 것이다. 거론되는 분야도 문학, 철학, 영화, 미술 등 다양하여 해당 분야에 대한 개별 독자의 관심도에 따라 어떤 내용은 완전히 생소할 수 있다. 그러나 내가 생각하기에 이 책이 지닌 가장 큰 장점은, 논란이 되는 사안을 놓고서 어떠한 이론적 배경을 가지고 어떻게 그것을 분석하는지 그 접근 방법과 과정을 볼 수 있다는 데 있다. 해당 사안에 대한 사전 정보가 없더라도 그러한 분석 과정을 펼치는 저자의 논리적 흐름은 충분히 따라갈 수 있다. (물론 내용을 이미 어느 정도 알고 있다면 더욱 풍부하고 비판적인 독해를 할 수 있겠다.)

　　대다수의 독자에게 이 책이 유익하고 유용한 책이 될 수 있는 부분은, 그 이슈 자체의 구체적인 정보 습득보다는, 저자가 다양한 유형의 이슈에 대하여 어떠한 근거 자료와 이론적 틀로 다가갔느냐에 대한 것일 테다. 이러한 점에서 작가와 작품의 관계를 세 가지로 분류하여 이론적 토대를 세우는 1부를 먼저 꼼꼼히 읽는 편이, 그러한 관계 축을 활용하여 폴란스키, 하이데거, 블랑쇼, 한트케 등의 사례를 검토하는 2부에서 저자의 분석을 따라가며 이해하기에 더욱 수월할 것이다. 그렇지만 장별로 사례를 다루고 있는 구성상 2부에서 관심 가는 사례를 발췌해 읽더라도 독자의 사유에 어떤 식으로든 유용한 지점을 제공하리라 본다.

　　책은 사회학뿐 아니라 분석 철학, 문학 이론 등 인문사회과학을 폭넓게 아우르며 논의를 펼친다. 지젤 사피로는 텔아비브대학교에서 비교 문학과 철학을 전공하고 파리 사회과학고등연구원에서 피에르 부르디외의 지도로 박사 학위 논문을 작성하여 1994년 사회학 박사 학위를 취득했다. 그래서 책을 읽으면 인지할 수 있듯, 저자는 부르디외 사회학에 기본 뿌리를 두고 있다. 사실 부르디외의 이론은 지젤 사피로의 연구에서 활용되는 다른 여러 사회과학 이론 가운데 주요한 개념 틀이자 연구 프로그램으로 작용하고 있다. 예컨대 부르디외의 장 이론에 기반하여 제2차 세계 대전 및 이후 과거사 청산 시기까지 프랑스의 작가들과 문학 제도/기관을 중심으로 문학 장을 연구했고,* 19세기에서 21세기에 이르기까지 주요 문학 소송을 다루며 윤리적, 정치적 쟁점으로서 '작가의 책임'이라는 문제가 어떻게 문학 장의 자율화 및 작가 지위의 재정의와 관련되는지 보여 주었다.** 프랑스 문학 장과 지식인 장 연구 외에도 초국적 문학 장과 번역 시장에 대한 연구 등에서 행위자 간 힘의 관계, 문화 재화 생산, 유통, 수용의 사회적 조건을 주요하게 검토했다. 이렇듯 경험 연구를 통해 닫혀 있지 않은 이론으로서의 장 이론의 적용 가능성을 지속적으로 확인하고 넓혀 가면서, 프랑스뿐 아니라 국제 학술 장에서 부르디외의 지적 유산을 갱신하고 전파하는 데 있어서도 중요한 역할을 하고 있다.

　　저자가 이 책에서 부르디외가 발전시킨 개념들, 이를테면 장, 상징 폭력, 하비투스 등과 같은 개념들을 사용하면서 구태여 개념 설명을 하지 않고 넘어가는 때가 종종 있다. 이는 앞뒤 맥락 및 사례 소개를 통하여 의미를 파악할 수 있기 때문이기도 하지만, 다른 한편으로는 프랑스 사회에서 이 책을 읽을 독자층이라면 그의 개념들을 이미 어느 정도 접해 상세히 설명할 필요가 없었을 수 있다는 짐작이 든다(부르디외의 사회학이 프랑스 현대 사회에 미친 파급력을 고려하면 말이다). 여하간 이런 배경 때문에 부르디외의 개념에 대한 이해도가 있다면 저자의 논지가 더욱 명확하게 간파되는 지점들이 있을 것이다. 추가 설명이 필요하다고 판단되는 일부 개념에는 옮긴이 주석을 덧붙였는데, 만약 부르디외 사회학에 대해 더 깊이 이해하고 싶다면 국내 번역서 중 『성찰적 사회학으로의 초대』(이상길 옮김, 그린비, 2014)를 읽기를 권한다.

---

\* 　Gisèle Sapiro, *La Guerre des écrivains, 1940-1953*, Paris, Fayard, 1999.

\*\* 　Gisèle Sapiro, *La Responsabilité de l'écrivain. Littérature, droit et morale en France (XIXe-XXIe siècle)*, Paris, Seuil, 2011. 참고로 이 책 제목은 사르트르의 책 제목(*La responsabilité de l'écrivain*)을 본떴다.

2025년 현재에도 작가와 작품의 윤리를 둘러싼 질문은 되풀이되고 있다. 연극계에서는 성폭력 혐의가 있거나 미투 논란에 얽혔던 당사자들이 공연 제작의 일원이자 주요 행위자로 참여, 복귀하는 것이 백래시, 그러니까 미투 운동 이후 일종의 '퇴행'의 징후로 여겨졌고, 이에 문제를 느끼는 이들의 보이콧과 토론을 불러일으켰다. 문학계에선 타인의 내밀한 삶의 이야기를 작품에 녹이는 것과 관련하여 이러한 질문이 다시 한 번 수면 위로 떠올랐다. 특히 정지돈 작가가 자신의 사적 이야기를 작품에 재현했다는 당사자의 문제 제기 이후, 창작의 자유와 허용 범위, 재현 윤리 등을 놓고 SNS와 몇몇 지면에서 다양한 논의가 이어졌다. 타인의 경험을, 또는 나와 타인 사이 있었던 일을 나의 창작물로 전유하는 문제로도 볼 수 있을 이 주제는 책과 결이 다를 수도 있지만, 저자, 화자, 인물 사이 관계에 대한 숙고, 문학 장에서 작가가 취하는 전략과 창작 방식을 관련 지어 검토하는 방법론 등 이 책에서 다루는 여러 요소가 토론을 확장하는 데 도움이 되리라 생각한다.

　　이 책의 번역자이자 문화 연구자로서, 이러한 질문을 다룸에 있어 문화 매개자의 책임을 다시금 강조하고 싶다. 투자·배급사, 출판사, 미술관, 비평가(같이 나열하지만 앞선 매개자들과 다른 위치에 있고 '인정' 기구 역할을 한다는 점에서 지위가 다르다는 점을 밝힌다) 등, 작품 창작자와 관객, 독자, 청중 사이를 매개하며 창작물과 창작자의 경제적, 상징적 가치 생산에 참여하는 문화 매개자들이 논란을 앞에 두고 창작자나 소비자 뒤로 물러나서는 안 된다. 게다가 그러한 가치로부터 물리적, 상징적 이익을 얻는 입장이라면 더욱 그러하다. 아울러 작가와 작품에 공공 지원을 하는 국가 기관들과 그들에게 상징 자본을 축적해 줄 수 있는 힘을 지닌 결정 기관들 또한 마찬가지다. 소비자의 보이콧을 일종의 방패 삼아 구체적인 해명과 입장 표명 없이 작품을 시장에 존재하지 못하게 하는 것이나, 소비자가 정당하게 행사하는 보이콧을 '검열'이라 치부하는 것이나, 작가에게도, 작품 감상자에게도, 피해자에게도, 문화 생산 장에도 이롭지 않아 보인다. 아무쪼록 이 책이 작가와 작품의 관계, 작품의 윤리와 작가의 윤리에 대해 질문을 던지는 이들에게 좋은 참고 자료가 되어, 공론장에서 더 많은 토론이 이루어지고 거기에 더 많은 이들이 발언을 보탤 수 있기를 희망한다.

짧은 감사의 말을 덧붙인다. 번역 출판을 결정해 주신 이음출판사 주일우 대표님, 더 잘 읽히는 책이 되도록 최선을 다해 편집해 주신 이유나 선생님께 감사드린다. 책의 주제에 공감하여 주시고 이 책이 한국에서도 읽혔으면 좋겠다는 생각을 실천으로 옮길 수 있게 도와 주신 이상길 선생님, 한국어 번역에 기쁘게 동의해 주시고 번역과 연구를 무사히 병행하도록 한결같이 사기를 북돋아 주신 지젤 사피로 선생님께도 깊은 감사를 전한다. 책을 읽으며 함께 대화 나누고 우리말 문장을 훑어봐 준 이두형에게도 진심으로 고맙다.

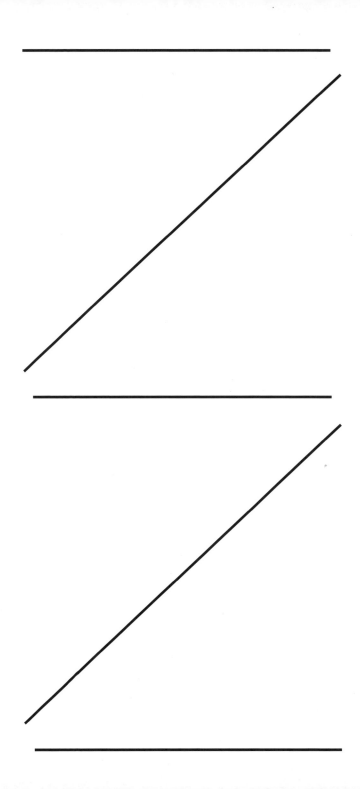

# 한국어판 ───── ───── 서문

미투#MeToo 운동은 시차를 두고 전 세계로 퍼져 나가고 있다. 이 운동은 한국에서 여성의 권리가 일부 향상하는 데 기여했다. 낙태를 비범죄화하는 2019년 헌법 재판소의 결정, 디지털 성범죄의 형량 강화 등이 그러한 예시일 것이다. 그러나 미투 운동은 다른 곳과 마찬가지로** 격렬한 반페미니스트 백래시를 불러왔고 이는 한국이라는 보수적인 사회에서 더욱 공개적인 형태로 드러나고 있다.

이 책이 여성 권리를 일반적으로 다루는 것은 아니나, 문화계에서 여성이 대상이 되는 부당한 행위와 권력 남용을 다루고 있다. 미투 운동은 다른 곳에서 그랬듯 한국에서도 작가, 영화 감독, 예술가 등 '창작자'의 지위를 지닌 이들을 표적으로 삼으며 예술계와 문학계에서 특별한 반향을 일으켰다. 왜냐하면 그들의 행위는 우리가 작품과 맺는 관계에 영향을 미치고 여러 질문을 제기하기 때문이다. 이 에세이는 바로 이 문제에 초점을 맞춰, 철학자 마틴 하이데거Martin Heidegger와 같이 그들의 행위나 사상 때문에 작품에 대한 우리의 관점도 검토하게 만드는, 현재와 과거의 창작자들과 사상가들에게로 질문을 확장한다. 우리는 계속 그들의 작품들을 읽고, 보고, 듣고, 감상할 수 있는가? 동시대인을 위해 우리는 그 작품들을 계속 정전canon에 올려 두고, 그 작품들에 상을 줄 수 있는가? 그렇게 해야 하는가?

이 책은 이러한 점들에 대해 논증 없는 결단을 내리기보다 토론할 수 있는 틀을 제시한다. 토론은 공적인 자리든 사적인 곳에서든 교

---

\*    이 책의 한국어 번역을 제안한 원은영에게 감사를 표한다.

\*\*    Abram de Swaan, *Contre les femmes. La montée d'une haine mondiale*, trad. fr., Paris, Seuil, 2021.

실에서든 가족과의 저녁 식사에서든 이루어질 수 있다. 중요한 것은 다른 이들의 논지를 듣는 일이다. 무엇이 그들에게 상처를 주는지, 그들이 거부하는 이유는 무엇인지, 혹은 작가가 행한 일에 대해 알면서도 작품에 애착을 갖게 만드는 요인은 무엇인지 귀를 기울여야 한다. 폴란스키Roman Polanski가 미성년자를 성폭행한 사실을 알고도 우리는 폴란스키의 영화를 계속 좋아할 수 있을까?

그렇다고 해서 모든 주장이 똑같은 가치를 지니는 것은 아니며, 어떤 주장은 다른 주장을 가리기도 한다. 이 에세이는 확산하는 논쟁에서 한 걸음 물러나 그에 대한 사회역사적 관점을 취하고 비판적 도구를 제공하고자 한다. 이 책은 '예술을 위한 예술'이라는 원칙을 부정하지 않으면서도, 젊은 세대가 특정 작가들을 거부하고 보이콧하는 운동과 그들의 동기를 중요하게 받아들이고, 현대 사회에서 창작자를 신성화하는 것에 맞서 '예술을 위한 예술'이 타인을 학대할 권리를 의미하지는 않음을 상기시킨다. 마찬가지로, 사회적 약자나 소수자 집단에 대한 고정 관념과 편견이 새겨진 표상을 통해, 작품이 상징 폭력을 직접 전파할 수 있다는 점도 중요하게 다룬다.

프랑스와 다른 곳에서 그랬던 것처럼 이 책이 한국에서 독자들을 만나 활발한 토론을 일으킬 수 있기를 기대하며.

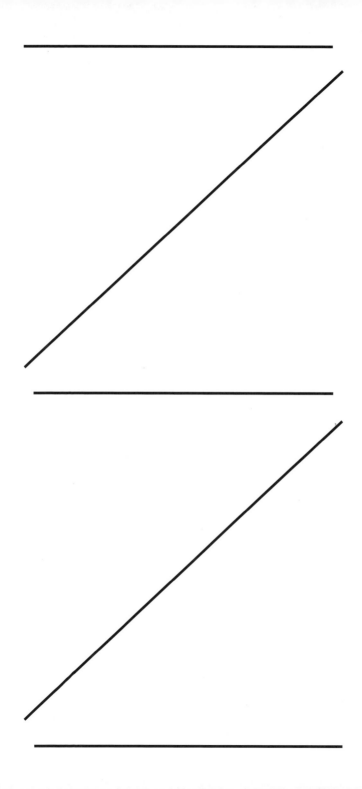

# 서론 ─────────

페터 한트케Peter Handke는 노벨상을 받을 만했는가? 로만 폴란스키는 세자르상을 받을 만했는가? 작가의 도덕성과 작품의 도덕성의 관계에 대한 질문은 미투 시대에, 그리고 인종 차별 또는 성차별 표현이 담긴 작품들을 '삭제할' 것을 요구하며 미국에서 시작된 운동인 '캔슬 컬처'의 시대에, 다시 강력하게 제기된다. 또한 이 질문은 프랑스에서 셀린Louis-Ferdinand Céline과 모라스Charles Maurras를『국가추념서Livre des commémorations nationales』*에 등재하는 것에 대한 논쟁의 핵심이었고, 그 결과 이들은 그 책에서 제외되었다. 하이데거의『검은 노트Cahiers noirs』의 출간은 그의 삶과 저작을 분리하려는 수십 년의 노력을 망가뜨렸다. 그리고 바그너Richard Wagner의 음악은 그의 열렬한 반유대주의로부터 자유로울 수 없다.

이러한 논쟁은 집단들의 깊고 오래된 신념을 보여 주는 수많은 논의가 쏟아져 나오게 만들었다. 때로는 어조가 신랄하고 논점이 이탈되기도 하지만, 이 논쟁들은 SNS를 통해 증폭되며 미디어에서 일어나는 민주적 토론의 활력을 입증한다. 이를 유감스럽게 여기는 것은, 여전히 존속하는 표현의 자유가 예외 상태les états d'exception**와 점점 퍼져 가는 권위주의로 잠식되고 있는 이 시기에 잘못된 일일 터이다.

토론에서 합리적 논증보다는 상대방을 폄하하기 위해 서로 다른 논거를 뒤섞으며 논지를 흐리게 하고 자기기만을 앞세우는

---

\*   [옮긴이]『국가추념서』는 프랑스의 국가추념고등위원회가 선정하고 문화부의 승인하에 발행되는, 국가/민족(Nation)의 이름으로 기릴 만한 기념일을 모은 발간물이다. 이를 둘러싼 논쟁에 대해서는 5장에서 자세히 다룬다.

\*\*  [옮긴이] 예외 상태란 국가가 천재지변, 전쟁, 테러 행위, 전염병 등 심각한 위험에 직면하여 평상시의 법적 규칙을 따르는 데 제약이 있는 상황을 일컫는다. 비상 사태, 계엄 등 비상 조치를 포괄하는 용어다. 2015년 11월 프랑스 파리 및 생드니 테러 때 비상 사태가 선포되어 약 2년간 유지되었고, 2020년 초에는 코로나19 팬데믹으로 인해 프랑스 전역에 보건 비상 사태(état d'urgence sanitaire)가 선포된 바 있다.

팸플릿* 스타일이 빈번하게 우세한 상황에서, 혼란스러운 토론의 쟁점을 분명히 밝히려는 시도는 역시 필요해 보인다. 이것이 이 짧은 에세이가 보여 주고자 하는 바다. 이 책은 이러한 논쟁들에 대한 사회학적 연구도 아니고 논의들에 대한 투시나 그 논의들이 포함하는 쟁점에 대한 철학적, 사회역사적 조망도 아니다. 이 작업은 체계적이고 철저하게 망라된 조사를 목표로 하지는 않되, 지식인, 예술가, 문화 매개자, 비평가들이 공개적으로 취한 입장들, 비공식적인 토의들, 토론의 대상이 되는 작품 분석을 바탕으로 하며, 또한 문학과 도덕의 관계 및 작가들의 정치적 현실 참여에 대한 나의 이전 연구들을 바탕으로 한다.**

작가***와 작품이라는 개념은 사회적 구성물로, 역사와 문화에 따라 다른 신념들이 이에 결부되어 있다. 작가auteur·e****는 어

---

\*     [옮긴이] 이 책에서 팸플릿은 날카롭고 공격적이며 때로는 폭력적인 어조를 사용한, 풍자적이거나 비방적인 성격의 짧은 글을 말한다. 이는 논쟁적 문학의 한 장르로 간주된다.

\*\*     Gisèle Sapiro, *La Guerre des écrivains, 1940-1953*, Paris, Fayard, 1999; *La Responsabilité de l'écrivain. Littérature, droit et morale en France (XIXe-XXIe siècle)*, Paris, Seuil, 2011, *Les Écrivains et la politique en France, de l'affaire Dreyfus à la guerre d'Algérie*, Paris, Seuil, 2018.

\*\*\*     [옮긴이] 이 책에서 'auteur'는 좁은 의미에서는 글을 쓰는 사람, 넓은 의미에서는 작품의 창작자를 의미하여 '작가', 혹은 '저자'로 옮겼다. 다만 '저자'로 옮겼을 때 이는 글을 써서 책을 낸 사람이라는 의미에만 국한되지 않고, 이 책 1부, 특히 1장에서 미셸 푸코의 '저자 기능' 개념을 경유해 논의하는, 그의 것으로 여겨지고 그에게 귀속되며 법적 책임을 지울 수 있는 작품들과의 관계로부터 정의되는 고유 명사를 지닌 개인으로서 '저자'의 의미를 지닌다.

\*\*\*\*     작가/저자를 추상적 개념으로 논할 때는 여성형을 도입하지 않되, 저자로 간주되는 개인을 지시할 때에는 이 용법을 사용하며, 번갈아서 '그' 또는 '그녀'로 지칭할 것이다. ([옮긴이] '작가', '저자', '권리 소유자' 등을 뜻하는 프랑스어 어휘 'auteur'는 남성형 명사다. 언어가 띠는 젠더 불평등에 대항하는 차원에서, 오늘날 프랑스 사회에서는 남성형이 대표형인 어휘들에 여성형 접미사 '-e' 또는 '-ice'를 함께 표기하는 '포괄적 쓰기법(écriture inclusive)'이 퍼지고 있다. 이 책에서 지은이는 특정 개인으로서 이 단어를 사용하는 경우 'auteur·e'로 'e'를 추가해 여성형을 병기하며 포괄적 쓰기법을 실천했다. 그러나 단어에 성별이 없는 우리말의 특성을 감안해 번역에서 이를 특별히 드러내지 않았다.)

떤 이름으로서 말하는가? 어떤 담화(구술 혹은 글), 이미지, 음악의 저자는 신탁을 전하는 사제, 영매, 다시 말해 목소리나 어조의 변화로 특징지어지는 신들린 상태나 빙의 상태가 드러내는 신성하거나 마술적이거나 악마 같은 영감을 원천으로 하는 중개인처럼 스스로를 내보이거나 그렇게 보일 수 있다. 또는―자발적이건 아니건, 의식을 하건 아니건 간에―어떤 집단의 대변인처럼 스스로를 내보이거나 그렇게 보일 수 있다. 창작물과 관련해(예컨대 정치적 담화와는 달리), 근대 서구적 구상은 저자의 표상을 자신의 고유한 이름nom propre으로 표현하는 개인으로 정립했다. 그러나 작품의 주체를 개인에서 찾지 않고 저자가 속한 사회 집단이나 그가 결부된 문화 생산 장에서 찾는 사회학자들은 저자를 개별화하는 그러한 구상에 이의를 제기한다.* 한편 그 구상은 이 에세이가 다루는 토론들의 기반이 된다. 따라서 그러한 구상으로부터 작가와 작품을 동일시하는 방식들과 그 한계들을 1부에서 살펴볼 것이다. 이를 위해 미셸 푸코Michel Foucault의 저자 개념 분석, 고유 명사noms propres에 대한 철학적 이론들, 그리고 작가와 작품 사이의 세 가지 관계―환유 관계, 유사 관계, 내적 인과 관계(지향성/의도성)―에 대한 나의 분석을 활용할 것이다. 이 관계들은 작가의 도덕성과 작품의 도덕성 사이의 긴밀한 관련성을 함축한다.

　　2부에서는 작가가 비난받아 마땅하다고 여겨지는 행동을 했을 때 제기되는, 도덕성과 작품의 관계에 대한 질문을 검토한다.

---

*　　작품의 주체를 한 사회 집단의 "세계관"과 동일시하는 것과 관련하여, Lucien Goldmann, *Le Dieu caché. Étude sur la vision tragique dans les "Pensées" de Pascal et dans le théâtre de Racine*, Paris, Gallimard, 1955, p.26-27을 보라. (예술적 또는 사변적) 작품의 주체로서의 장에 대해서는 Pierre Bourdieu, *Science de la science et réflexivité*, Paris, Raisons d'agir, 2001을 보라.

대답은 두 가지 이념형적idéaltypiques 태도*로 나뉜다. 첫 번째는 작가와 작품의 분리를 강력히 권하는 태도다. "예술사는 위대한 예술가이기도 했던 비열한 작자들로 가득 차 있으며, 도덕이 창작에 끼어들 여지는 없다." 비평가 피에르 주르드Pierre Jourde는 웹사이트 《비블리옵스BibliObs》에 게재된 그의 자유 시평을 통해 이렇게 단언했다.** 이 관점에 따르면 작품들은 자율적이며, 작가의 도덕성과는 독립적으로 그 자체로서 평가되어야 한다. 주르드의 글은 작가 비르지니 데팡트Virginie Despentes가 폴란스키의 세자르상 수상에 대해 일간지 《리베라시옹Libération》에 쓴 기고문에 대한 반응이었다. 그 기고문은 다음과 같이 끝난다. "예술가에 의한 강간의 모든 피해자들은 강간당한 신체와 창작하는 신체 사이에 기적적인 구별이 없다는 것을 알고 있다. 그저 자기 자신을 여기저기 끌고 다닐 뿐이다. 내가 글쓰기를 시작하기 전에 내 사무실 문 앞에 있는 강간당한 여성을 어떻게 하면 그냥 내버려 둘 수 있는지 내게 설명을 해 보라, 이 광대 무리들아."***

이러한 입장은 폴란스키의 이름이 발표되자 세자르 시상식장을 나가 버린 아델 에넬Adèle Haenel처럼 스캔들에 휩싸인 작가들에게 수여되는 상에 대한 항의로 이어진다. 아델 에넬의 반응에

---

\*    [옮긴이] 막스 베버가 제안한 개념인 '이념형'은 사회 현실을 분석하기 위한 방법론적 수단이다. 여러 개별 현실에 분산되어 있는 관점들을 하나의 "통일적인 사유상"으로 결합하여 도출한 결과인 이념형은, 그 자체로 현상으로서 반드시 실재하는 것이 아니라, 개별적 사회 현상을 이해하는 데 있어 비교 분석을 가능하게 하는 추상화된 개념이다. 막스 베버, 「사회과학적 및 사회정책적 인식의 "객관성"」, 『문화과학 및 사회과학의 논리와 방법론』, 김덕영 옮김, 도서출판 길, 2021, 특히 306-312쪽.

\*\*    Pierre Jourde, "La bêtise n'est pas féministe", *BibliObs*, publié le 9 mars 2020, mis à jour le 10 mars 2020 à 15h46: https://www.nouvelobs. com/les-chroniques-de-pierre-jourde/20200309.OBS25811/la-betise-n-est-pas-feministe-par-pierre-jourde.html (consulté le 25 mars2020).

\*\*\*    Virginie Despentes, "Désormais on se lève et on se barre", *Libération*, 1er mars 2020.

비르지니 데팡트는 가부장적 질서에 대한 모든 형태의 '동의'에 대항하는 결집의 제스처를 보낸 것이다. "이제 우리는 일어나 떠난다."*

그러나 일단 작가의 도덕적 불가분성을 확인한 후에도 작품에 대한 질문은 그대로 남아 있다. 작품을 검열해야 하는가? 미국에서는 이와 관련해 '캔슬 컬처', 즉 '문화를 취소/무효화'한다는 표현으로 요약되는 급진적 입장이 대두되었다. 〈이제 고갱을 캔슬해야 할 때인가?〉라는 제목을 단 《뉴욕타임스The New York Times》기사는 고갱 자화상 전시를 한 런던 내셔널 갤러리가 그에 대해 불평등한 식민 관계에서 우세한 지위를 이용해 아주 어린 소녀들을 간음했다고 소개한 것을 다루었다.** 프랑스에서는 배우자 마리 트랭티냥Marie Trintignant을 폭행하여 죽음에 이르게 한 범죄를 지은 가수 베르트랑 캉타Bertrand Cantat가 콘서트를 재개하는 것에 페미니스트 협회들이 항의했다. 그러나 미성년자와 불법적인 성관계로 유죄 선고를 받았던 폴란스키가 세자르상을 수상한 사례에서, 비르지니 데팡트도 아델 에넬도 검열을 주장하지 않았고 그저 공론화를 요구했다. 그럼에도, 작가가 충격적이고 비난받아 마땅한 사적인 행동으로 '작품'을 만들었을 때, 그리고 그 작품들이 아동 성애 작가 가브리엘 마츠네프Gabriel Matzneff의 경우와 같이 그러한 행동을 정당화하고 정상화하고 심지어 찬미할 때 이 질문은 다르게 제기되며, 그러한 책들은 법에 저촉된다(4장에서 이를 다룰 것이다).

작품의 도덕성과 작가의 도덕성의 구별을 문제로 삼는 것은 페미니스트 조직들에 의해 최근에서야 다시 시작되었지만 이 질문은 오래된 것이며, 인종 차별적이거나 반유대주의적인 발언을 공

---

\*     위와 같은 기사에서.

\*\*     Farah Nayeri, "Is It Time Gauguin Got Canceled?", *The New York Times*, 18 novembre 2019.

개적으로 하거나, 인종 혐오를 선동하거나, 나치에 지지를 표명했던 공인된consacrés 사상가나 예술가들의 사례에서 날카롭게 제기되었다—이 태도들 또한 법으로 정죄된다. 이러한 입장 표명들은 인종주의, 반유대주의와 외국인 혐오가 지배적 이데올로기, 심지어 국가적 이데올로기로 여겨지던 시대에, 바그너, 하이데거, 모라스, 셀린 등 작가들의 공인consecration에 기여했다. 그러나 그것들은 얼룩, 낙인이 되었고, 한때의 '사상'은 터부가 되었다. 따라서 '작품'과 이러한 현실 참여 사이 장벽을 세워야 했다. 바그너의 음악이나 하이데거의 철학과 그들의 반유대주의 신념은 오랜 기간 분리되어 받아들여졌으나 오늘날에 이르러 이러한 분리가 의문시되고 있다. 그렇다고 해도 이스라엘을 제외하고는, 음악사에 깊이 흔적을 남긴 작곡가를 목록에서 제외시키는 일은 전혀 고려된 적이 없었다. 마찬가지로 『검은 노트』에서 드러난 나치 찬동과 반유대주의에 대하여 하이데거를 둘러싸고 격렬한 논란이 일어났을 때 어떤 이들은 그의 철학에 의문을 제기했지만, 이러한 논란이 프랑스어 번역—공인의 한 형태—을 포함해 그의 전작 발행을 막지는 않았다. 5장에서 바로 이러한 사례들을 다룰 것이다. 한편, 작가 귄터 그라스Günter Grass와 모리스 블랑쇼Maurice Blanchot처럼, 혹은 비평가 폴 드 만Paul de Man과 한스 로베르트 야우스Hans Robert Jauss처럼, 작가들이 한 극단적 성향의 정치 참여가 '작품'보다 먼저였을 경우에는 어떻게 할 것인가? 스캔들을 일으키며 새롭게 밝혀진 사실은 과거와의 관계라는 프리즘을 통해 그들의 글을 다시금 읽고

인식적 무의식inconscient épistémique*에 그들이 기여한 바를 탐색하
도록 우리를 이끈다. 그렇다고 해서 정전canon이나 학술 커리큘럼
에서 그들을 지워야 하는가? 인종 혐오 선동을 전파하는 문화 생
산에 대해서는 이번에도 질문이 다르게 제기된다. 셀린의 문학 작
품이 검열의 검토 대상이 된 적은 없었지만, 갈리마르Gallimard 출
판사에서 그의 반유대주의 팸플릿들을 재발행하려는 계획은, 모
라스의 저작 재발행, 그리고 이 두 이름을 『국가추념서』에 등재하
는 것과 마찬가지로 대중의 분개를 불러일으켰다. 르노 카뮈Renaud
Camus와 리샤르 미예Richard Millet와 같은 동시대 사례도 이 토의
에 포함해야 한다. 그들의 궤적에서 뒤늦게 이루어진 인종 차별적
이고 외국인 혐오적인 입장 표명 또한 스캔들을 일으켰다.

오스트리아 작가 페터 한트케가 구유고슬라비아 전쟁에서
친세르비아 입장을 표명한 것 때문에 그의 노벨상 수상이 촉발한
논쟁에서, 문학 작품과 토론의 대상이 되었던 저자의 현실 참여를
분리하는 것도 가능하다. 앞선 사례들과 마찬가지로 쟁점들이 단

---

\*     [옮긴이] '인식적 무의식'은 피에르 부르디외가 『파스칼적
      명상(Méditations pascaliennes)』에서 사용한 용어로 이 책 5장에서
      논의된다. 부르디외는 "인식적 무의식은 곧 장(champ, 場)의 역사"라
      말한다. 어떠한 장에서 통용되는 인식의 방식과 원리는 그 장에 고유한
      규칙과의 관계 속에서만 이해될 수 있다. 행위자의 사유(pensée) 구조, 즉
      "생각할 수 있는 것(pensables) 혹은 생각할 수 없는 것(impensables)"의
      한계는 일정 부분 그들이 속해 있는 장의 구조에 의존한다. 장의 구조는
      다시 말해 "그 장을 구성하는 위치들의 역사와 그 위치들에 유리하게
      작용하는 성향들의 역사"다. 그러한 역사는 우리의 세계관 속에서
      무의식 상태로 존재한다. 우리는 "우리 사유의 범주를 생산한 집단적
      역사"와 그러한 범주를 각자 새겨 넣게 되는 "개인적 역사"를 의식하지
      않는다(못한다). 부르디외는 이렇게 무의식 상태에 놓인 집단적(사회적)
      과거를 되살리는 역사적 작업을, 환자로 하여금 억압된 무의식적 과거를
      회상하게 하는 의학, 정신분석학 용어를 빌려 '상기(anamnèse)' 작업이라
      칭했다. 5장에서 언급되는 '상기' 작업은 이러한 접근이라 볼 수 있다.
      Pierre Bourdieu, *Méditations pascaliennes*, Paris, Seuil, "Points Essais",
      2003[1997], p. 143, p. 23; Julien Duval, "Anamnèse", in Gisèle Sapiro
      (dir.), *Dictionnaire international Bourdieu*, Paris, CNRS Éditions, 2020,
      p. 29.

지 그것으로 축약될 수는 없지만 말이다. 한트케는 반세르비아 대의cause를 구성함에 있어 나치와의 비교를 도구화하는 것을 규탄했고, 그를 비방하는 자들은 이로 인해 그를 부인주의자négation-niste*로 규정했다. 우리가 6장에서 보게 되듯 그의 기법에 애매성이 없는 것은 아니나, 그의 작품이나 진술들에는 5장에서 논의되는 인종 차별적 저자들과 동류시할 수 있는 내용은 전혀 없다. 그래서 한트케 스캔들은 별도로 다룬다.

이 사건들의 대부분은 해당 작가의 명성 때문에 국제적 규모로 전개되었다. 한 나라에서 다른 나라로 논의들이 유통될 때 논쟁은 특수한 형태를 띠었는데, 이는 이 에세이가 다루는 대상에 포함되지 않는다. 나는 심화된 비교 연구로 검증해야 할 몇몇 가설들을 그저 개괄적으로 기술할 것이다. 두 극단적 입장, 즉 작가의 도덕성과 작품의 도덕성의 완전한 동일시 또는 완전한 분리라는 입장의 신봉자들은 도처에 있다. 그러나 프랑스에서는 '심미주의적' 입장이 적어도 문화계 안에서는 더 폭넓게 받아들여지며, 이는 예술의 자유를 위한 150년간의 투쟁 끝에 국가의 지지를 받고 있다.

---

\* [옮긴이] '부인주의'는 이집트 출신의 프랑스 역사학자 앙리 루소(Henry Rousso)(1954~)가 1987년 저작 『비시 신드롬(Syndrome de Vichy: de 1944 à nos jours)』(Seuil)에서 사용하여 널리 퍼진 용어로, 유대인을 집단 학살한 홀로코스트의 존재를 부인하는 것을 일컫는다. 넓은 의미로는 증거가 있음에도 불구하고 집단 학살과 같은 반인도적 중범죄를 부정하거나 축소하는 것을 일컫는다. 앙리 루소, 『비시 신드롬: 1944년부터 현재까지 프랑스는 과거를 어떻게 다루었는가』, 이학수 옮김, 휴머니스트, 2006.

사유의 결과물로서의 작품들의 자율화autonomisation*에 있어서도 마찬가지다. [제1·2차 세계 대전] 전후 이래 이러한 자율성autono-mie 요구는 독일에서와 마찬가지로 지성사 및 예술사에 깊은 흔적을 남긴 윤리–정치적 쟁점에 대한 억압refoulement의 표현이자 냉전 시기에 마르크스주의에 대항하여 행해진 이데올로기적 투쟁의 잔재일 수 있다.

반대로, 미국에서는 표현의 자유가 수정 헌법 제1조에 기재되어 있지만 도덕성을 중시하는 세력이 사회적으로 매우 강했다. 도덕이 상징 자본을 구성하는 미국 사회에서** 작품에 대한 도덕적 판단은 보다 쉽게 받아들여졌다. 물론 지식인들과 문화 매개자들도 그에 동참했다. 더욱이, 아무리 추상적이라 할지언정 보편주의의 나라[프랑스]에 비해, [미국이] 제도적 인종주의에 맞서 싸운 역사는 노예에 대한 투쟁에서부터 공민권을 위한 운동, 그리고 인종 차별과 폭력에 대항하는 최근의 결집에 이르면서 감수성을 날카롭게 다듬었고 불관용의 문턱을 높였다. '캔슬 컬처'라는 구호는, 이제는 금지된 인종 차별적 혹은 성차별적 의미를 내포한 용어나 표현이(예를 들어 'nigger', 즉 '검둥이'라는 단어) 고전 목록의 특정 작품들에서 사용되는 것에 충격을 받은 학생들 사이에 널리 퍼

---

\*    [옮긴이] 작품의 '자율성' 및 '자율화'는 상징재로서의 작품이 그 생산과 유통 과정에서 정치적, 경제적 논리와 같은 '외부적' 요소로부터 '상대적으로' 덜 구속받고 작품이 속한 장의 자체적인 논리와 원칙을 따른다는 의미로 사용된다. 지은이가 뒤이어 문화 생산 장의 '상대적 자율성'을 언급하듯, 이는 피에르 부르디외가 장 이론을 통해 발전시킨 개념과 맞닿아 있다. 한편 지젤 사피로는 '자율성' 개념이 직업/전문직 사회학(sociology of professions), 마르크스주의 '반영' 이론, 부르디외의 장 이론에서 상당 부분 서로 다르게 활용된 방식에 주목하고 각 정의를 고찰하며 상징재를 연구함에 있어 그 정의들을 접합하는 가능성을 고찰한 바 있다. Gisèle Sapiro, "Repenser le concept d'autonomie pour la sociologie des biens symboliques", *Biens Symboliques/Symbolic Goods* [Online], 4, 2019, URL: http://journals.openedition.org/bssg/327

\*\*   Michèle Lamont, *Money, Morals and Manners: The Culture of the French and the American Upper-Middle Class*, Chicago, University of Chicago Press, 1992.

져 있다. 이 역사는 프랑스에서 반유대주의에 대항하는 싸움, 그리고 근래에 두 나라에서 이슬람 혐오에 대항하는 싸움과 견줄 수 있다. 하지만 여성에 대한 폭력은 미투 운동 전에는 어디에서도 터부였던 적이 없다.* 그러므로 허용의 한계는 우리가 종종 말하듯 시대 변화에 달려 있기보다, 한편으로 표현의 자유를 위한 투쟁의 역사, 다른 한편으로 차별에 대항하는 투쟁의 역사에 더 달려 있다. 이러한 투쟁들의 국제화와 미국의 지배적 위치는 1990년대 이래로 독일과 프랑스에서 성별, '민족적ethnique' 출신, 종교 또는 성적 기호를 이유로 특정한 집단들에 낙인을 찍거나 그들을 모독했던 작가들과 작품들에 대한 비판의 수용과 재전유를 촉진했다.

이 에세이는 복잡한 토론에서 각자가 입장을 결정할 수 있도록 돕는 성찰의 요소들을 제공하기 위해, 해답을 제시하기보다는 쟁점이 되는 문제 제기를 명확히 하는 것을 목표로 삼는다. 그렇지만 나는 문화계를 전문으로 하는 사회학자로서, 작가의 도덕성과 작품의 도덕성이 가진 관계를 부정하지 않고, 작품이 어떤 사람들이나 집단의 출신, 성별 또는 성적 기호를 이유로 하는 혐오 선동과 물리적 또는 상징 폭력 선동을 포함하지 않는 한, 문화 생산 장의 고유한 기준에 따라 상대적이고 자율적인 방식으로 작품을 판단할 것을 요구하는 중간 입장을 결론에서 제시할 것이다. 하지만 이것이 작품 생산의 조건 및 그 작가들에 대한 공론을 막아서는 안 된다—어떤 이들은 토론을 검열과 비슷하게 여기는 것이 옳다고 생각하겠지만, 토론의 존재는 창작에 대한 사회적 쟁점을 의식화하는 작업, 나아가 우리 사회에서 행사되는 상징 폭력의 양상들에 대한 집단적 성찰에 필수적이다. 수상에 관해서는, 각각의 사례를 검토할 필요가 있다.**

---

\*     로르 뮈라가 이를 지적하듯 말이다. Laure Murat, *Une révolution sexuelle?*, Paris, Stock, 2019.

\*\*     인용은 원작대로 표기한다. 별다른 언급이 없는 한, 강조는 원 저자가 한 것이다.

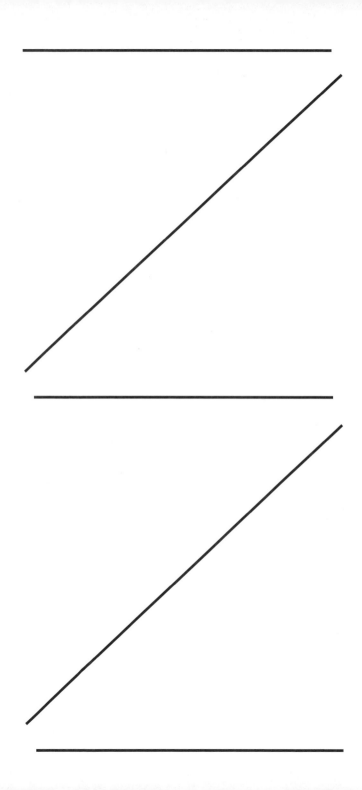

# 1부 ————

## 작가와 ————
## ———— 작품

작가의 도덕성과 작품의 도덕성의 관계에 대한 질문은 작가/저자라는 근대적 인물의 등장으로, 더구나, 피에르 부르디외의 표현에 따르면 "창조되지 않은[원래부터 존재하는] 창조자créateur incréé", "자기 작품의 아들"이라는 낭만주의적 이데올로기로 특별한 의미를 갖는다.* 작품과 작가라는 사람 사이에 긴밀한 관련성이 있다는 신념은 문화 생산 장에 가입하고 투자하는 기반이 되는데, 부르디외는 이를 "일루지오illusio"라 부른다. 이 신념은 저자의 형사 책임 및 지식 재산권의 기초가 된다. 처벌받을 가능성이 있는 담론의 형사적 귀책을 목적으로 법전화된 이러한 귀속은, 미셸 푸코가 분석했듯 작품에 대한 저자의 소유권 주장을 정당화했다.** "작자로서의 자격paternité***"을 주장하는 것은 권리로 인정되었고, 이는 운영자(발행인, 갤러리스트)의 요구 및 공유의 권리(사상과 문화는 모두의 것이기에 공공의 영역에 속하는 공유재라는 이유로 주장되는 권리)와 타협할 필요가 있었다.

작가라는 사람과 작품 사이의 관계는 고유 명사로 표시된다. 이 고유 명사는 작가의 작품에 의해 그에게 결부한 상징 자본을 담고 있다. 이것이 '문학에서 이름을 날리다', '문학의 위대한 이름이 되다'와 같은 표현들이 의미하는 바다. 철학자들은 고유 명사를 대상의 기술descriptions—또는 기술의 축약—로(프레게Gottlob Frege, 러셀Bertrand Russell), 혹은 순수하게 지시적으로(크립키Saul Kripke) 이해한다. 예를 들어 전자에게는 에밀 아자르Émil Ajar가 『자기 앞의 생La Vie devant soi』의 저자로 기술될 수 있지만『하늘의

1부. 작가와 작품

---

\*      Pierre Bourdieu, "Mais qui a créé les créateurs?", in *Questions de sociologie*, Paris, Minuit, 1980, rééd. 1984, p. 207. 피에르 부르디외, 『사회학의 문제들』, 신미경 옮김, 동문선, 2004; *Sociologie générale*, vol. 1, Paris, Raisons d'agir/Seuil, 2015, p. 581.

\*\*     Michel Foucault, "Qu'est-ce qu'un auteur?" (1969), *Dits et écrits*, t. I: *1954-1988*, Paris, Gallimard, 1994, p. 789-820.

\*\*\*    [옮긴이] 'Paternité'는 '아버지임', '아버지의 자격'을 의미하기도 한다.

뿌리Racines du ciel』의 저자로는 기술될 수 없다.* 후자에게 있어 이 두 이름은 같은 사람에 대한 것이다. 후자 쪽 철학자들의 견지에서 이 기술은 그 자체로는 지시적 기능이 없다. 이것이 솔 크립키가 제시한 '고정 지시어'로서의 고유 명사에 대한 이론인데, 다시 말해 고정 지시어는 모든 가능 세계에서 그에 대한 기술이나 신념과 상관없이 같은 사람을 지칭한다는 것이다. 공쿠르 아카데미가 에밀 아자르에게 상을 주면서 그 이름이 로맹 가리(이미 공쿠르 수상자였다)의 가명임을 몰랐다고 한들 그 둘이 같은 사람이라는 사실은 전혀 바뀌지 않는다.** 나는 대부분의 분석철학자들과 마찬가지로 크립키의 주장을 지지하는 편이지만, 이 두 이론을 따라 작가와 작품 사이의 관계를 검토하고자 한다. 이 두 가지 접근은 작가의 이름을 구별되는 방식으로 활용하는데, 이름이 사람을 가리키기보다 그에게 귀속된 작품 모음을 더 가리킨다는 점에서 특별한 사례다. 나는 푸코를 따라 이를 보여 줄 것이다.

작가는 작품과 작가라는 사람의 관계에 대해 질문하기 위해 가장 먼저 자신의 이름을 가지고 놀 수 있는 자다. 이 놀이는 작가의 전략(사회 공간에서 저자의 위치 정하기)과 글쓰기 또는 창작

작가와 작품을 분리할 수 있는가?

---

\*    [옮긴이] 두 작품의 작가는 동일 인물이다. 작가 로맹 가리(Romain Gary)는 1956년 『하늘의 뿌리』로 공쿠르상을 수상했다. 그는 1974년부터 에밀 아자르라는 이름으로 작품 활동을 하기도 하였는데, 1975년 에밀 아자르 이름으로 발표한 『자기 앞의 생』으로 공쿠르상을 또 수상하게 되었다. 이 두 저자가 동일인이라는 사실은 1980년 그가 사망하고 1981년 7월 로맹 가리의 유고작 『에밀 아자르의 삶과 죽음(Vie et mort d'Émile Ajar)』(갈리마르)이 출판되면서 세상에 밝혀졌다. 이 작품은 『자기 앞의 생』 한국어판(문학동네)에 함께 실려 있다.

\*\*    Saul Kripke, *La Logique des noms propres* (1972 et 1980), trad.fr., Paris, Minuit, 1982. 솔 크립키, 『이름과 필연』, 정대현·김영주 옮김, 필로소픽, 2014.

전략 사이의 상호 작용을 관찰하기에 유리한 장소다.* 실제로 많은 작가들이 자신의 행정상 이름과 다른 '작가명'을 사용한다는 사실은 중요하다. '이명', 즉 허구적 전기를 지닌 작가 이름을 최소 72개는 만들어 고정 지시어로서의 고유 명사 이론에 도전했던 페르난두 페소아Fernando Pessoa**처럼, 저자는 때때로 그의 허구적 인물들 중 하나에 자신을 감춘다. "자기 작품의 아들"로서의 저자 개념을 경탄스럽게 연출한 이 분신화démultiplication는, 오히려 작품과 저자의 강력한 동일시를 부각한다.

개인의 실제 정체성을 감추는 가명과 달리, 작가명은 그것이 행정적으로 등록된 공식적인 이름인지와 관계없이 통용되는 이름nom d'usage***으로서 일반적으로 기능한다. 작가명은 자기 작품의 자식인 '저자'를 사회화된 개인과 구별함으로써 어떠한 궤적과 정체성으로부터의 해방을 표시한다. 다시 말해 사회적 불확정성indétermination sociale을 나타낸다. 작가 클로에 들롬Chloé Delaume은 보리스 비앙Boris Vian의 『세월의 거품L'Écume des jours』의 여자 주인공에게서 이름을 따고, 앙토냉 아르토Antonin Artaud는 루이스 캐럴Lewis Carroll의 『거울 나라의 앨리스』6장을 각색한 「라르브와 롬L'arve et l'aume」의 인물에서 성을 따 스스로를 다시 만들어 냈다.

---

\*     나는 이 구별을 *Sociologie de la littérautre*, Paris, La Découverte, "Repères", 2014, p.81-82에서 제시했다. 이 관계의 관찰 장소 중 하나는 저자의 "입장(pousture)"으로, 알랭 비알라(Alain Viala)는 이것을 위치를 점하는 방식이라 정의한다. 제롬 메조(Jérôme Meizoz)는 이를 수사학적 차원으로 확장한다. Alain Viala et Georges Molinié, *Approches de la réception. Sociopoétique et sémiostylistique de Le Clézio*, Paris, PUF, 1993, p. 216; Jérôme Meizoz, *Postures littéraires; mises en scène modernes de l'auteur*, Genève, Slatkine, 2007.

\*\*    [옮긴이] 포르투갈의 시인이자 작가. 국내에 소개된 대표작으로 『불안의 책』(문학동네), 『내가 얼마나 많은 영혼을 가졌는지』(문학과지성사), 『시는 내가 홀로 있는 방식』(민음사) 등이 있다.

\*\*\*   [옮긴이] 프랑스 행정에서 이것은 태어날 때부터 주어진 '가족 성(nom de famille)' 외에 사용하는 성을 의미하며 배우자의 성 또한 '통용되는 성'에 해당한다. '통용되는 성'을 행정 등록하는 것은 선택 사항이다.

"내 이름은 클로에 들롬이다. 나는 허구의 인물이다." 그녀는 『자신을 쓰기, 사용 설명서S'écrire, mode d'emploi』의 첫 구절에서 이렇게 선언한다.

> 내가 허구의 인물이 되기로 결심한 건 내가 이미 허구의 인물이라는 걸 깨달았을 때였다. 유일한 차이는 내가 나를 쓰고 있지 않았다는 거다. 다른 이들은 하고 있었다. 가족 극의 조연, 그리고 집단적 픽션의 수동적인 단역. 나는 나의 신체, 나의 행적들, 나의 정체성을 재전유하기 위한 글쓰기를 선택했다.*

하지만 작가명을 (허구의 인물이나 문학보다는 주로) 조상에게서 따오는 경우가 많다는 점에서 이러한 해방의 한계가 드러난다. 또한 이는 작가가 계보의 위계에 대항하며 또 다른 가계를 주장하거나 일가친척 내 특정 인물이나 혈통을 선호함을 넌지시 보여 준다. 예컨대 셀린은 루이페르디낭 데투쉬Louis-Ferdinand Destouches의 할머니의 이름이었고, 우엘벡Michel Houellebecq은 미셸 토마Michel Thomas의 할머니의 성이었다.**

그렇게 통용되는 이름은 그 기원이 무엇이든 간에 이론적 관점에 따라서 저자의 기술, 아니면 허구 세계를 포함한 모든 가능 세계에서 저자의 고정 지시어가 된다는 점에는 변함이 없다. 작가들은 특히 메타픽션의 성찰적 전통 안에서 이를 이용하기를 좋아한다. 카미유 로랑스Camille Laurens(로랑스 뤼엘Laurence Ruel의 작가명)의 『색인Index』은 추리소설의 패러디 안에서 액자식 구성을 취한 유희적인 예시다. 주인공 클레르Claire는 자기 삶의 비밀을 품고

---

\* Chloé Delaume, *S'écrire, mode d'emploi*, publie.net, 2008.

\*\* [옮긴이] 루이페르디낭 데투쉬, 미셸 토마는 각각 루이페르디낭 셀린, 미셸 우엘벡의 본명이다.

있는 책 『색인』의 저자를 찾고 있다. 그녀는 전 남자친구가 필명 뒤에 숨어 있는 것이라 의심하며 책의 저자 카미유* 로랑스를 찾아 나서고, 그 이름을 전화번호부에서 마침내 찾게 되는데, 만나고 보니 그 사람은 어느 탱고 선생님이다…. 소설은 이름의 동음성과 성별 불확정성에 대한 유희 외에도, 부조리에 이르는ad absurdum 희화적인 동일시 사례로써 저자로 추정되는 인물에 독자(여기서 독자는 클레르다)를 투사하는 연출을 하는데, 이는 픽션이 저자에게 미치는 효과의 일종의 회귀다. 저자 역시 작품의 전유에 의해 만들어진다고 말하는 방식인 것이다.

작가와 작품의 동일시는 환유 관계, 유사 관계, 내적 인과 관계(지향성/의도성)라는 세 가지 관계에 따라 이해될 수 있다.** 명명 이론과 연결시킬 이 세 가지 관계는, 그러나 작가 본인의 전략에서 기인하는 한계에 직면하게 되고, 또한 문화 매개자의 전략 및 작품 수용에서 기인하는 한계에 직면한다.

---

*    [옮긴이] 카미유는 남성, 여성 모두 사용하는 이름이다.

**   이 분석은 *La Responsabilité de l'écrivain, op. cit*, p. 24-27 서론에 개괄적으로 기술되어 있다.

# 1장 ─────────

# 환유 ─────────
# ───────── 관계

푸코에 따르면* "저자 기능"은 그의 작품으로 여겨지고 그에 따라 그에게 속하며 그에게 책임을 지울 수 있는 전 작품들에 의해 외연적으로 정의되기 때문에 환유적이라 할 수 있다. 저자와 각각의 작품 사이에는 전체와 부분의 관계가 있다. 〈피아니스트Le Pianiste〉는 우리가 로만 폴란스키라는 이름 아래 분류하는 영화다. '『왼손잡이 여인』의 저자'라는 표현은 페터 한트케를 지칭하기 위한 제유이고, 동시에 『Die Wiederholung』의 저자, 프랑스어 번역서로는 『반복La Répétition』의 저자 등으로도 말할 수 있다.

저자의 이름을 그의 작품 전체를 가리키기 위한 라벨로 사용하는 것은, 작품이 사르트르의 용어이자 뒤에서 다시 설명할 창조적 **기획**에 포함되기 때문에 **일관성**을 갖춘 '전체'를 구성한다는 생각을 반영한다. **작품 전집** 출간이 저자의 공인과 정전화canonization의 과정에서 중대한 단계를 구성하는 이유다. 그러나 작품의 일관성은 절대 완전하지 않다. 우선 그 경계에 대한 질문이 제기된다. 다음으로 그 단위에 대한 질문이 있다.

## '작품' 경계의 불안정성

복제품이든 모조품이든 예술적 위작에 대한 긴 역사가 입증하듯, 어떤 작품이 어떤 저자의 것이라고 진실로 여겨지던 것이 틀렸다고 밝혀질 수 있다. 랭보의 것으로 추정되었던 『정신적 사냥La Chasse spirituelle』 같은 위서 역시 그러한 경우다.** **작가로서의 자격** 역시 저자가 부인할 수 있다. 이는 문학 소송에서 익명이나 가명으로 쓰인 글일 경우 또는 저자로 추정되는 자가 자신이 출판물, 심지어 그 텍스트 자체의 기원임을 부정할 때 관찰되는 자기 탈책임화

---

\*        M. Foucault, "Qu'est-ce qu'un auteur?", art. cité.

\*\*       이 글이 출판사 메르퀴르 드 프랑스(Mercure de France)에서 출간된 직후 앙드레 브르통André Breton은 이 사기를 규탄했다. André Breton, "Flagrant délit", *Le Figaro*, 2 juillet 1949; repris dans André Breton, *La Clé des champs*, Le Livre de Poche, "Essais", 1991, p. 163-215.

Auto-déresponsabilisation전략이다. 예를 들어 셀린은 대독 협력 언론에 자신의 이름으로 게재된 편지들이 부분적으로 삭제된 것이었다고 주장했다. 또한 저자는 이러저러한 생산물을 미학적, 도덕적, 정치적 이유로 자신의 작품에서 제외하기로 결정할 수 있다. 셀린은 제2차 세계 대전 이후 자신의 팸플릿을 재발행하는 것에 반대했다. 법은 저자에게 공표권을 보장한다. 저자의 수정권 및 철회권도 인정한다.

그러므로 저자는 아라공Louis Aragon이 『교차 소설집Œuvres romanesques croisées』에서 그렇게 한 것처럼, 이미 공개된 작품 일부를 '재손질'하기로 결정할 수 있다. 이러한 재손질은 시사적 글이나 창작물을 '작품'으로 전환하는 과정에서 흔히 나타나며, 작품을 일반화하기 위하여, 즉 보편화하기 위하여 때때로 그러한 시사적 상황을 지우는 작업을 수반하기도 한다. 지우기 또는 다시 쓰기 작업이 정치적 상황에 대한 것일 때가 특히 흥미롭다. 그럴 때 우리는 텍스트(또는 이미지)의 탈정치화를 목표로 한 완곡화의 논리를 관찰할 수 있는데, 이는 텍스트 생산과 출판의 초기 조건으로부터 텍스트를 분리함으로써, 다시 말해 본래 그것이 자리하고 있던 의미의 성좌constellation로부터 그것을 떼어 놓음으로써 가능해진다. 예컨대 앙리 드 몽테를랑Henry de Montherlant의 『하지Solstice de juin』의 독자들은 이 작품 중 네 쪽이 1941년에 《누벨 르뷔 프랑세즈La Nouvelle Revue française》에 게재된 한 논고에서 따온 것이란 점을 잘 모를 것이다. 몽테를랑은 이 논고에서 전쟁과 독일 점령의 국면에서 예술을 지속하는 것을 정당화하기 위해, 1935년 국가사회주의 대회Congrès national-socialiste에서 다음과 같이 말한 진정한 "행동가homme d'action" 히틀러의 선언에 기대는 것이 현명하다고 생각했다. "일반 문화가 결정적으로 퇴보하거나 쇠퇴하지 않는 이상 우리는 정신의 활동을 특정한 기간 동안 중단할 수 없다."*

　물론, 특수한 상황에서는 다른 맥락에서 출판되었던 작품을 정치화하거나 현재화하는, 반대의 시도를 하기도 한다. 독일 점령이 한창일 때 셀린의 반유대주의 팸플릿 『학살을 위한 바가텔Bagatelles pour un massacre』(1937)을 재발행한 사례가 이것인데, 대독 협력 언론은 이 저자를 새로운 시대를 예고하는 선지자로 지정했다.** 리하르트 바그너는 1850년에 'K. Freigedank[자유로운 생각]'이라는 필명으로, 마리 무샤노프Marie Mouchanoff***에게 쓴 편지와 「부록」을 실은 팸플릿 『음악 속의 유대주의Das Judenthum in der Musik』를 발행했는데, 1869년에는 본명을 사용해 이것을 브로슈어 형태로 재발행했고, 1873년에는 다시 『글과 시 모음집Gesammelte Schriften und Dichtungen』의 5권에 실었다 (프랑스어로는 『리하르트 바그너의 산문집』이라는 제목으로 번역되었다).**** (하지만 이 팸플릿과 「부록」은 작곡가의 사후 100주년이 되던 1983년, 디터 보르흐마이어Dieter Borchemeyer가 인젤 출판사Insel Verlag에서 발행한 10권 분량의 바그너 전집에서는 제외되었다.)

　이러한 재해석은 저자 개인이 살아 있는 동안에만 국한되지 않고, 저작 인격권 조항에 따라 권리자의 통제하에 이루어진다. 예

**1장. 확유 관계**

---

\*　　Henry de Montherlant, "La paix dans la guerre", *La Nouvelle Revue française*, 331, 1er septembre 1941, p. 262에서 재인용. 히틀러를 참조한 부분은 『하지』의 재발행본들에서, 즉 1963년 '비블리오테크 드 라 플레이아드(Bibliothèque de la Pléiade)' 컬렉션에서 출간된 책 『시론(Essais)』에서, 그리고 1976년 『추분(L'Équinoxe de septembre)』과 『하지』를 모으고 독일 점령기 그의 태도에 대해 쓴 「회고록(mémoire)」을 그 뒤에 더해 재발행한 책에서 삭제되었다.

\*\*　　G. Sapiro, *La Guerre des écrivains, op. cit.*, p. 187-188.

\*\*\*　　[옮긴이] 백작 부인 마리 칼레기스-무샤노프(Marie Kalergis-Mouchanoff)는 폴란드인 피아니스트이자 살롱의 주인으로, 예술 후원자였으며 특히 바르샤바의 음악 문화 발전에 기여했다. 그녀의 살롱에 리스트, 바그너 등이 드나들었다.

\*\*\*\*　　Jean-Jacques Nattiez, *Wagner antisémite*, Paris, Christian Bourgois, 2019, p.35-36.

를 들면, 격렬한 반유대주의 팸플릿의 완화된 버전인 뤼시앵 르바테Lucien Rebatet의 『잔해Les Décombres』는 그의 다른 저작 『파시스트의 수기Mémoires d'un fasciste』 1권과 마찬가지로 저자 사후에 그 출판사 포베르Pauvert에 의해 1976년 재발행되었다. 《르 몽드》의 비평가 베르트랑 푸아로-델페슈Bertrand Poirot-Delpech의 다음 논평이 입증하듯, 완화되었다고 해서 눈에 띄지 않은 것은 아니다.

> 르바테로 하여금 프랑스 파시즘을 구현하게 했던 잘못된 용기가 저주처럼 그의 작품의 사후 관리에서 드러난다. 포베르가 그토록 큰소리치며 주장하던 주의 환기의 의미와 경고의 의미를 『잔해』의 재출간에 진정으로 부여하고 싶었다면, 나치 친위대 동료들의 패배와 투옥 후에 저자가 후회했던 치욕스러운 행위들, 특히 그가 유대인 강제 수용을 포함한 인종법을 꿈꾸었던 내용이 있는 150쪽을 잘라 내는 대신에, 독일 점령하에 많은 사람들이 즐겼던 텍스트 전체를 실었어야 한다. 저질러진 범죄에 대한 내용을 다시 싣는 것이 작가의 수정권보다 더 신성시되는 경우들이 있는데, 특히 역사와 후세의 건립을 내세울 때 그러하다.[*]

2015년, 로베르 라퐁Robert Laffont 출판사는 이러한 역사적 왜곡을 개선했다. 역량 있는 역사학자 베네딕트 베르제-셰뇽Bénédicte Vergez-Chaignon과 파스칼 오리Pascal Ory가 전체적으로 주석을 덧붙이고 논평한 판을 냈는데, 여기에는 이것이 작품이 아니라 사건에 대한 것임을 의미하는 『르바테 관계 서류Le Dossier Rebatet』라는 제목의 미공개 글도 포함되었다. "국민전선[**]이 우위를 점하는 시

---

[*] Bertrand Poirot-Delpech, "Les "Mémoires d'un fasciste", de Lucien Rebatet", Le Monde, 2 juillet 1976.

[**] [옮긴이] '국민전선(Front national)'은 프랑스의 극우 정당이다. 2018년 6월 1일부로 당명을 '국민연합(Rassemblement national)'으로 바꾸었다.

기에 이 출판은 시의적절하지 않은가, 아니면 반대로 절호의 때인가?" 질 외레Gilles Heuré는 [문화 주간지] 《텔레라마Télérama》의 논평에서 이와 같은 질문을 던졌고 두 번째 선택지에 찬성하는 결단을 내렸다.* 그렇지만, 역사학자의 작업에 의문을 제기하지 않고서, 그 비판적 주석이 아무리 엄정하다 할지라도 책이 그 주석 덕분에 성공했는지—출간 첫날 5,000부를 팔아 치웠고 총 15,000부가 팔렸다—에 대해서는 의심을 품을 수 있다. [시사 주간지] 《렉스프레스L'Express》에서 제롬 뒤퓌Jérôme Dupuis는 다음과 같이 논평했다. "르바테의 『잔해』는 아마도 전례 없는 쾌거를 이룰 것이다. 페탱과 프랑수아 올랑드 시기에 모두 베스트셀러라니!"** 역사학자의 역사적 관심이 출판사의 상업적 이해관계와 이념적 참조를 찾는 독자의 정치적 관심과 수렴한 것이다.

논쟁적 글을 출판할 시의적절함에 대한 질문은 1992년에 피에르 드리외 라 로셸Pierre Drieu La Rochelle의 『1939-1945년 일기 Journal 1939-1945』와 관련해서 이미 제기된 적 있다. 갈리마르는 그럼에도 이 혼탁했던 시기를 이해하는 데 도움이 되는, 쏟아져 나온 혐오와 반유대주의에 문서의 지위를 부여하기 위하여, '발행인의 경고'를 삽입하고 이를 '테무앙Témoins[증언]' 컬렉션에 포함시키는 신중함을 기했다. 더욱이 저자가 출판을 의도하지 않았던 일기는—예컨대 앙드레 지드의 그것과는 달리—'작품'에 포함되지 않고, 서신처럼 작품을 둘러싼 전기적 자료에 포함된다(서신도 17세기와 18세기에는 문학 작품으로 이해될 수 있었다).

2015년 『잔해』로, 로베르 라퐁은 '부캥Bouquins' 컬렉션에서 미발표작이 아닌 '암흑기'의 베스트셀러를 재출간했고, 장 도르메

---

\* Gilles Heuré, "Les Décombres"; fallait-il republier l'ouvrage de Lucien Rebatet?", *Télérama*, 10 novembre 2015.

\*\* Jérôme Dupuis, ""Les Décombres", le brûlot antisémite de Rebatet, best-seller en 2015", *L'Express*, 8 octobre 2015.

송Jean d'Ormesson*은 이 컬렉션을 두고 "정직한 인간의 이상적인 총서"라 칭했다. 이러한 재출판의 성공이 셀린의 부인과 그의 변호사로 하여금 팸플릿 재발간 금지를 해제하도록 설득했나 보다. 마치 그것이 라퐁으로 하여금 전술한 '부캥' 컬렉션에서 악시옹프랑세즈Action française**의 리더인 샤를 모라스의 '자전적' 저작을 엮은 책 출판을 착수하게 한 것처럼 말이다. 이 책의 서문은 모라스 저작의 시의성을 보여 주기 위해 역사학자가 아닌《피가로 매거진 Figaro Magazine》의 편집 부국장이 썼는데, 그는 특히 1926년 파리 이슬람 대사원 개원 때 모라스가 걱정을 표출했던 점을 환기시킨다….*** 모라스는 고전화classicisation 과정에 있는 것인가?

마지막으로, 어떤 저자의―때때로 미완성된―생산물은 알베르 카뮈의 『최초의 인간Premier Homme』이나 이렌 네미롭스키 Irène Némirovsky의 『스윗 프랑세즈Suite française』처럼 사후에 발견되어 저작 목록에 포함될 수 있다. 푸코, 데리다, 바르트, 부르디외

---

\*    [옮긴이] 프랑스의 작가, 언론인이자 철학자(1925-2017). 아카데미 프랑세즈 종신 회원이었고《르 피가로》의 사장을 지냈으며 해당 일간지에 오랜 기간 글을 썼다.

\*\*    [옮긴이] '악시옹프랑세즈'는 1899년 창설된 극우 민족주의 정치 운동 단체다. 드레퓌스 사건이 프랑스 사회를 갈라놓으며 중대한 정치적 쟁점이 된 맥락 속에서 반드레퓌스 진영이자 공화파 민족주의자였던 지식인 앙리 보주아(Henri Vaugeois)와 모리스 퓌조(Maurice Pujo)를 주축으로 탄생한 악시옹프랑세즈는 처음부터 반유대주의를 지적 기획의 주요 동력으로 삼고 있었다(Joly, 2006). 악시옹프랑세즈는 샤를 모라스의 영향으로 왕정주의로 거듭나고 그의 '통합 민족주의'를 중심으로 한 모라스 독트린을 전파하며 제2차 세계 대전 시기 비시 정권의 이데올로기 근간이 되기도 한다(이와 관련하여 이 책 5장을 볼 것). 샤를 모라스는 1905년 '악시옹프랑세즈연맹(Ligue d'Action française)'을 세워 선전에 힘쓰고 1908년부터는 기존에 격월 주기로 발행하던《악시옹프랑세즈지(Revue d'Action française)》 대신 일간지《악시옹프랑세즈》를 발행하며 악시옹프랑세즈의 리더로서 세력 확장에 앞장섰다. Laurent Joly, "Les débuts de l'Action française (1899-1914) ou l'élaboration d'un nationalisme antisémite". *Revue historique*, n° 639, 2006. p.695-718.

\*\*\*    Jean-Christophe Buisson, "Un prophète du passé", in Charles Maurras, *L'Avenir de l'intelligence et autres écrits*, Paris, Robert Laffont, "Bouquins", 2018, p. X.

등의 강의록 출판은 저작 목록을 풍성하게 하는 또 다른 방식이
다. 하이데거의 경우 2014년부터 『검은 노트』가 출판되면서 인간
과 작품의 경계가 흐려졌고 주석자들은 심지어 그의 지적 여정의
핵심에 반유대주의—보다 정확히는 반유대교주의antijudaïsme—
가 새겨져 있음을 인정하게 되었으며, 이는 그 얼마 전에 그의 아내
와 주고받은 서신에서 확인되었던 바기도 하다. 철학자는 이 노트
를 후세를 위해 남겨 두었고, 그의 아들 헤르만 하이데거Hermann
Heidegger의 증언에 따르면 그것으로 저작을 마무리하려 했다. 부
르디외는 이 노트의 존재를 알지 못한 채 철학자가 생전에 채택했
던 일정한 시간에 걸쳐 출판하는 전략 및 재손질, 수정, 반박, 경고,
반론 예상 작업을 분석했다. 이러한 전략과 작업은 주석가를 위해
서 그리고 주석가에 의해서 만들어진 저작과 그 해석들 사이에 "뛰
어넘을 수 없는 간극"을 유지시키며 무한한 논평을 유도하는 것이
었다.[*]

## 일관성을 조직하기

작가의 이름은 그가 저자라고 여겨지는 모든 작품의 고정 지시어
로서, **스타일**에 관한 기술 또한 응축한다. 신인이나 해외 작가를 소
개하기 위하여 기술의 축약과 상징 자본의 전이를 결합하는 방식
으로 작가의 이름을 활용하는 것이 그 증거다. 예컨대 한 비평가
는 이스라엘 작가 제루야 샬레브Zeruya Shalev의 첫 프랑스어 번역
서를 이렇게 평했다. 『애정 생활Vie amoureuse』은 "필립 로스Philip
Roth와 비르지니 데팡트 사이의 중간쯤에서, 일종의 저질스러운
보바리, 타락하고 재미있고 무서운 이야기를 구현할 수 있을 것이
다(그게 가능하다면)."[**]

---

[*]    Pierre Bourdieu, *L'Ontologie politique de Martin Heidegger*, Paris, Minuit, 1988, p. 105. 피에르 부르디외, 『하이데거의 정치적 존재론』, 김문수 옮김, 그린비, 2021.

[**]    "5 raisons d'acclamer Zeruya Shalev", *Voici*, 3 juillet 2000.

그렇지만, 스타일이나 지성적 입장 변화와 같은 특정한 글쓰기 전략은 전작에 대한 일관성 있는 표상에 방해가 된다. 이러한 변화는 종종 장의 변형에 따라 조정된다. 에밀 놀데Emil Nolde가 국가 사회주의 체제의 도래 이후 기독교적 모티프를 북유럽의 상징으로 대체한 것이 이를 예증한다. 2019년, 퇴폐 미술의 상징으로 여겨지는 이 화가의 나치당 가입 전력과 반유대주의가 밝혀지면서 독일에 충격을 일으킨 바 있다. 그는 늘 나치 정권의 희생자로 소개됐었기 때문이다.

이러한 변화는 "30년 전부터 자신에게 영원히 박힌 로맹 가리의 이미지에 싫증나"* 에밀 아자르라는 필명으로 『자기 앞의 생』을 출판한 로맹 가리처럼, 극단적인 사례에서는 저자의 정체성 변화를 통한 은폐 전략을 동반한다. 이 전략은 관례를 깨뜨리고 그에게 두 번째 공쿠르상을 가져다주었다**. 그가 게임의 규칙을 전복함으로써 이를 숙달하고 있음을 입증한(그는 두 번째 상을 거절한다) 이 사건은 가장 근본적인 규칙을 드러낸다. 바로 작품과 작가의 연합이다. 특정 작품에 의한 것이라 하더라도 상은 작가에게 수여된다. **영예**distinction로서의 상을 받을 **자격이 있다**고 공개적으로 지명함으로써 그 상이 **공인하는** 대상은 작가이기 때문이다―한 상의 수상자는 한번 받으면 영원히 그 수상자다.

경기병파groupe des Hussards***로 묶이는 작가 자크 로랑Jacques Laurent이 『카롤린 쉐리Caroline chérie』라는 영리적인 시리즈를 세실 생-로랑Cecil Saint-Laurent이라는 필명으로 출판하기로 한 선택도 마찬가지로 게임의 의미를 드러내는 작가의 전략에 속

---

\*     Romain Gary, *Vie et mort d'Émile Ajar*, Paris, Gallimard, 1982, p. 28.

\*\*    [옮긴이] 공쿠르상은 한 작가에게 두 번 수여되지 않는 것이 원칙이다.

\*\*\*   [옮긴이] 경기병파는 1950-1960년대 문학 작가 집단으로, 여기에 속하는 이들은 (스스로 그룹을 주장한 것은 아니지만) 대체로 반순응주의자였고 절대성과 순수성을 추구했으며 사르트르의 실존주의에 반대했다. 로제 니미에(Roger Nimier)의 작품 『푸른 경기병』에서 그 이름을 땄다.

한다. 보다 정확히는, 문학 장에서 시장의 법칙에 복종함으로써 규제되는 대량 생산의 축과, 미학적 판단이 더 중시되는 제한 생산의 축 사이 이중적 게임을 드러내는 전략이다(자신의 이름으로 다수 대중을 위한 소설을 출간하는 것은 두 번째 축에서의 자신의 평판을 떨어뜨렸을 것이다).* 버넌 설리반Vernon Sullivan, 다른 이름으로는 보리스 비앙Boris Vian이 번역서라고 내놓았던 소설 『너희들 무덤에 침을 뱉으마J'irai cracher sur vos tombes』의 경우, 문학 장의 두 축 사이에서 자신을 둘로 나눈 것은 소송을 피하기 위한 전략과 맞아떨어졌다.** 그렇지만 책은 금지되었고 이 책의 진정한 저자는 법정에서 책에 대해 답변해야 했다.*** 문학 장에서 작가의 이름이 스타일을 대변하는 기술로서 기능한다면, 법의 견지에서는 작가의 이름에 고정 지시어로서의 고유 명사 이론을 적용한다. 공론장에서 출판물들을 구분하기 위한 작가의 전략을 넘어, 사용된 작가의 이름이 무엇이건 간에 일련의 출판물들을 한 사람과 관계 짓는 것이다.

작가의 스타일이나 이론적 관점의 변화가 눈에 띌 때, 비평가들은 피카소나 비트겐슈타인의 경우처럼 작품을 **시대**별로 구분하게 된다. 이러한 구분은 때때로 루이 알튀세르Louis Althusser

---

\*    이 축들에 대해서는 Pierre Bourdieu, *Les Règles de l'art. Genèse et structure du champ littéraire*, Paris, Seuil, 1992, p. 167 sq. 을 보라. 피에르 부르디외, 『예술의 규칙. 문학 장의 기원과 구조』, 하태환 옮김, 동문선, 1999.

\*\*   [옮긴이] 프랑스 작가 보리스 비앙은 버넌 설리반이라는 미국 작가의 누아르 소설을 자신이 번역한 것이라고 주장했으나 버넌 설리반은 사실 보리스 비앙의 필명이었다. 1946년에 출간된 『너희들 무덤에 침을 뱉으마』는 폭력성과 성적 표현 때문에 논쟁을 일으킨 반면 상업적으로는 성공했다. 1947년 '사회윤리행동연합(Cartel d'action sociale et morale)'은 버넌 설리반을 청소년 비행 교사 혐의로 고소했다.

\*\*\*  G.Sapiro, *La Responsabilité de l'écrivain, op. cit.*, p. 694-696을 보라. [옮긴이] 1948년 보리스 비앙은 자신이 버넌 설리반이며 책의 저자임을 공개적으로 인정했다. 그는 미풍양속을 해친 혐의로 1950년 유죄 판결을 받았다.

가 『마르크스를 위하여Pour Marx』(1965)에서 아직 포이어바흐에 심취해 있던 청년 마르크스의 "이데올로기적" 작업과 후기의 "과학적" 작업 사이 "인식론적 단절"이 있음을 확인한 것처럼, 저작에 대한 주해자들의 전유 전략에 해당되기도 한다. 『검은 노트』의 출간은 하이데거 저작의 두 시기 구분을 공고히 했다. 하이데거는 이 저서에서 형이상학을 뛰어넘기 위해 새로운 여정을 택했다고 알리고―그가 전후에 공표한, 그 유명한 전환점 혹은 "전복die Kehre"―, 철학 논설traité의 거부를 더욱 분명히 하기 위해 종말론적 어조에 경구풍의 형식을 부여했다.*

또한 이 구분은 셀린이나 르바테의 팸플릿 저작에 대해 그러했던 것처럼 대독 협력 정책에 동조한 작가들의 문학 작품을 분리하기 위한 전략이 되었다. 이 전략은 갈리마르가 드노엘 장서fonds Denoël**를 넘겨 받았을 때 갈리마르의 편집자였던 장 폴랑Jean Paulhan이 실행했던 전략이고, 르바테 때보다 셀린의 경우에 더욱 성공했다.*** 셀린이 원했던 이러한 분리라는 기획은 미치광이 천재로서의, 따라서 책임을 물을 수 없는 저자라는 인물을 구축하는 것을 포함했고, 이는 독일 점령하에 셀린이 친독 입장과 반유대주의를 표명한 것으로부터 그의 명예를 회복해 주었다.**** 이를 두고 볼 때―저자는 자신의 작품 '정화' 전략의 일환으로서 금지했던―팸플릿의 재발행을 둘러싼 토론에서 이것을 적극 권장한 이들이 전작全作으로서의 총체성이라는 논거를 내세운 것은 더욱 역설적이다. 퀘벡의 위트Huit 출판사에서 셀린의 팸플릿의 비판적 출판을

---

*  Nicolas Weill, *Heidegger et les "Cahiers noirs". M-ystique du ressentiment*, Paris, CNRS Éditions, 1998을 보라.

**  [옮긴이] 드노엘 출판사에서 셀린과 르바테의 반유대주의 저작들을 처음 출간했고 갈리마르가 이 출판사를 인수했다.

***  폴랑의 전략에 대해서는 특히 Anne Simonin, *Le Déshonneur dans la République. Une histoire de l'indignité (1791-1958)*, Paris, Grasset, 2008, p. 649를 보라.

****  G. Sapiro, *La Responsabilité de l'écrivain, op. cit.*, p. 661을 보라.

담당했던 비평가 레지 테타망지Régis Tettamanzi는—일리 있는—문학 작품과의 연속성을 강조했다.

> 나는 이 출판을 통해 이 글들을 형편없고 아무 문학적 가치도 없다고 결정하여 전적으로 무시해 버릴 수는 없음을 보여 주고 싶다. 먼저 셀린의 소설 작품과의 연속성이 특히 화자의 형상을 통해 명백히 존재하고, 셀린도 이러한 연속성을 강조하려고 애쓴다. 다음으로, 비록 내용뿐만 아니라 형식 면에서도 한심한 페이지가 많지만, 일부는 작가 셀린의 가장 훌륭한 면모를 보여 준다. 이것이 많은 독자들에게 충격을 줄 수도 있지만 사실이 그러하다. 이를 말하지 않는 것은 부당할 것이다. 나는 독자들이 어떠한 부분도 감추지 않고 이 글들의 모든 측면에 민감했으면 좋겠다.[*]

작가의 철회권을 어기는 이러한 사례는 팸플릿이 캐나다에서 공공 영역에 속하게 되었기 때문에 가능했다—캐나다는 프랑스보다 저작권 보호 기간이 더 짧다(프랑스는 저작자 사후 70년, 캐나다는 저작자 사후 50년). 이 비평가가 **전작**의 경계와 그 의미를 재정의한 것은 바르트가 "저자의 죽음"이라 일컬은 바를 잘 보여 주는

---

[*]    Entretien de Régis Tettamanzi avec Matthias Gadret, *Le Petit Célinien*, 23 septembre 2012: http://www.lepetitcelinien.com/2012/09/les-entretiens-du-petit-celinien-vii.html.

교과서적인 사례다.* 저자가 역사적 상황 때문에 일부 작품을 제외
하기 전에 구상했던 대로 비평가가 '전작'을 재구성한 것이라 생각
할 가능성도 있겠지만 말이다. 이러한 작용은, 필요한 경우, **전작**의
구성이 저자의 전략(이는 문화 생산 장의 변형에 적응하기 위해 변
화한다)뿐만 아니라 다른 행위자들, 즉 권리자, 매개자(발행인, 에
이전트, 갤러리스트)나 중재자(비평가, 전문가, 번역가)로부터도
유래함을 드러낸다. 셀린 팸플릿 재발행을 놓고 이어진 전개는 이
러한 구성이 지적 투쟁과 경쟁의 내기물이라는 점을 증명한다. 갈
리마르는 재정의된 경계에 있으면서 상업적 가능성이 있는 '작품'
의 독점을 놓치게 될까 걱정하여, 그때까지 '전작'의 가장자리에 조
심스럽게 보존돼 있던 저작의—물론 비판적인—출판을 준비하기
위하여 변호인 프랑수아 지보François Gibault를 통해 셀린의 부인
으로부터 허락을 받았다(이 결정의 중대함은 지보가 마리옹 마레
샬-르펜Marion Maréchal-Le Pen**의 측근들이 2017년 12월 1일에 창
립한 월간지 《랭코렉트L'Incorrect》와의 인터뷰에서 이를 발설하는
것을 막지 못했다). 『잔해』 재출간의 성공이 갈리마르가 이 계획을
착수하도록 굳힌 것이 틀림없는 것처럼, 이는 셀린의 부인 루세트
데투쉬Lucette Destouches와 그의 변호인이 출판 금지 해제를 결정

---

\* Roland Barthes, "La mort de l'Auteur", *Le Bruissement de la langue*, Paris, Seuil, 1984, p. 61-67. ([옮긴이] 롤랑 바르트는 1967년 미국에서 먼저 발표한「저자의 죽음」이라는 짧은 에세이를 통해, '저자'라는 근대 사회의 산물이 작품에 있어 가장 중요한 존재로 여겨지고 저자의 의도를— 전통적인 비평가들이 그렇게 했듯—"해독"하는 것이 작품을 해석하는 기준이 되는 것에 문제를 제기했다. 그는 '저자' 대신 '독자'의 자리에 중요성을 부여했다. 텍스트를 이루는 다양한 '에크리튀르(écritures)'가 모이는 장소는 출발지가 아닌 도착지, 즉 저자가 아닌 독자이며, 저자의 의도를 파악해 작품을 해독하고 "설명"하는 것이 아닌, 독자에 의한 다양한 전유가 작품 감상에 있어 중요하다는 것이다.)

\*\* [옮긴이] 극우 정치인으로, 프랑스의 극우 정당 국민전선(현 국민연합) 창립자인 장-마리 르 펜(Jean-Marie Le Pen)의 외손녀이자 국민연합 총재 마린 르 펜(Marine Le Pen)의 조카다. 2012년부터 2017년까지 국민전선 소속으로 국회의원을 지냈고 2022년에는 극우 정치인 에릭 제무르(Éric Zemmour)의 정당 재정복에 입당했다.

하는 데 기여했던 것으로 보인다. 이후 여러 협회들의 항의, 그리고 재출간이 그 글들을 정당화하게 되는 효과를 낳을까 우려하는 일부 프랑스 지식인들의 항의에 직면하여 이 계획은 중단되었다. 내무부에서 인종주의, 반유대주의, LGBT 혐오 방지 대책을 담당하는 부처 간 대표 프레데릭 푸아티에Frédéric Poitier의 개입, 16,000여 개의 서명을 받은 청원, 그리고 그 책을 보이콧하겠다는 서적상들의 위협은 끝내 출판사를 단념하게 만들었다.*

더욱이, 팸플릿 재출간이라는 관점은 작가이자 비평가인 티팬 사모요Tiphaine Samoyault가 다음과 같이 표명한 것처럼 더 이상 스타일의 측면이 아닌 도덕의 측면에서 문학 작품과의 관계에 대한 질문을 다시 제기했다.

> 그것이 바로 셀린이 그렇게 많은 독자들과 문학의 전달자 passeur—교육과 비평에서—에게 제기하는 문제이고, 많은 이들은 셀린을 가르치지 않기로 선택했다. 셀린의 혐오적 언사는 팸플릿에만 있지 않으며, 그의 반유대주의는 일탈이 아니라, 진정한 현실 참여를 구성하고 있기 때문이다.**

결국, 작가의 이름이 작품의 저자 각각을 지칭하기 위한 축약으로서 기능한다면, '『보바리 부인Madame Bovary』의 저자'와 같은 표현의 사용은 외연적이면서 동시에 기술적인descriptive 가치를 지닌다. 실제로 이러한 표현은 반복을 피하기 위해 플로베르의 동의어로서 사용될 수 있지만, 이러저러한 작품을 선택하는 것은 맥락

---

\*      Philippe Roussin, "Que signifie republier les pamphlets antisémites de Céline en 2019?", *Vacarme*, 20 février 2019을 보라.

\*\*      Tiphaine Samoyault, "Pamphlets de Céline: la littérature "menacée de mort"", Le Monde, 11 janvier 2018. 또한 Philippe Roussin, *Misère de la littérature, terreur de l'histoire. Céline et la littérature contemporaine*, Paris, Gallimard, 2005 을 보라.

에 따라서 다른 의미를 취할 것이다(기술의 내포). 프레게의 구별을 다시 빌리자면 '『보바리 부인』의 저자'와 '『감정 교육L'Éducation sentimentale』의 저자'라는 표현은 같은 지시 대상(또는 외연)을 지니지만 같은 의미(또는 내포)를 지니는 것은 아니다. 따라서 이들은 의미 변화 없이는 서로 대체 불가능하다. 이것이 크립키로 하여금 고유 명사에서 그에 연결된 기술들과는 독립적인 고정 지시어를 발견하게 이끌었다. 이러한 대체 불가능성은 더구나 작품이 시대별로 또는 장르별로 나뉘어지는 경우에 유효하다. '『밤 끝으로의 여행Voyage au bout de la nuit』의 저자'와 '『학살을 위한 바가텔Baga-telles pour un massacre』의 저자'의 지시 대상은 동일하지만[셀린], 이두 기술은 서로 호환할 수 없다. 이것이 팸플릿과 **문학 작품**의 분리를 가능케 한 것이다. 이 둘의 구별이 가능하다는 사실은 이 두 기술이 서로 우연한 관계를 맺음을 암시한다. 『밤 끝으로의 여행』의 저자는 팸플릿을 쓰지 않을 수도 있었을 터이다. 하물며 『니벨룽겐의 반지L'Anneau du Nibelung』의 작곡가[바그너]도 그러하다. 반대로 티팬 사모요의 입장은 이 둘 사이의 필연적 관계를 가정하는데, 이는 작품에 배어들었을 작가의 도덕성에 기인한다. 이로써 작가와 작품 사이 유사 관계를 분석할 필요가 있다.

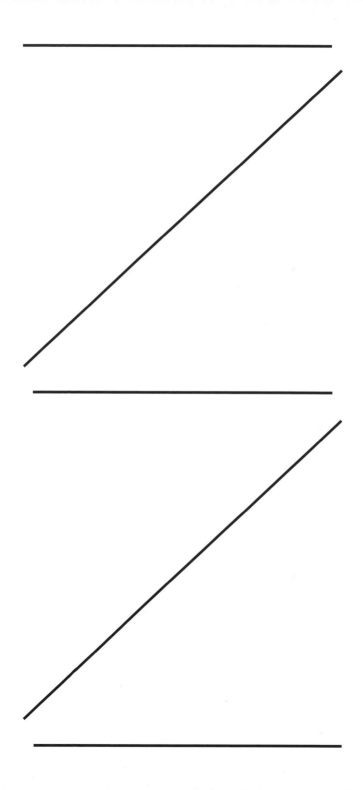

# 2장

## 유사 ──────

────── 관계

환유 관계는 작가의 이름에 관계할 뿐 그 사람에 대해서는 아무것
도 말해 주지 않는다. 우리는 호메로스나 셰익스피어의 이름을 떠
올릴 때, 그 지시에 해당하는 개인이 존재하느냐 그렇지 않느냐 또
는 그가 저자로 여겨지는 작품들을 실제로 썼느냐 하는 사실(비록
이는 법의 견지에서 제기되는 질문이지만)에 대한 토론과는 독립
적으로, 지시하는 것이 무엇인지 알고 있다. 그에 반해 작품과 작가
사이 유사 관계는 그 사람을 참조하게 한다.

작품을 작가라는 사람의 발현이라고 은유적으로 표상하는
것은 18세기에 문학 소유권propriété littéraire 인정을 위한 투쟁 국
면에서 나타났으며, 이는 작품과 작가의 환유 관계를 공고히 했다.
디드로Denis Diderot는 이에 대해 다음과 같은 이념형적 표현을 남
겼다.

> 만약 한 인간의 교육, 학업, 노고, 시간, 연구, 관찰의 유일한
> 결과물인 정신의 작품이, 만약 가장 아름다운 시간, 인생에
> 서 가장 아름다운 순간들이, 만약 그의 고유한 사유, 마음에
> 서 우러나는 감정, 그의 가장 소중한 부분, 절대 소멸하지 않
> 는 것, 그를 영원하게 만드는 것이 그에게 귀속하지 않는다
> 면, 인간에게 귀속할 수 있는 재화는 어떤 것이란 말인가?*

이 표상은 훗날 법학자들이 문학 소유권의 인격주의적 개념이라
부르는 것의 기반이 되고, 이로써 문학 소유권은 다른 소유권과 같
지 않게 된다. 예컨대 1886년 베른 조약이 국제화한 저작권droit
d'auteur 관련 프랑스 법제에 따르면, 저작 인격권droit moral은 양도
할 수 없다(반면 미국의 저작권copyright에 따르면 이는 양도할 수
있다). 프랑스 혁명기에 문학과 예술 소유권의 법전화를 둘러싸고

*     Denis Diderot, *Lettre sur le commerce de la librairie, in Œuvres
complètes*, t. VIII, Paris, Hermann, 1976, p. 509-510.

2장. 유사 관계

벌어진 활발한 토론 끝에, 또 콩도르세Nicolas de Condorcet가 주장했던, 사상은 모두의 것이라는* 원칙으로 인해, 그 재산권은 작품의 내용이 아닌 형식의 독자성originalité에 국한되었다. 즉 형식이 저자라는 사람에게 귀속하는 것이다. 뷔퐁Georges Louis Leclerc de Buffon은 이러한 개념을 다음의 유명한 문구에 요약해 냈다. "스타일이 곧 인간이다."** 이 지점에서 작가의 이름은 단지 스타일을 지칭하기 위한 축약에 그치지 않고, 작가라는 사람을 가리킨다.

형식과 스타일에 대한 이러한 주목은 진품 판단의 기반이 된다. 이는 표절에 대한 법률적 판결뿐만 아니라, 대중의 기대에 맞춰 이미 검증된 형식적 기법을 재생산하여 지나치게 표준화된 작품들에 대해 미학적 입장에서 규탄하는 근거를 제공한다. 역으로 이러한 주목은 낭만주의가 찬양하는 작가의 개성과 그의 '재능'(이 맥락에서는, '천부적 재능'과 '능력'이 대조를 이루듯 '역량'이라는 개념에 대조되는 개념)에 대한 심오한 표현으로서 **독창성originalité**의 강조를 뒷받침한다. 스타일의 개별성과 형식의 독창성에 대한 가치 부여는 개인주의의 대두와 밀접하게 관련되는데, 이는 문학과 예술의 소유권 규제와 상징 재화 시장에서 문화 생산 위계화를 가능하게 해 주며, 국립미술학교와 같은 국가 기관이 공인 기능에 대한 독점력을 잃게 만드는 데 기여한다.*** 형식에 주의를 기울인다고 해서 저작자에게 저작물의 내용을 설명할 책임이 면제되는 것은 아니다. 플로베르는 『보바리 부인』이 자신의 상상과는 무관하게 현실(간통)을 묘사한 것이라며 형식에 대한 책임만을 졌을 뿐

---

* Carla Hesse, "Enlightenment Epistemology and the Laws of Authorship in Revolutionary France, 1777-1793", *Representations*, 30, 1990, p. 109-137.

** 1753년 8월 25일 아카데미 프랑세즈 수여식 연설에서; Buffon, *Discours sur le style*, Paris, Delagrave, 1894, p. 6.

*** Pierre Bourdieu, *Manet. Une révolution symbolique*, Paris, Seuil, 2013.

내용에 대한 책임을 면제받았지만 말이다.* 우리가 살펴본 것처럼 형사적 귀책은 작가에 의한 작품 소유에 선행했다. 그런데 형사적 책임은 작가의 도덕적 책임에 대한 집단적 신념을 표현한다.

## 저자, 화자, 인물

작품은 작가라는 사람의 발현이므로 그를 닮을 것이다. 1822년 풍자 만담가였던 베랑제Pierre-Jean de Béranger의 소송 때 그의 변호인 뒤팽Dupin이 이러한 견해를 내세웠다. "저자는 그가 쓰는 것에 자기 자신을 그린다고들 합니다."** 만약 작가라는 사람이 그의 모든 작품에서 발견된다면 작품의 도덕성은 작가의 도덕성을 가리킨다. 그렇게 샤를 보들레르Charles Baudelaire는 『악의 꽃Les Fleurs du mal』에 묘사된 '악덕'을 지닌 것으로 간주되었는데, 이러한 동일시의 패러다임을 잘 보여 주는 예시다. 검사 피나르Ernest Pinard가 "번뇌하는 정신"이라고 칭한 그의 책임을 부분적으로 면제해 주며 그에게 징역형을 면하게 해 주었지만 말이다.***

　　문학 재판에서, 고소당한 작품을 분석할 때 저자라는 사람을 함께 묘사하게 되는데, 이는 (다음 장에서 살펴볼) 동기를 탐색하는 것만으로 그치지 않는다. 저자의 도덕성, 진실성, 선의, 사심 없음désintéressement, 창조적 기획의 진지함에 대한 증거를 보여 주며 저자와 작품을 구별하는 것은 소송에서 변호 전략이었다. 19세

---

\* 　[옮긴이] 플로베르는 『보바리 부인』이 공중도덕 및 종교 정신에 위배된다는 혐의로 검사 피나르에게 기소되었으나 1857년 2월 무죄(acquittement)를 선고받았다. 참고로 뒤에서 나올 보들레르의 『악의 꽃』은 그 해에 같은 죄목으로 동일한 검사에 의해 기소되어, 공중도덕을 해친 혐의에 대해서만 유죄 판결을 받았다. 이에 따라 보들레르는 벌금을 부과받았고 시집에서 6편의 시를 삭제하여 재발행해야 했다.

\*\* 　*Procès fait aux chansons de P.-J. Béranger*, Paris, Baudouin Frères, 1828, p. 57.

\*\*\* 　『악의 꽃』 재판에서 에르네스트 피나르의 논고, *in* Charles Baudelaire, *Œuvres complètes*, t. I, Paris, Gallimard, "Bibliothèque de la Pléiade", 1975, p. 1205.

기에는 지배 계급 자체가 일종의 도덕성을 드러내는 지위였다. 거기에 속하지 않는 자들은 그들의 평판, 정직성, 결혼 상황, 가족에 대한 헌신을 돋보이게 해야 했다.* 예를 들어 공쿠르 형제의 변호인은 형제가 결혼을 하지 않았다는 사실이 미심쩍어 보일 수 있어서 이들의 협력을 가족적 가치의 증거로 강조하고, 형제를 "선한 젊은 이들"이라 소개하며 이들에게 "20년째 오래된 가정부"가 있다는 사실을 "존경할 만한 특징"으로 언급했다.**

이러한 고전적인 논거는 때때로 기소된 저자들을 악의적 의도를 지녔다는 불명예로부터 벗어나게 해 주지만(그러나 그들의 객체적 책임으로부터는 아니다), 집합 표상representations collectives에 깊이 뿌리박힌 작가와 작품의 동일시를 뒤흔들기에는 보통 불충분하다. 플로베르는 "보바리 부인은 바로 나"라고 단언한 것으로 알려져 있다. 출처의 진위가 밝혀진 바 없는 이 문구가 계속해서 떠도는 것은 우리 문화가 전통적으로 저자와 그가 만든 인물들의 관계를 중요하게 여기고 있음을 시사한다. 이 문구가 사람들에게 강렬한 인상을 남긴다면, 그 이유는 이 문구가 전제하는 동일성이 언뜻 보기에는 불가능하기 때문이다. 모든 면에서 작가 귀스타브 플로베르와 보바리 부인은 분리되어 보인다. 예컨대 잘 교육받은 부르주아 출신으로 본인의 사회 계급과 단절한 귀스타브 플로베르는 명석하고도 가차없는 시선으로 사회를 바라보고, 쁘띠 부르주아인 보바리 부인은 수도원에서 대중 통속 소설을 읽으며 상상을 공상으로 가득 채운다. 그런데도 플로베르가 저 문구를 표명했다는 사실은 작품과 작가의 관계에 대한 광대한 해석의 장을 열어젖힌다. 이러한 다양한 해석의 가능성은 전기적 요소를 담은 기획에 있어 핵심이기도 하다.

*      G. Sapiro, *La Responsabilité de l'écrivain, op. cit.*을 보라.

**     Edmond et Jules de Goncourt, *Journal.* Mémoires de la vie littéraire, t. I, Paris, Robert Laffont, 1989, p. 71.

저자와 인물의 구별은 검열, 더 나아가 사회적 제약이 강요하는 자기 검열을 우회하기 위해 픽션을 동원하는 사례에서 허물어진다. 앙드레 지드André Gide는 당시 터부였던 동성애라는 주제를 그린 자전적 이야기『한 알의 밀알이 죽지 않으면Si le grain ne meurt』에서 다음과 같이 결론을 냈다. "회고록은 진실에 아무리 충실하다 한들 절반만 솔직할 뿐이다. 어쩌면 우리는 소설에서 진실에 더 가까이 다가갈지도 모른다."* 이 사실은 마르셀 프루스트Marcel Proust가 그에게 했었을 이 말과 공명한다. "당신은 무엇이든 이야기해도 좋습니다. 다만, 절대 **나**라고 말하지 마세요."***

거리 두기 전략은 허구적 인물뿐 아니라 화자라는 형상에도 관련된다. 고전적 관습에 따르면 화자는 저자와 일체가 되어 그의 목소리를 내고 윤리적 입장을 표현한다. 발자크Honoré de Balzac는 자신이 만든 인물들을 서슴없이 판단한다. 동일한 취지에서, 비난받아야 마땅한 소행은 벌을 받아야 하고, 하물며 화자의 존재감이 적은 연극에서도 그러하다.*** 검사 피나르는 감정이 개입되지 않은 객관적 화자를 일부러 선택한 플로베르가 여주인공의 행동을 나무라지 않았다고 비난했다. 그녀의 자살은 그녀 자신의 선택이었기에, 이 검사에게는 불충분했다.****

플로베르가 괴테에게서 영감을 받아***** 프랑스에 들여온 저자, 화자, 인물 구별은 근대 문학에서 관례가 되었다. 이것은 재

\*     André Gide, *Si le grain ne meurt*, Paris, Gallimard, "Folio", 1955, p. 280. 앙드레 지드, 『한 알의 밀알이 죽지 않으면』, 권은미 옮김, 나남, 2010.

\*\*    André Gide, *Journal*, Paris, Gallimard, "Bibliothèque de la Pléiade", 1996, 14 mai 1921, p. 1124에서 가져온 문장이다.

\*\*\*   Odile Krakovitch, *Hugo censuré. La liberté au théâtre au XIXe siècle*, Paris, Calmann-Lévy, 1986.

\*\*\*\*  검사 대리 피나르의 논고, *in* Gustave Flaubert, *Œuvres*, t. I, Paris, Gallimard, "Bibliothèque de la Pléiade", 1951, p. 619.

\*\*\*\*\* Norbert Christian Wolf, "Ästhetische Objektivität. Goethes und Flauberts Konzept des Stils", *Poetica*, 34/1-2, 2002, p. 125-169.

현과 옹호의 구별을 가능하게 했고, 법정에서도 인정되었다. 예를 들어, 2005년에 인종 및 종교 혐오 선동, 공개적 인종 모욕, 인간 존엄성 침해, 미성년자가 볼 가능성이 있는 음란한 내용 전파를 사유로, 반유대주의자인 1인칭 화자를 주인공으로 하는 소설 『포그롬 Pogrom』의 저자인 에릭 베니에-뷔르켈Éric Bénier-Bürckel과 출판사 플라마리옹Flammarion을 상대로 기소가 이루어졌는데, 기소 사실에 대해 끝내 무죄 선고relaxe가 내려졌다. 법원은 옹호와 재현은 다르다는 점을 명확히 했고, "작가는 예술 창작에 있어 많은 자유가 필요하며, 합의를 이루는 주제만큼이나 충돌되는 주제, 충격을 주는 주제, 걱정을 끼치는 주제에 대해서도 표현할 수 있다"고 간주했다.* 이런 식으로 작가와 인물을 구별하는 것은 래퍼 오렐상Orel-san의 항소심 무죄 선고의 기반이 되었다. 오렐상은 파리에 있는 공연장 바타클란에서의 콘서트에서(2009년 5월 13일) 성차별적 인상을 주는 노래를 여러 곡 불러, 성별을 바탕으로 특정한 사람들에게 차별, 혐오, 폭력을 선동한다는 사유로 페미니스트 단체 다섯 곳이 그를 고소했고 이에 따라 기소가 이루어졌다. 재판관은 고소의 대상이 된 노래들이 일인칭으로 되어 있을지언정 이 곡들이 랩이라는, "환멸을 느끼고 반항하는 세대를 반영하고자 하는 장르, 기질적으로 적나라하고 선동적이고 비속하며 폭력적이기까지 한" 장르 안에서 "가상의 인물"을 그려 내는 것이라 해석했다.** 그래도 역시 제라르 주네트Gérard Genette가 썼듯이, "서사가 있는 허구적 장르에서 특정한 발화는, 특히 일반적으로 자유 간접 화법이라 칭하는 것은 말하는 이가 등장인물인지 저자-화자인지 독자로서 알

---

*     Agnès Tricoire, "Quand la fiction exclut le délit", commentaire de TGI Paris 17e ch., 16 novembre 2006, affaire: MP c/ Bénier-Bürckel, *Légipresse*, 240, avril 2007, p. 7. 에서 재인용.

**    "Provocation à la violence envers les femmes; le rappeur Orelsan relaxé en appel", par *Lexpress.fr* avec l'AFP, publié en ligne le 18 février 2016에서 재인용. 또한 이 사례에 대한 로르 뮈라의 경이로운 분석을 보라. Laure Murat, *Une révolution sexuelle?, op. cit.*, p. 65-86.

수 없기 때문에 미확정 상태이며, 확정할 수도 없다."[*]

저자와 화자의 거리 두기 방식으로는 사회 환경을 탐구하는 학자와 같은 객관주의적 태도 취하기부터—이러한 태도는 플로베르 이후 자연주의자들이 계승했다—아이러니, 그리고 증언이나 내적 독백 기법을 활용한 허구 세계 내적 관점 채택이 있다. 화자와 저자의 이러한 구별은 예술의 자유와 픽션의 권리를 주장하는 '심미주의적' 관점의 기반이 된다. 하지만 심미주의적 관점은 일인칭 인물 또한 취할 수 있고, 자전적 이야기, 회고록, 일기 등에서도 연출될 수 있다.[**]

문학에서든 노래, 영화, 연극, 오페라에서든 저자, 서술적 시점, 인물의 관계는 복잡한 관계 공간을 형성한다. 이 공간에서 저자의 개성, 전기, 가치들의 관련성은 허구화 작업에 의해 우의적이거나 은유적인 형식으로 가려지기도 하고, 명료하게 내세워지기도 하는데 이는 특히나 자전적 작품에서 그러하다. 이러한 두 가지 글쓰기 전략 사이 다양한 가능성이 생겨난다. 일기에서 저자와 화자를 완전히 동일시하는 것, 자전적 작품에서 저자와 화자 관계를 문제 삼는 것, 오토픽션autofiction에서 허구적 요소를 도입하고 때로는 다소 높은 수준의 소설적, 시적 허구화까지 이르는 것(그것이어느 정도 은밀하게 자전적 요소를 도입하는 것을 저해하진 않는다)이 그러한 가능성이다.

2장. 유사 관계

---

[*]     Gérard Genette, *Fiction et diction*, Paris, Seuil, 1979, rééd. "Points Essais", 2004, p. 121, n. 1.

[**]    Philippe Lejeune, *Le Pacte autobiographique*, Paris, Seuil, 1975, rééd. "Points Essais", 1996; Jacques Lecarme et Éliane Lecarme-Tabone, *L'Autobiographie*, Paris, Armand Colin, 1997; Jean-Louis Jeannelle, *Écrire ses Mémoires au XXe siècle. Déclin et renouveau*, Paris, Gallimard, "Bibliothèque des idées", 2008을 보라.

## 자신에 대한 글쓰기

일기는 저자와 화자의 동일성에 대한 의구심을 남겨 두지 않는다—물론 일기가 허구적 화자의 이야기 형식으로서 사용될 때는 예외다. 라이너 마리아 릴케Rainer Maria Rilke의 『말테의 수기Les Cahiers de Malte Laurids Brigge』는 그를 꼭 닮은 서정적인 인물에 저자의 사회적, 정신적 삶의 요소를 부여한 중간 형태를 보인다. 아미엘Henri-Frédéric Amiel의 『아미엘 일기Journal』 이래로 문학화된 일기는 비극적인 사건(『안네의 일기Le Journal d'Anne Frank』, 산도르 마라이Sandor Marai의 『일기Journal』)이나 한 시대의 문학 세계(『문학적 삶의 회고록Mémoires de la vie littéraire』이라는 부제가 달린 공쿠르 형제의 『일기Journal』, 문인계에서 배본을 무척 기다렸던 앙드레 지드의 일기)에 대한 역사적 증언으로서 가치를 지닌다. 저자 자신이 저자와 화자의 동일성을 인정한 경우에는 비난받을 만한 발언이 있었을 때 책임을 전가할 수 없다. 이것이 2000년 파이야르Fayard 출판사에서 출간한 작가 르노 카뮈의 1994년 일기 『프랑스의 시골La Campagne de France』에 실린, 공공연히 반유대주의적이었던 대목들이 촉발한 스캔들을 설명해 준다(5장을 볼 것).* 가브리엘 마츠네프가 아동 성범죄 성격의 행위를 찬양하며 과시한 일기는 갈리마르 출판사를 통해 출간되었는데(『내 눈의 눈동자La Prunelle de mes yeux』, 1993), 그의 성폭력 피해자 중 한 명인 바네사 스프링고라Vanessa Springora가 14살의 나이에 겪어야 했던 일에 대하여 『동의Le Consentement』라는 의미심장한 제목으로 자신의 증언을 담은 책을 내고 파리 검찰이 연이어 "미성년자 강간" 혐의로 조사에 착수한다고 발표한 뒤에야 갈리마르는 책 판매를 철회했다

---

\*     Edwy Plenel, "Aux sources de la régression française: l'affaire Renaud Camus", *Mediapart*, 4 janvier 2015.

(4장을 볼 것).* 작가의 생전 미출간 일기에는 그의 작품을 다시 읽게 만드는 요소들이 담겨 있을 수 있다. 드리외 라 로셸의 [사후 출간된] 일기를 통해 그때까지는 알려져 있지 않았던 편견과 혐오 감정이 드러나며, 저자의 윤리정치적 성향과 작품 간 숨겨져 있던 관련성이 밝혀진 바 있다.

근대에 루소의 『고백록Les Confessions』이 새 바람을 불어넣은 장르인 자전적 이야기는 사적 생애와 내밀함에 집중한다는 점에서 공적 생애에 집중하는 회고록과 구별된다. 진실성의 에토스를 표방하는 자전적 이야기는 제1, 2차 세계 대전 사이에 다음의 두 작품으로 잘 알려지게 되었다. 앙드레 지드의 『한 알의 밀알이 죽지 않으면』(1921)과 미셸 레리Michel Leiris의 『성년기L'âge d'homme』(1939)가 그것인데, 두 작품 모두 당시에는 금기된 주제였던, 프로이트 정신분석학에서 성격 형성의 핵심으로 삼기도 했던 성(섹슈얼리티)의 발견을 다루고 있다.**

이 계보에는 자기 분석auto-analyse(아니 에르노Annie Ernaux, 디디에 에리봉Didier Eribon, 에두아르 루이Edouard Louis)과 오토픽션(카미유 로랑스, 크리스틴 앙고Christine Angot, 클로에 들롬 등)이라는 현대 장르도 포함된다. 자기 분석에서 화자 '나'는 저자의 가족(에르노의 『남자의 자리La Place』, 에리봉의 『랭스로 되돌아가다Retour à Reims』), 유년기(에두아르 루이의 『에디의 끝En finir avec Eddy Bellegueule』) 등 다양한 상황(에르노의 『집착L'Occupation』에서와 같은 연애 관계, 『얼어붙은 여자La femme gelée』에서와 같은 가정 생활 또는 직장 생활) 속의 저자 개인을 객관적으로 내려다보

---

*     Vanessa Springora, *Le Consentement*, Paris, Grasset, 2020; "Le parquet de Paris ouvre une enquête pour viols sur mineur contre Gabriel Matzneff", *Le Monde*, 3 janvier 2020. 바네사 스프링고라, 『동의』, 정혜용 옮김, 은행나무, 2021.

**    『한 알의 밀알이 죽지 않으면』에 대한 나의 분석을 참조하기를 바란다. *Les Écrivains et la politique en France, op. cit.*, p. 263-272.

는ー인용한 예시에서는 사회학적ー입장을 취한다.

종종 법의 제약에 의해 고유 명사의 허구화가 강요되는 오토픽션은ー크리스틴 앙고는 『근친상간L'Inceste』에 "나는 진짜 이름도, 진짜 이니셜도 넣을 권리가 없다. 변호사가 금지했다."라고 쓰며 금지를 어겼다*ー저자와 화자 '나'의 관계를 주제로 삼는다. 이때 저자의 통용되는 이름과 본명으로 유희를 벌이며 둘을 대화 관계에 놓음으로써 도덕적 딜레마를 보여 줄 수 있다. 예컨대 카미유 로랑스의 오토픽션적 소설 『신경질적인 로맨스Romance nerveuse』에서 품위까나 갉아먹는 연애사에 휘말린 화자는 뤼엘(이는 저자의 부계 성으로, 저자의 본명은 로랑스 뤼엘이다)과 대화를 나누는데, 뤼엘은 작가의 분신이자 화자에게 질책을 아끼지 않는 이성의 목소리다. 클로에 들롬은 이렇게 썼다. "**나**를 증식시키는 것. 그것으로 삼위일체를 이루는 것. 저자, 화자, 중심인물." 그녀에게 "**나**를 쓰는 것=저항의 행위, 오토픽션=정치적 제스처"이며 이는 "자본주의가 우리의 삶을 쓰고 통제하는 사회에서 생존하기 위한 본능"에 속한다.**

---

\*       Christine Angot, *L'Inceste*, Paris, Stock, 1999, p. 41. 카미유 로랑스는 자신의 아기를 출생 몇 시간 만에 과실로 사망에 이르게 한 의사의 이름을 *Philippe*, Paris, P.O.L, 1995 에서 허구화해야만 했다. 의사의 평판을 보호하기 위해 진실이 검열된 것이다.

\*\*     C. Delaume, *S'écrire, mode d'emploi, op. cit.*

이러한 자전적 방식과 반대로, 우엘벡이나 베니에-뷔르켈과 같이
도발을 일삼는 저자들은 저자와 허구적 분신의 관계를 능숙하게
이용한다. 그들은 자서전의 규약*을 지키지 않으면서 분신이 저자
와 닮았다고 느끼게끔 만든다(우엘벡의 작품 『플랫폼Plateforme』
의 주인공 이름은 미셸이고 이야기는 일인칭 시점으로 펼쳐진
다).** 인종주의, 반유대주의, 종교적 출신을 이유로 한 혐오 선동과
같은 형사상 문책할 수 있는 요소들은 허구 세계 내부에 머물러 있
다. 『플랫폼』에서 테러 공격으로 동반자를 잃은 내부 화자narrateur
intradiégétique는 무슬림에 대한 무분별한 혐오에 빠지고, 팔레스타
인 어린이와 임신한 여성이 총격으로 사망했다는 소식을 들을 때
마다 "열광하며 몸을 떨곤 했다."*** 아울러, 파라텍스트 (『포그롬』
의 저자는 자신의 책을 "흑인과 아랍인들에게" 바친다고 헌사를
써 두었다) 혹은 우엘벡이 한 것과 같은 언론에서의 입장 표명은
미디어 스캔들에 대한 전략에서 저자를 픽션과 관련하여 위치시
키는데 이는 한편으로 [픽션에 대한] 암묵적 동조를 의미한다. 이
러한 전략은 『포그롬』의 사례에서 보았듯 허구 세계의 자율성 존
중 덕분에 저자를 형사 처벌의 위험에 노출시키지 않으면서도 책

---

\*       [옮긴이] '자서전의 규약(pacte autobiographique)'은 프랑스의 문학
        이론가 필립 르죈(Philippe Lejeune)이 발전시킨 개념이자 1975년에 낸
        책 제목이다. 르죈에 따르면 자서전은 산문으로 된 회상형의 이야기로
        실제 인물의 삶, 그 인격의 역사를 다루며, 저자, 화자, 주인공이 동일하다.
        독자는 이 동일성에 대해서 절대 의심하지 않는다. 독자와 저자는 자서전이
        보여 주는 내용이 그대로 진실이라는 점에 암묵적인 '규약'을 맺게 된다.
        Philippe Lejeune, *Le Pacte autobiographique*, Seuil, coll. "Poétique",
        1975. 필립 르죈, 『자서전의 규약』, 윤진 옮김, 문학과지성사, 1998.

\*\*      주네트는 다음과 같이 썼다. "가장 전형적으로 허구적인 지시대상인 안나
        카레니나나 셜록 홈즈는 그들을 위해 "포즈를 취한" 실제의 "모델"을
        대체했을 수 있고 […], 그래서 그들에 관한 명제의 허구성이 지시의
        이중성에만 기인하고, 텍스트는 실제 y를 기술하지만 외연에 의해 허구 x를
        나타낼 수 있다." G. Genette, *Fiction et diction, op. cit.*, p. 136.

\*\*\*     Michel Houellebecq, *Plateforme*, Paris, Flammarion, 2001, p. 357. 미셸
        우엘벡, 『플랫폼』, 김윤진 옮김, 문학동네, 2015.

판매에 도움이 된다.

비평가 제롬 메조는 『플랫폼』에 내재한 애매성을 분석했는데, 그에 따르면 이 책은 수잔 슐레이만Susan Suleiman이 정의하는 테제 소설roman à these*의 특징을 보인다—줄거리는 반이슬람주의 주장을 지향하고, 그러한 주장을 세 명의 보조 인물이 되풀이하며 뒷받침하는데, 여기에 반박하는 관점은 없으며 화자의 이데올로기적 기능에 자양분이 되는 교조적 상호텍스트도 그 주장을 뒷받침한다. 제롬 메조는 또한 거리 두고 읽기를 실천하게 만드는 징후들을 분석했는데 그로 인해 이 책은 "테제 소설의 풍자적 패스티쉬pastiche**"가 된다. "교묘하게 희화적인 이러한 장치는 두 가지 읽기 방식을 가능케 하는 것으로 보인다—반이슬람 의견에 대해 진지하게 '일반적으로' 읽기(수많은 비평가들이 이에 동조했다), 그리고 2차적인 '문학적' 읽기."***

---

\* [옮긴이] '주제 소설'이라고도 번역되는 '테제 소설'은 프랑스 문학 및 비교 문학 연구자 수잔 슐레이만의 정의에 따르면 어떠한 사상이나 독트린을 전면에 내세우는 소설 유형을 말한다. 슐레이만은 테제 소설의 특성을 세 가지로 꼽았다. 테제 소설에는 첫째로 "애매하지 않고 이원론적인 가치 체계"가 나타나고, 둘째, "독자에게 향하는 행위의 규칙"이 드러나며, 마지막으로 "교조적 상호텍스트(intertexte doctrinal)"가 담겨 있다. 가치와 행위의 규칙은 소설 텍스트 외부에 존재하는 독트린, 마르크스주의건 민족주의건 어떤 '-주의'건 간에 상호텍스트적 맥락으로 작용하는 독트린을 참조함으로써 결정된다. Susan Rubin Suleiman, *Le Roman à thèse ou l'autorité fictive*, Paris, PUF, 1983, p. 72-73.

\*\* [옮긴이] '패스티쉬'는 문학, 미술, 영화 등 예술 장르에서 어떤 작가의 스타일이나 표현 방식을 모방하거나 떠올리게 만드는 작품, 또는 그러한 창작 활동을 일컫는다. 패러디는 텍스트 자체를 변형시켜 캐리커처의 효과를 노리는 반면, 패스티쉬는 원본의 스타일을 빌려와 다른 대상에 적용함으로써 모델과의 유사성에 대한 질문을 던진다는 점에서 차이가 있다. Paul Aron, "Le pastiche et la parodie, instruments de mesure des échanges littéraires internationaux", in *Littératures francophones*, Lise Gauvin, Cécile Van den Avenne, Véronique Corinus, et Ching Selao(eds.), Lyon, ENS Éditions, 2013.

\*\*\* Jérôme Meizoz, "Le roman et l'inacceptable", in *L'il sociologique et la littérature*, Genève, Slatkine, p. 197; Susan Rubin Suleiman, *Le Roman à thèse ou l'autorité fictive*, Paris, PUF, 1983.

게다가 메조는 등장인물과의 근접성을 능숙하게 이용하는
우엘벡의 태도를 해체하고—1999년에 우엘벡은 자신의 소설들에
서 무엇이 자서전의 영역에 속하는지 더 이상 잘 모르겠다고 밝혔
다*—그의 발언들을 다시 다룬다. 그는 2001년에 잡지《리르Lire》
와 한 인터뷰에서 이슬람교를 "가장 멍청한" 종교라고 규정했고,
해당 잡지의 편집장 피에르 아술린Pierre Assouline은 편집장의 글을
통해, 그리고 모로코 작가인 압델-일라 살리Abdel-Ilah Salhi는《리
베라시옹》의 사설을 통해 이를 규탄했다. 이 두 사람은『플랫폼』
에 대해서도 매우 비판적이었다. 이와 달리 필립 솔레르스Philippe
Sollers와 조지안 사비뇨Josyane Savigneau**는《르 몽드 데 리브르Le
Monde des livres》***에서 이 소설을 예찬했고, 그를 공쿠르상 1차 선
정 후보로 올려 두었던 프랑수아 누리시에François Nourissier 및 그
와 늘 붙어 다니는 프레데릭 베그베데Frédéric Beigbeder****도 마찬
가지였다.*****

　　무슬림 협회 네 곳의 고소에 따라 "특정 종교에 소속되었다
는 이유로 집단에 대한 차별, 증오 또는 폭력 선동 공모" 및 "모욕"
혐의로 기소가 이루어졌을 때, 우엘벡은 "소설 속 인물들이 말하

\* 　Frédéric Martel과의 인터뷰, *La Nouvelle Revue française*, 548, janvier 1999, p. 197-209.

\*\* 　[옮긴이] 필립 솔레르스(1936-2023)는 프랑스의 작가이자 비평가로, 국내에『모차르트 평전』(효형출판) 등이 번역되어 있다. 조지안 사비뇨(1951-)는 프랑스의 작가 겸 언론인으로,《르 몽드 데 리브르》편집장을 지냈다.

\*\*\* 　[옮긴이] 일간지《르 몽드》와 함께 주간으로 발행되는 서적 관련 부록지.

\*\*\*\* 　[옮긴이] 프랑수아 누리시에(1927-2011)는 프랑스의 작가 및 문학 평론가, 공쿠르 아카데미의 일원으로 1996년부터 2002년까지 회장을 역임했고 2008년 건강 문제로 아카데미에서 물러날 때까지 공쿠르상 심사위원회에 참여했다. 공쿠르상 선정에 있어 미셸 우엘벡을 꾸준히 지지한 것으로 알려져 있다. 프레데릭 베그베데(1965-)는 프랑스의 작가이자 문학평론가로, 우엘벡과 친구로 잘 알려져 있다.

\*\*\*\*\* 　Pierre Assouline, *Lire*, septembre 2001; Abdel-Illah Salhi, "Un racisme chic et tendance", *Libération*, 4 septembre 2001.

는 바와 저자가 하는 말을 혼동"한다고 분개했고 무엇이 『플랫폼』의 화자와 자신을 구별하는지 공개 발언을 했다(저자는 화자와는 달리 결혼도 했고 반려동물도 샀다고 밝혔다. 그러니 화자와는 달리 혐오심이 없다는 게 그의 논리일 터이다).* 이때는 9·11 테러가 발생하기 직전이었다. 테러의 여파로 이 책이 반무슬림 정서를 돋울 것이라는 우려가 나왔다. 살만 루슈디Salman Rushdie는 10월 3일자 《리베라시옹》에서 그것이 "완전히 잘못된" 생각이라며 우엘벡의 편을 들었다. "이 난세에 도화선에 불을 댕길 것 같은 것은 우엘벡이 아니라 그를 비방하는 자들의 공세다." 여러 무슬림 국가에서 금지된 책이자 아야톨라[시아파 이슬람교의 지도자] 코메이니Khomeyni가 그에게 사형 선고를 내리게 했던 책 『악마의 시Versets sataniques』의 저자 루슈디는 표현의 자유와 문학의 자율성이라는 이름으로 우엘벡을 옹호했다. "문학 텍스트에서 우리는 모든 종류의 인물을 창조할 수 있다. 만일 소설가가 자기 자신이 나치나 이단으로 취급받지 않고서는 나치 또는 이단의 인물을 묘사할 수 없다면, 그는 더 이상 그의 일을 바르게 수행할 수 없다." 『플랫폼』의 저자는 무죄 선고를 받았다.

고소는 인터뷰에서 그가 한 발언에 대한 것이었고 소설은 해당되지 않았지만 그럼에도 소설은 뒷받침 자료로 인용되었다. 피고에게 유리한 증언을 한 작가 도미니크 노게Dominique Noguez에 따르면 비난의 대상이 된 것은 사실상 책이었다. 또 다른 옹호자들이 유머의 권리(필립 솔레르스) 혹은 작가의 비판적 기능(미셸 브로도Michel Braudeau)을 주장한 한편, 우엘벡은 자신이 현실 참여적 작가이거나 지식인임을 부인하며 모든 책임에서 벗어났다. "어떤 주제에 대해 제 의견을 묻는 것은, 제가 어떤 사람인지를 안다면 터무니없는 일입니다. 왜냐하면 저는 꽤 자주 의견을 바꾸기 때문

---

*     "Des associations musulmanes veulent poursuivre en justice Michel Houellebecq", *Le Monde*, 8 septembre 2001, et Josyane Savigneau, *Le Monde*, 31 août 2001.

입니다."* 그런데 바로 이와 관련해, 『복종Soumission』(2014)의 저자는 자기 진술의 진실성에 어떠한 의심의 여지도 남기지 않는 견고한 항구성을 보여 준다. 우엘벡은 2001년 8월 25일 《피가로 매거진》에서 이렇게 밀어붙였다. "코란을 읽는 건 역겨운 일이다. 이슬람교는 탄생한 순간부터 세계를 복종하게 만들려는 의지로 두드러졌다. 그것의 본성은 복종시키는 것이다. 호전적이고 관용을 모르며 사람들을 불행하게 만드는 종교다." 이 항구성은 이슬람 정당이 집권한 프랑스 사회를 풀어 내는 정치적 픽션 『복종』 역시 테제 소설처럼 해석할 수 있게 하는 한편, 아이러니의 면모 때문에 『플랫폼』처럼 이중적 읽기도 할 만하다.**

로만 폴란스키는 영화 〈장교와 스파이J'accuse〉의 소개 자료에 실린 파스칼 브뤼크네르Pascal Bruckner와의 인터뷰에서 드레퓌스 사건과 자신의 상황을 암시적으로 유비하며, 비록 모든 면에서 앞선 사례와는 구별되지만 그에 비견할 만한 전략을 취했다. 그 유비는 작가의 행위—영화는 아동 성범죄도, 강간도 다루지 않는다—나 의견에 관한 것이 아니라 그를 향한 공격을 반유대주의로 넘겨짚는 것과 그의 무죄 추정에 대한 것이었다. 드레퓌스 대위가 피해자였던 반역이라는 누명과 유죄판결을 받은 미성년자에 대한 폭력 행위를 연관 짓는 파렴치함을 페미니스트들은 대대적으로 규탄했다(이는 4장에서 다시 논의할 것이다).

이러한 사례들은, 내재적 비평 지지자들의 입장과는 달리, 픽션 자체가 공론장에서 작가의 전략과 일대기적 요소를 통해 명확해짐을 입증한다. 나는 전에 드리외 라 로셸의 자전적 작품 『호

---

\*    Pascale Robert-Diard, "Au procès de Michel Houellebecq pour injure à l'islam, les écrivains défendent le "droit à l'humour"", *Le Monde*, 9 septembre 2010에서 재인용. 또한 "Houellebecq; le procureur demande la relaxe", *Le Nouvel Observateur*, 18 septembre 2002를 보라.

\*\*   또한 Mohammed Aïssaoui, "Houellebecq et Plateforme; "La religion la plus con, c'est quand même l'islam"", *Le Figaro*, 30 décembre 2014도 이를 암시하는 것으로 보인다.

적État civil』(1921)과 『부르주아 몽상가 여인Réveuse bourgiosie』
(1937)을 통해 작가가 구성 또는 재구성한 가족사와 민족사his-
toire nationale의 관계를 연구한 바 있다.* 이 분석은, 파시즘을 택한
작가가 [민족/국가의] 쇠퇴를 예측한 것이 가세가 기울었던 본인
경험에 근거를 두고 있는 한편, 가족사를 재구성하는 작업은 근대
성에 직면한 구세계의 파멸과 가족사를 결부시킴으로써, 작가에
게 의미를 부여하는 이데올로기적 세계관의 영향을 크게 받고 있
음을 보여 주었다. 또한 몽상과 행동 사이 동요는 드리외의 작품과
사유를 조직하며 작가의 확정되지 않은 정체성을 상징하는데, 그
의 자전 소설『부르주아 몽상가 여인』을 읽으면 알 수 있는 것처럼,
가족 쇠퇴 경험 및 그것이 초래한 사회적 무력감과 관계 지을 때 온
전한 의미를 지닌다.

　　바그너의 사례도 마찬가지로 작가와 작품의 도덕적 유사성
을 보여 주는데, 그의 작품은 음악이라는 원칙적으로 더욱 추상적
인 예술을 포함한다. 그의 음악 작품은 제2차 세계 대전 이래로 작
가의 반유대주의적 신념과 조심스럽게 분리되어 있었지만, 연구
자들이 이러한 분리에 대해 의문을 제기했다. 아도르노Theodor W.
Adorno는 알베리히Alberich, 미메Mime, 베크메서Beckmesser와 같이
그의 작품에 등장하는 "혐오감을 주는 인물"이 "유대인의 캐리커
처"라고 이미 지적한 바 있다.** 장-자크 나티에Jean-Jacques Nattiez
는 〈뉘른베르크의 마이스터징어Les Maîtres chanteurs〉, 〈파르지팔
Parsifal〉 같은 오페라뿐만 아니라 〈4부작Tétralogie〉[니벨룽겐의 반
지]의 음악 또한 반유대주의 메시지를 전파함을 보여 주었다. 게다
가 나티에는 바그너의 반유대주의가 음악 장에서의 그의 전략과

---

*　　G. Sapiro, "Entre le rêve et l'action: l'autobiographie romancée de
　　Drieu La Rochelle", *Sociétés contemporaines*, 44, 2001, p. 111-128. *Les
　　Écrivains et la politique en France, op. cit.*, p. 273-298에 재수록.

**　　Theodor W. Adorno, *Essai sur Wagner* (1952), trad. fr., Paris, Gallimard,
　　1966, p. 23.

밀접하게 얽혀 있으며 특히 그가 존경하는 동시에 질투한 두 경쟁자, 펠릭스 멘델스존Felix Mendelssohn과 지아코모 마이어베어Giacomo Meyerbeer를 겨냥한 것이라고 설명했다.[*]

이렇듯 작품과 작가의 유사성은 정도가 다양하지만 다소 투명하고 가정된 형태를 주로 취하여, 작품 외재적 요소를 활용해야만 결정할 수 있는 해석의 공간을 연다. 이 요소에는 두 가지 유형이 있다. 먼저 하비투스habitus[**]와 개인적이며 집단적인 사회적 궤적, 다시 말해 가족, 세대 그리고/또는 민족의 사회적 궤적이 있다. 다음으로는 문화 생산 장에서의 작가의 전략이 있다. 이 전략은 작품 자체에서 드러나는 지적, 미학적 전략(주제, 형식, 스타일, 담론적 선택 등)과 비교해야 하며, 작가가 취하는 태도를 통해 이러한 두 전략이 서로 어떻게 맞물리는지 연구할 수 있다. 저작권은 형식의 독창성을 보호한다. 한편 부르디외의 접근 방식을 따라 사회학적으로 보면, 형식에 대한 선택은 작가의 윤리, 미학적 성향 또는 지적 성향이, 고유한 역사가 있는 장에서 유효한(주제, 스타일, 속

---

[*] J.-J. Nattiez, *Wagner antisémite, op. cit.*

[**] [옮긴이] '하비투스'는 피에르 부르디외의 사회학 이론 가운데 핵심적인 개념 중 하나로, 사회적으로 획득한 '성향 체계'를 의미한다. 이는 개인의 실천을 생성하는 원리로서, 행위자가 사회 공간에서 어떤 규칙을 기계적으로 따르는 것이 아님에도 그가 처한 객관적 조건에 걸맞은 행동 방식을 택하고 상황에 따라 태도를 조정할 수 있게 하는 능력으로 작용한다. 하비투스는 교육, 사회화 등 과거의 경험에 의해 상당 부분 결정되는 한편, 상황 변화에 맞게 조정, 적응하는, 불확실하면서도 개방적인 측면이 있다. 성향으로 '체화된 구조'라는 접근을 제시함으로써 이 개념은 목적론과 기계론이라는 양자택일적 대립을 넘어선다. '하비투스' 개념 설명과 관련하여, 이상길, 「용어 해설. 부르디외 사회학의 주요 개념」, 피에르 부르디외, 로익 바캉, 『성찰적 사회학으로의 초대』, 이상길 옮김, 그린비, 2015, 530-535쪽; Gisèle Sapiro, "Habitus", in Gisèle Sapiro (dir.), *Dictionnaire international Bourdieu*, Paris, CNRS Éditions, 2020, p. 386-389를 보라.

성에 관한) 가능성의 공간espace des possibles*과 만나 이루어지며, 독창성도 그 만남 안에서 온전한 의미를 갖게 된다고 여겨진다.** 재료에 형식을 부여하는 작업은 그 장의 자율성 정도에 따라서 재료를 시대 관심사와의 대화에 새기거나, 또는 그보다 더, 장의 고유한 역사와의 대화에 새기는 경향이 있다. 그에 반해 작품의 도덕성은 작가의 내면 깊숙이 자리한 윤리정치적 성향을 가리키는데, 이러한 성향은 부르디외가 하이데거의 사례에서(5장을 볼 것) 그리고 나티에가 바그너의 사례에서 보여 준 것처럼 작가가 공론장과 작품에서 취하는 두 전략에 따라 형식화 과정에서 어느 정도 완곡하게 표현되거나 승화된다. 이 사실은 형식만을 보호하는 저작권과, 작품의 내용—적어도 그 취급—과도 결부되는 형사적 책임 사이의 격차를 정당화하는 경향이 있다.

---

\*     [옮긴이] '가능성의 공간'은 부르디외가 장 개념과 연관지어 사용한 용어다. 주어진 장의 한 위치에 있는 행위자가 취할 수 있는 모든 "객관적 잠재성"의 공간으로 장의 역사에 영향을 받는다. '가능성의 공간'은 '위치공간espace des positions'(이를테면 작가들의 상대적 위치로 이루어진 공간)과 '입장공간espace des prises de position'(예컨대 문학 작품들의 상대적 위치로 이루어진 공간)을 매개하며, 하비투스가 어느 정도 개방적이고 창조적인 속성을 띠게 하는 요인이기도 하다. Pierre Bourdieu, *Les Règles de l'art. Genèse et structure du champ littéraire*, Paris, Seuil, "Points", 2015[1998], p. 384-387. 『예술의 규칙: 문학 장의 기원과 구조』, 하태환 옮김, 동문선, 1999.

\*\*    P. Bourdieu, *Les Règles de l'art, op. cit.*

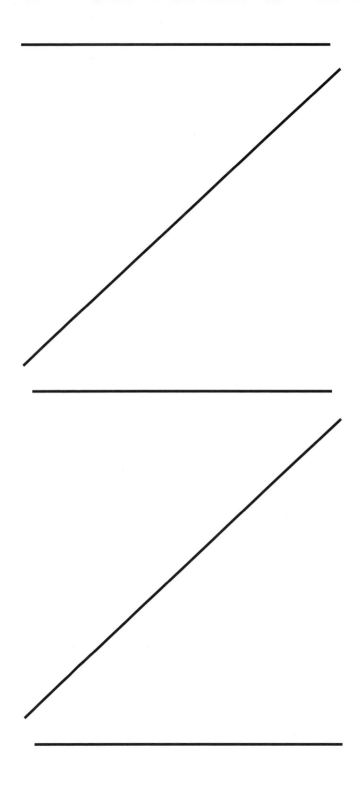

# 3장

지향성/의도성 —
——— 또는
— 내적 인과 관계

환유적, 우의적 또는 은유적 관계를 넘어, 작가와 작품의 관계는 행동action의 유심론적 이해conception spiritualiste를 하나의 패러다임처럼 보여 주는 듯하다— 즉 지향intentions에 의해 행동의 방향이 결정된다고 이해하는 것인데, 사르트르의 의미에서는 "기획/기획 투사projet"다. 이 철학자에 따르면 대자pour-soi, 對自란 "본래 앞으로 투사pro-jet하는 존재, 다시 말해 자기의 목적에 의해 정의되는 존재"이고, 행동conduite이 "생성시키려고 하는 미래의 대상과 관련하여" 결정된다는 점에서, 대자는 가능성에 대한 조건의 초극dépassement이다.* 사르트르의 견지에서 글을 쓰는 작가는 최초의 결정과 관련한 이러한 자유의 최고 화신이고, 이는 작가에게 극도의 책임을 안겨 준다. 이 철학자가 조형 예술가나 시인에게 똑같은 책임을 부여하지 않음을 우리는 알고 있다. 왜냐하면 명명하기는 행위actes에 의미를 부여하며 행위를 공통 의식에 존재하게 하기 때문이다. 산문은 랑가주langage가 폭로의 기능을 가진다는 점에서 다른 예술이나 시와 구별된다. "어떤 사물을 명명하는 것은" 객체화라는 행위fait로써 "그것을 변형시키는 것이다."**

　　사르트르에게 있어 기획/기획 투사가 필연적으로 의식적이지 않다면, 행동의 목적론적 이해conception finaliste는 또한 사회과학 내에서 우세하게 받아들여지는 합리적 행위자 패러다임의 기반이 된다. 이 패러다임에서 지향성은 종종 인과적 결정론(행동주의)에 대조된다. 그러나 막스 베버부터 피에르 부르디외까지 많은 사회학자들은 이러한 합리적 행동 패러다임을 동기에 대한 더

---

*　　Jean-Paul Sartre, *L'Être et le Néant*, Paris, Gallimard, 1943, réédition "Tel", 1987, p. 508; *Questions de méthode*, Paris, Gallimard, 1960, réédition "Tel", 1986, p. 86; *L'Idiot de la famille. Gustave Flaubert de 1821 à 1857*, Paris, Gallimard, 1971-1972, réédition 1988, t. 1, p. 7. 장 폴 사르트르, 『존재와 무』, 정소성 옮김, 동서문화사, 2009; 『방법의 탐구』, 윤정임 옮김, 현대미학사, 1995.

**　　Jean-Paul Sartre, *La Responsabilité de l'écrivain*, Lagrasse, Verdier, 1998, p. 17.

욱 사회화된 접근 방식과 대조했다. 베버는 목적에 관련한 합리적 행위*와 가치에 관련한 합리적 행위를 구별하고, 거기에 전통적 행위와 정동에 의해 동기가 부여된 (소위 비합리적) 행위를 더했다.** 부르디외는 하비투스, 신념, 전략이라는 개념으로 목적론과 기계적 인과성의 대립을 넘어서고자 했다. 그에 따르면, 개인들은 어느 정도 안정적인 사회 조건에 적응하기 위해 성향(하비투스), 신념, 그리고 그들이 포함된 장의 작동 논리에 종속되는 특정한 이해관계에 따라서 다소 의식적인 전략을 개발한다.*** 그들 행동의 이유는 대개 표명될 필요가 없거나 '기획'의 일관성을 취할 필요가 없는 '실천 이성'이다. 우리가 살펴본 것처럼 문화 창작이나 지적 작업은 정신의 생산물을 개인의 궤적과, 규칙과 고유의 내기물을 가지고 있는 장이 만난 결과로 파악하는 이러한 분석 모델을 벗어나지 않는다. 부르디외에 따르면 이것이 작품의 '주체'가 개인이 아니라 장 전체인 이유다.

분석 철학에서 엘리자베스 앤스콤Elizabeth Anscombe은 지향성을 행동의 원인이라기보다는 행동하는 이유를 스스로에게 부여하는 것으로 이해했다.**** 그러나 분석 철학자 도널드 데이비드슨Donald Davidson은 이해적 접근(행동의 목적을 이해하기)과 설명적 접근(원인을 설명하기)의 대립의 바탕이 되는 "이유"와 "원인"의 대립을 반박했는데, 그는 이러한 원인이 개인에 외재하는 것이 아니라 내재하더라도, 행동의 이유raisons d'agir가 사실은 행동의 원인

---

*	[옮긴이] 이 장에서 'action'을 '행동'으로 옮겼지만 막스 베버의 'action rationnelle' 개념은 주로 통용되는 번역어를 감안해 '합리적 행위'로 옮겼다.

**	Max Weber, *Économie et société* (1921), vol. 1, trad. fr., Paris, Plon, 1971, rééd. Pocket, 1995, p. 55-56. 막스 베버, 『경제와 사회』, 박성환 옮김, 나남, 2009.

***	Pierre Bourdieu, *Le Sens pratique*, Paris, Minuit, 1980; et "Pour une science des œuvres", *Raisons pratiques*, Paris, Seuil, 1994, rééd. "Points", 1996, p. 59-98. 피에르 부르디외, 『실천이성』, 김웅권 옮김, 동문선, 2005.

****	G. E. M. Anscombe, *L'Intention* (1957), trad. fr., Paris, Gallimard, 2002.

을 구성함을 증명했다.* 막스 베버 또한 설명과 이해의 대립을 뛰어넘으며, "어떤 행위Handlung의 원인이 되는 결과의 표상을 '목적'"으로 간주했고, 이때 원인은 우리가 그 의미를 이해할 수 있으면서 확인할 수 있는 원인들 중 하나다.**

사실 법적 관점에서는 의도intention를 행동action과 구별한다. 의도는 그것이 행위acte를 야기했을 때에만 처벌된다(예를 들어 비난받아 마땅한 의도를 단죄하는 가톨릭교와는 다르다). 반대로, 행위는 그 결과에 있어 의도와 분리될 수 있다. 예컨대 한 개인이 사고사를 일으켰을 때 이는 그의 의지와는 무관하다. 그렇기 때문에 법 사회학자 폴 포코네Paul Fauconnet가 객체적 책임(행위의 물질성과 관련된 것)과 주체적 책임(행위에 의미를 부여하는 의도와 관련된 것)을 구별한 것이다.*** 따라서 동기로 여겨지는 의도는, 행위의 원인 중 하나로 이해되고 행위에 의미를 부여한다. 이는 베버와 데이비드슨의 주장을 확고하게 한다(게다가 베버의 고찰은 범죄 행위의 동기를 판단하는 배심원들의 토론에서도 영감을 얻었다).

## 의도에 대한 소송? 대독 협력자들의 "실수할 권리"

주체적 책임의 근거를 제공하는 내적 인과 관계는 문학 소송에서 대개 자명한 이치에 속하는 것처럼 보인다. 즉, 작품은 결과라 여겨지므로 의도가 객체화된 증거라는 것이다.**** 우리는 일상어로,

---

\*      Donald Davidson, "Actions, Reasons, and Causes", in May Brodbeck (éd.), *Readings in the Philosophy of the Social Sciences*, New York, Macmillan, 1968, p. 44-57.

\*\*      Max Weber, "L'objectivité de la connaissance dans les sciences et la politique sociales" (1904), *Essais sur la théorie de la science*, trad. fr., Paris, Plon, 1965, rééd. Pocket, 1992, p. 163. 막스 베버, 『문화과학 및 사회과학의 논리와 방법론』, 김덕영 옮김, 도서출판 길, 2021.

\*\*\*      Paul Fauconnet, *La Responsabilité. Études de sociologie*, Paris, Alcan, 1928.

\*\*\*\*      G. Sapiro, *La Responsabilité de l'écrivain, op. cit.*

또는 비꼬아서, '작품을 저지른 작자commettre une œuvre'* 라고 말하지 않는가? 이는 작품의 풍자적인 측면 또는 비판받을 만한 측면을 지칭하는 방식이다. 사실 창작은 사르트르가 이론화한 것과 유사한 전제에 따라서, 기획/기획 투사 패러다임에 따라 구상된다. 이러한 재현은 겉으로는 자명해 보임에도 불구하고 필연성이나 보편성을 전혀 띠지 않는데, 뮤즈로부터 받은 영감의 결과로 노래하는, 그래서 자기 담화의 저자로서 자격을 주장하지 않는 고대 시인이나, 조상 전래의 이야기를 전하는 이야기꾼을 떠올려 보면 충분히 알 수 있다.** 이러한 작가상은 작가가 작품을 소유하는 것의 논리적 반대론을 강화했다. 이는 작품을 제 것으로 삼게 하는 저작권 인정이―푸코가 분석한 것처럼―형사 책임의 근거가 되는 책임 귀속에 얼마나 신세지고 있는지, 보다 일반적으로는 자유 의지 개념에 기반한 책임 주체화subjectivation의 역사적 과정에 얼마나 신세지고 있는지를 역으로 시사한다.

그러나 소송들을 분석해 보면, 실제에서 작품이 전적으로 작가의 의도에서 비롯된다고 늘 인식되는 것은 아니다. 판사는 검찰이 기소한 측면이 해를 가하려는 의도의 결과인지 아닌지를 규명하려고 노력한다. 1857년 『인민의 신비Les Mystères du people』에 대해 외젠 쉬Eugène Sue를 상대로 선고된 판결은 이 소설이 "고국의 제도와 통치에 대한 혐오심에서, 그리고 도덕을 타락시키려는 명백한 목적으로 쓰였을 수밖에" 없다고 선언했다.*** 그렇지만 변호인 측이 작가 의도의 결백함을 입증하는 데 이른다면, 범법 행위의 원

---

*     [옮긴이] 프랑스어에서 'commettre'는 '(범죄, 과실 따위를) 저지르다'라는 뜻으로 구어에서는 '(특히 불손하거나 비판의 여지가 있거나 하는 등의) 작품이나 기사의 저자다'라는 뜻으로 쓰이기도 한다.

**    Walter Benjamin, "Le conteur" (1936), in *Œuvres*, t. III, trad. fr., Paris, Gallimard, "Folio Essais", 2000, p. 120-121; Claude Calame et Roger Chartier(dir.), *Identités d'auteur dans l'Antiquité et la tradition européenne*, Paris, Éditions Jérôme Millon, 2004.

***   *Gazette des tribunaux*, 27 septembre 1857.

인을 '실수'로 돌리게 되는데, 이 개념은 의도와 창작 행위 결과의 간극을 나타낸다.

『악의 꽃』에 대한 보들레르 소송에서 법원은, 형식화(스타일) 작업과 악의 묘사를 둘러싼 비난에도 불구하고, 시인이 추구했던 목적과 거기에 이르기 위해 사용했던 수단 사이에 간극이 있다고 판단했다. 판결문은 의미론적으로 볼 때 문장이 부정확하다. "시인의 실수는, 그가 달성하고자 했던 목표에서 (…) 그가 독자에게 소개하는 묘사의 해로운 효과를 무산시킬 수 없고, 이러한 묘사는 기소된 작품들에서 성적 수치심에 대한 조잡하고 모욕적인 사실주의를 통해 필연적으로 감각을 자극하는 데 이른다".* 여기서 "실수"는 생략과 축약에 의해 '의도'로 잘못 사용되었다(시인은 달성하고자 했던 목표에서 실수를 저질렀고, 그의 의도는 해로운 효과를 무산시킬 수 없다). 이 '실수'가, 작가와 작품, 의도와 객관적 효과, 주체적 책임과 객체적 책임의 구별을 입증하는 이 판결에서 목적과 수단 또는 기법 사이의 간극을 설명해 준다. 작가의 주체적 책임을 이렇게 덜어 준 것은 검사 대리 피나르가 준비한 논고였다. 피나르가 도리어 고의적 신성 모독 혐의에 대한 기소로부터 그를 면제시켜 주게 된 것이다. "여러분은 번뇌하는 영혼인 보들레르가, 신성 모독보다는 기묘한 것을 하고 싶어했던 그가 이러한 위배를 의식하고 있었는지 평가할 것입니다"—그리고 공중도덕 훼손의 고의적인 성격에 대해서는 "성적 수치심의 감각이 존재하지 않거나 아니면 그것이 부과하는 한계를 과감하게 뛰어넘었거나"하며 의문을 남겼고, 인간의 "불안하고 불균형한 속성"으로 결론을 맺었다.**

의도의 '결백함'과 '실수할 권리'는 전후에 독일 점령하에서

---

*     "Le procès des "Fleurs du mal"", *in* Ch. Baudelaire, *Œuvres complètes*, t.I, *op. cit.*, p. 1181-1182.

**     앞의 책에서, p. 1207, 1209.

‘적과의 내통’으로 재판 받은 프랑스 지식인들의 소송에서 변호인 측이 내세운 바이기도 하다. 배반에 대한 기소에 직면하여 변호인 측은 그들의 애국심과 국익에 대한 관심을 증명했고, 그들이 추구하던 목표를 이루기 위한 수단을 잘못 선택한 것이라 인정했다. 그렇지만 지식인 숙청을 둘러싼 토론에서 ‘실수할 권리’를 주장했던, 전 레지스탕스였고 비평가이자 편집자인 장 폴랑에게, 수필가 쥘리앵 뱅다Julien Benda—그는 1927년 저서 『지식인의 배반La Trahison des clercs』에서 지식인들이 드레퓌스 사건과 같은 보편적인 대의를 지키는 것에 그치지 않고 정치에서 잘못된 길을 든 것을 비판했다—는 검증의 영역에 속하지 않는 이념적 입장 표명에 관해 ‘실수할 권리’를 말하는 것은 논리적 질서를 위반한다고 반박했다(이 문제에 대해서 5장에서 다시 살펴볼 것이다).*

　　팸플릿 성격의 저작에서 드러난 혐오가 그 저자의 감정에 대한 의심의 여지를 남기지 않을 때에는 문학이라는 다른 논거가 동원될 수 있었다.** 1942년에 출판되고 독일 점령기에 베스트셀러이기도 했던 격렬한 팸플릿 『잔해』에 대해 판사에게 심문을 받은 뤼시앵 르바테는 그것이 “고해”였으며 선전 작품이 아니었다고 주장했다. 그에 따르면 그 팸플릿은 “중대한 사건들, 중대한 내적 동요들 이후에 고해의 필요에서” 탄생했고, “그런 만큼 기본적으로 문학적 창작”이었다.*** 그는 본인의 스타일이 쿠르틀린Georges Courteline의 전통에 속한다고 설명했다. 자기 스타일의 폭력성을 부정할 수는 없어서, 교조주의자에 대비되는 문인의 가면을 방패 삼은 것이다. 그의 말에 따르면 그의 기획에는 “정치적 테제 설명과 전

*　　Julien Benda, "L'écrivain et le droit à l'erreur", *Les Lettres françaises*, 98, 8 mars 1946.

**　　Gisèle Sapiro, *Des mots qui tuent. La responsabilité de l'intellectuel en temps de crise*, Paris, Seuil, "Points", 2020를 보라. 르바테와 셀린에 할애한 분석의 일부를 이어지는 글에 가져왔다.

***　　Note de Lucien Rebatet sur *Les Décombres*, Archives nationales: Z6 255 n° 2999.

파"보다, "어떤 생생함"의 추구, "특정한 유형의 사람이나 성격" 묘
사가 훨씬 두드러졌다. 그는 문학적인 책은 정치적 목적에 의해 쓰
기를 강요받았을 수가 없다고 단언하며, 형식은 작가의 미학적 의
도의 발현이라는, 문학 자율성의 전통에 대한 고전적인 논거를 자
신에게 유리하게끔 왜곡했다. 하지만 파시스트이자 극단적 협력주
의 주간지인 《주 쉬 파르투Je suis partout》가 신간을 다루면서 뤼시
앵 르바테를 초대했을 때, 그는 자신의 성공을 "가장 먼저 우리 팀,
우리 사상, 우리 희망의 성공"이라고 묘사했다.* 마찬가지로, 그는
정부 위원이 기소장에 "이는 특히 르바테가 반유대주의자가 된 정
치적 이유 때문이다. 그의 견지에서 유대인은 프랑스 민주주의 체
제에 대한 책임이 있다. 그는 이 체제의 모든 결함을 그들의 탓으로
돌린다. 르바테에게 이것은 속죄할 수 없는 죄다"라고 강조했을 때,
자신의 반유대주의를 "순수하게 미학적 차원의 동기" 탓으로 돌
렸다.** 사형 선고를 받았다가 이후 특별 사면을 받은 그는 1969
년 12월, [공영 라디오 방송 채널] 프랑스 앵테르France Inter의 자크
샹셀Jacques Chancel의 방송에서 다음과 같이 표명했다. "작가가 펜
을 들면, 그의 책임은 상당합니다." 또 그는 자신의 소송을 깎아내
렸는데, 그가 말하길 "사법관들이 공산당의 질서 아래에 있었"기
때문이다. 그리고 유대인의 처지에 대한 질문을 받자 그는 "최대한
빠른 전쟁을 위한 유대인의 보편적인 결탁이었고, 프랑스가 첫번
째로 그 전쟁의 값을 치렀다"라는 주장을 되풀이했다.***

　　1937년에 출간된 셀린의 팸플릿 『학살을 위한 바가텔』은 자
신의 소설과 관련된 인물들을 등장시키며 팸플릿 장르와 자서전
과 픽션을 혼합했다. 이 팸플릿은 전쟁 전에 이미 가톨릭 철학자

*　　Robert Belot, *Lucien Rebatet. Un itinéraire fasciste*, Paris, Seuil, 1994, p. 284에서 재인용.

**　　Exposé des faits, 31 mai 1946, AN: Z6 255 n° 2999.

***　　"Radioscopie", in *Le Dossier Rebatet. Les Décombres, L'Inédit de Clairvaux*, Paris, Robert Laffont, 2015, p. 1097 et 1095.

자크 마리탱Jacques Maritain과 앙드레 지드의 토론을 야기했는데, 마리탱은 작품의 반유대주의적 성격을 규탄한 한편 앙드레 지드는 은유적 독해를 제안했다.* 셀린을 문학 장의 심미적 축에 붙들어 두려는 이러한 노력에도 불구하고, 팸플릿 속에 주제화된 열렬한 반유대주의와 생물학적 인종주의는 단순한 은유적 수준으로는 읽히기가 어려웠다―그리고 실제로 대다수의 독자들이 그렇게 읽지 않았다. 앨리스 카플란Alice Kaplan이 잘 보여 주었듯이, 저자는 유사 과학적 인종 이론에 근거하며 (특히 민족학자ethnologue 조르주 몽탕동George Montandon의 이론), 그리고 그 당시 가장 격렬한 반유대주의적 저작을 직접 참조한 '증거'(수치 자료, 서류 등)를 제시하며 '진실'을 말했다고 주장했다.** 게다가, 본인이 파시스트라고 밝히지는 않았지만, 팸플릿에서 히틀러를 향한 호의를 드러냈다― 그가 인민전선Front populaire보다 히틀러를 더 좋아했음은 말할 필요도 없다.*** 이러한 호의는 이듬해 『시체들의 학교L'École des cadavres』를 통해서도 재확인되었다. 그럼에도 지드의 논거는 셀린의 재판 전날, 프랑스인의 화해를 위한 고대 이스라엘 협회라는 한 기묘한 단체가 작가를 옹호하기 위해 판사에게 보내는 서한에서 재차 활용되었다. 서한을 쓴 이들에 따르면, 셀린은 "그의 '반유대주의'의 탄생을 호탕한 익살의 분위기 안에" 두려고 신경을 썼고, 이는 "진정한 의도에 대해 착각할 일이 없도록 충분한 주의"를 기울인 것이다. 그들은 주장하기를, 그가 물론 유대인을 "악의 상징"으로 활용하긴 했지만, "그의 명백한 의도를 인정하기를 거부한다면 그것은 훌륭한 지성을 내보이지 않으려는 것"이라고 했다. 이는

---

* André Gide, "Les Juifs, Céline et Maritain", *La Nouvelle Revue française*, 1er avril 1938, p. 630-636.

** Alice Yaeger Kaplan, *Relevé des sources et citations dans "Bagatelles pour un massacre"*, Tusson, Du Lérot, 1987.

*** Louis-Ferdinand Céline, *Bagatelles pour un massacre*, Paris, Denoël, 1937, réed. 1943, p. 80-83 et 317-318.

묵시 문학에서 흔히 보던 방식 아닌가? 기독교 묵시록의 저자 사도 요한이 그가 상징으로 삼았던 바빌론 사람들에 의해 명예 훼손으로 고소당하는 모습을 보는 것은 우스꽝스러웠을 것이다.* 그렇지만 이 논거는 검찰에 셀린의 무죄를 설득하기에는 불충분했다. 그 이유서에 따르면, 독일인들은 『곤경Beaux Draps』[1941년에 출간된 셀린의 팸플릿]이 "오직 그들의 정치와 이해관계에 도움이 되는 성질의 것이라고 생각했기 때문에, 그리고 이것이 소설이 아니라 인종, 사회, 국제 문제를 논하는 책이어서" 그 출판을 허가한 것이 "명백"했다. 『학살을 위한 바가텔』에 관해서 검사는 "그가 전쟁 전에 이러한 책을 출판할 권리를 전적으로 가지고 있었다면, 유대인들을 대규모로 붙잡아 독일의 절멸 수용소에 강제 수용하던 시절에 재발행에 반대했어야 한다"고 간주했다.**

## 역효과? 오렐상의 노래와 브렛 베일리의 〈B 전시〉

예술 작품에 관한 최근 사건들에서 작가의 의도에 대한 질문은 마찬가지로 동기에 대한 질문을 통해 제기된다. 허구 및 "유머와 엄청나게 저급한 취향의 과장법"을 내세운 래퍼 오렐상은 예술적 의도라는 논거를 제시했다. 오렐상에 따르면 그가 구현한 인물은 "버려진 한 청년"이다. 그는 자신이 "단 한 번도" 성차별적이며 여성 혐오성의 발언을 노래 외적으로는 내뱉은 적이 없다는 사실을, 그라는 사람과 노래 속 인물 사이 아이러니한 거리의 증거로 원용했다. "그건 전혀 제가 생각하는 바가 아닙니다."*** 이 논거로 그는 소송에서 승리했다.

작품과 작가의 동일시는 **일루지오**, 다시 말해 낭만주의 이래

---

*     예심조서에 실려 있는 이 서한은 Joël Boisseau, "Aujourd'hui, ouverture du procès Céline", *Combat*, 21 février 1950에 재수록되었다.

**    Exposé des motifs, 3 décembre 1949, AN: Z6 876 n° 5829.

***   "Provocation à la violence envers les femmes: le rappeur Orelsan relaxé en appel", art. cité. 에서 재인용.

로 문화 생산 장의 토대가 되는 신념에 깊이 뿌리 박혀 있다 하더라도, 절대로 완전하지 않다. 고전 문학에서 저자는 서술을 담당했고 인물들의 소행에 대해 판단하거나 셰에라자드의 『천일야화』와 같이 허구 세계 안에 화자를 도입했다면, 근대 문학은 그 경계를 흐리게 만들었다. 더불어, 이야기 내부 시점이라는 근대적 기법은 저자, 화자와 인물 사이 간격을 도입했고, 그러한 간격은 앞서 보았듯 일인칭의 이야기를 포함해서 그것의 목적이 반어든 객관화든 간에 현학적인 방식으로 거리를 나타낸다. 반대로 오토픽션의 예시 또한, 일인칭 저자가 자기 존재에 대해 내성적 관점 또는 냉소적인 관점을 취하든 (청소년기나 성생활 또는 연애 상태와 같은, 우리가 '흥분한hors de soi' 특정한 상황이나 상태에서), 사법적인 이유나 다른 이유로 허구화 기법을 사용하든 (둘은 배타적이지 않다), 자전적 장르에서 이 셋 간의 동일시가 완전하지 않다는 것을 보여 준다. 이 삼자 게임은 글쓰기에서 가장 복잡하게 나타나지만, 시각 예술에서도 종종 문학의 기법을 빌려 오기도 한다. 이러한 게임은 미학적 즐거움의 원천인 해독décryptage과 마찬가지로, 그 문화 생산 장에서 유효한 관습에 기초한다. 그것은 19세기 문학 소송에서 제기되었던 독자에 대한, 보다 정확하게는 미학적 역량을 지녔으며 우리가 2차적이라 말하는 거리 두기 접근을 할 수 있는 소위 교양 있는 독자와, 그러한 거리 두기를 할 능력이 없다고 상정하고 그렇기에 자신과 동일시하며 모방을 통해 행동하기 쉬운 독자의 차이에 대한 질문을 제기한다. 따라서 의도(주체적 책임)는 작품 수용에 따라 발생하는 객체적 책임을 면제해 주지 않는다.

　　법원에서 종종 오용한 이러한 논거는, 〈B 전시Exhibit B〉라는 퍼포먼스의 작가 브렛 베일리Brett Bailey 사례처럼, 가장 좋은 의도를 가지고서 반대의 결과를 낳는 예술가들에 대해 협회와 단체들이 동원하는 논거로 지속된다. 반인종주의 운동가인 아망딘 게Amandine Gay는 2014년 11월 생드니Saint-Denis의 극장에서 있었던 이 퍼포먼스에 반대하는 공세에서 "그렇다, 인종 차별 반대를 자처하는 공연도 인종 차별적일 수 있다"고 단언했다. 이 극장에서의 퍼포먼스 이후 한 단체가 특별히 꾸려져 여러 시위를 일으키기도 했다. 식민 전시 방식의 인간 동물원을 재구성해 이를 유럽의 경계로 쫓겨난 오늘날의 사하라 이남 지역 이주민들과 비교하는 이 퍼포먼스는, 그전 아비뇽 페스티벌에서는 아무런 동요도 일으키지 않았다. 그러나 런던의 바비칸 센터는 9월 이 프로그램을 취소할 수밖에 없었다. "인간 동물원을 보이콧한다"는 기치 아래 대규모 운동이 결집되어, 반인종주의 협회, 조합, 예술 기관 및 예술가들의 조직을 동원하고 전시 취소를 요구하는 22,000개의 서명을 모으며, 해당 장소 접근을 막아 세웠기 때문이다.[*] 이 결집이 얼마 지나지 않아 프랑스에 반향을 일으킨 것이다. 시위자들이 보기에 이 재구성은 아프리카 사람들에 대한 부정적인 이미지를 강화하는 반면 인종주의와 억압에 대해 긍정적이거나 대안적인 해결책은 제시하지 않았고, 시위자들은 이에 모욕감을 느꼈다. 전시를 본 자라면 누구든 이러한 해석에 이의를 제기할 수 있다. 전시에서 관람객들은 자신들의 뜻과 관계없이 식민적이고 관음적인, 거슬리는 위치를 할당받는다. 관람객들의 시선은 배우들의 보복적 비난의 시선과 마주치고, 이는 사슬에 담긴 폭력과 반란의 잠재성을 드러내게 된다.[**] 전시는 식민주의로부터 물려받은 정신적, 사회적 구조의 잔류 효과를 보여 주면서, 포스트 식민 시대에 지배와 폭력을 영속시키는 전 식민 지배자들을 겨냥한 것이다. 그럼에도 불구하고 일련의 항의들은, 물화reification로서 경험되는 이 재구성이 대상화하고 인종화하는 집단의 관점과, 이러한 연출이 불러일으키는 부정적인 경험을 표명하게 해 주었다. 한편 이는 공개 발언과 예술 현장에 접근할 사회적 조건이 불평등하게 주어져 있음을 상기시킨

---

[*]     Julia Farrington, "Brett Bailey / Exhibit B", *Index. The Voice of Free Expression*, 15 mai 2019: https://www.indexoncensorship.org/2019/05/brett-bailey-exhibit-b/ (consulté le 25 mai 2020).

[**]    나는 이 전시를 아비뇽에서 보았다.

다. 아망딘 게가 다음과 같이 표명했듯이 말이다.

> 백인이 식민 문제와 인종 문제에 대한 발언권을 독점하는 것
> 은, 생드니와 같이 흑인 인구가 많은 지역에서 상징 폭력이
> 더욱 만연하게 행해짐을 나타낸다. 실제로 〈B 전시〉는 이 프
> 로젝트의 옹호자와 반대자 사이뿐만 아니라 집회에서도 흑
> 인 보안 인력과 대다수가 흑인인 시위자들 사이, 공동체 내
> 폭력을 낳았다.[*]

이 사례는 작가가 주장하는, 그리고 작품에서 그렇게 읽히는 비판
적 의도라는 면에서, 오렐상이 자신의 청중에게 어떤 종류의 성찰
에 이르게 하려는 목적이 아니라 민감한 문제를 이용하며 청중을
즐겁게 하려는 목적으로(반어법이라고도 할 수 있다) '나'를 도입
하여 생기는 애매성으로 술책을 쓰는 사례와는 구별된다. 그러나
이 두 사례는 작가의 도덕성이 문제가 되는 것이 아니라, 작가의 의
도가 무엇이든 간에 일련의 집합 표상을 전달하는 작품의 도덕성
이 문제가 된다는 점에서 공통점이 있으며, 그러한 집합 표상으로
부터 거리 두기란 언제나 일차적인 해석에 의해 뒤바뀔 가능성이
있다. 이 사례들에서 검열로써 논쟁의 종지부를 찍는 것은 부당해
보인다. 한편 이 사례들을 통해, 작품이 비고의적으로라도 영속시
키기 쉬운 상징 폭력을 의식화함에 있어서, 그리고 작품의 생산과
수용 조건을 성찰함에 있어서, 토론을 하는 것이 이론의 여지 없이
이로움을 확인할 수 있었다(이를테면 〈B 전시〉를 둘러싼 논쟁 덕
분에 프랑스 무대에서, 또한 관객들 사이에서 흑인 배우들의 과소
대표성에 대한 질문이 대두되었다).

  1부에서 우리는 작가와 작품 동일시의 세 가지 관계가 한계

---

[*]  Publié dans *Slate* le 29 novembre 2014: http://www.slate.fr/
story/95219/exhibit-b-raciste (consulté le 25 mai 2020).

에 부딪히는 것을 보았다. 환유 관계의 사례에서 이 한계는 작품의 경계 및 작품 내적 일관성의 불안정성에 기인한다. 도덕적 유사 관계는 종종 우의적 또는 은유적으로 감추는 형식을 취함으로써 작가, 화자, 인물들 사이를 해석하는 게임의 장을 열어젖히고, 이것은 작가의 전략과 예술적 전략의 장소가 되기도 한다. 지향성/의도성(내적 인과 관계)은 작품의 효과와 부딪치는데, 이는 작품의 수용 과정에서 작가로부터 자율화된다. 이러한 동일화와 차별화의 형태는 우리가 2부에서 검토할 사건들의 쟁점이 된다.

# 2부

## 스캔들에 휩싸인 작가들

로만 폴란스키, 페터 한트케, 그리고 다른 사례들을 둘러싼 논쟁들은 두 가지 질문을 불러일으켰다. 그 사람의 행실을 이유로 작가를 검열해야 하는가? 개인의 소행이나 태도를 고려하지 않은 채 그에게 작품과 관련한 상을 줄 수 있는가? 이러한 질문은 하이데거, 고갱 또는 놀데와 같이 과거의 현실 참여나 행동이 알려지지 않았었거나 과소 평가되었던 공인된 인물들에 대해서도 제기된다. 우리는 정전을 재평가해야 하는가?

이 사건들에 관여한 많은 이들이 작가라는 사람과 작품의 분리를 옹호한다고 표명한 한편, 어떤 이들은 그 분리 불가능성을 주장했다. 그런데 후자는 그러한 구별에 이의를 제기함에 있어 작가 자체에게서 근거를 찾았다. 그러므로 토론은 작가와 작품의 대립으로만 축약되지 않고 작가가 저지른 행위—"언어 행위"*도 포함—의 속성 및 그러한 행위가 작품과 지닌 관계도 대상으로 한다. 분리하자는 주장은 작품의 질은 작가의 도덕성과는 관계가 없다는 견해를 따라서, 예술의 자유나 철학의 자율성이라는 이름으로 이루어진다. 반대쪽 진영은 니체가 '위선moraline'이라 규정한 바를 참조하여 이의를 제기한다.

2부에서는 이러한 두 입장을 전형적인 사례를 통해 살펴보며 양쪽에서 내세운 논거들을 검토할 것이다. 첫 번째 사례는 강간, 아동 성범죄, 살인과 같이 비판받을 만한 행동을 한 경우에 관계된다. 4장에서 폴란스키와 마츠네프 사건을 통해 이를 검토할 것이다. (베르트랑 캉타 사례도 거론할 것이다.) 두 번째는 규탄받을 만한 이데올로기적 입장 표명과 연관이 있다. 즉, 인종 혐오 선동, 반유대주의, 파시즘과 나치즘 찬동과 같은 것이다. 모리스 블랑쇼, 폴드 만, 한스 로베르트 야우스, 노벨 문학상 수상자인 귄터 그라스와 같은 사상가의 경우를 볼 것이다. 작품에 앞선 젊은 시절의 현

---

\* John Austin, *Quand dire, c'est faire* (1962), trad. fr., Paris, Seuil, 1970, rééd. "Points", 1991.

실 참여 폭로를 놓고 우리는 어떻게 할 것인가?『검은 노트』의 출간은 마르틴 하이데거의 철학 저작에 대해 어떠한 재독해를 요구하는가? 샤를 모라스를『국가추념서』에 등재하는 것은 무엇을 의미하는가? 5장에서는 이러한 사례들을 다룬 뒤 르노 카뮈, 리샤르 미예와 같은 동시대 사례로 끝을 맺을 것이다. 페터 한트케에게 노벨 문학상을 수여하여 구 유고슬로비아 전쟁에 대한 그의 현실 참여를 이유로 불거진 논쟁은 앞선 사례들과 별개로 마지막 장에서 따로 논의할 것이다.

규범 위반, 폭로, 분개라는 스캔들의 세 요소가* 다양한 형태로 발견되는 이러한 사건들은 공통적으로 작가의 도덕성과 작품의 도덕성 사이의 관계를 문제로 떠오르게 만든다. 그러나 이 사례들은 규탄받을 만한 행위의 속성, 그리고 법과 여론의 견지에서 그 심각성에 있어 서로 구별된다. 여기서 여론이란 그 행위를 어떻게 규정지을지, 그리고 그로 인한 결과를 둘러싸고 미디어에서 활발하게 벌어진 충돌에서 표명된 입장이라고 이해할 수 있다. 지식인, 예술가, 문화 매개자, 비평가, 협회, 정치가, 법조인이 그러한 충돌에서 서로 대립했다—이 사건들의 한 가지 특성은 청원이나 공동 선언의 형태로 집단적 결집이 이루어졌다는 점이다. 두 번째 구별 요인은 문제가 되는 행위와 작품의 관계에서 기인한다. 그 행위가 작품에 나타나 있는가? 만일 그렇다면 어떠한 형식으로 드러나 있는가? 세 번째 구별 요인은 문제가 되는 작가에 대한 서로 다른 공인公認 수준인데, 이는 논쟁의 국지적, 국내 및 국제적 반향과 그 쟁점에 영향을 미친다. 다시 말해, 정전에 이미 올랐거나 고전화 classicisation 가도에 있는 작가 및 그의 지적 유산을 폭로된 사실에 비추어 재평가할 수 있고, 동시대 인물이든 집단 기억에 있어 방해가 되는 인물이든, 자격이 없다고 판단되는 작가에 대한 인정 표시

---

*     Luc Boltanski et al. (dir.), *Affaires, scandales et grandes causes. De Socrate à Pinochet*, Paris, Stock, 2007.

(가격, 추념)에 문제를 제기할 수 있다. 이 모든 경우에 걸려 있는 것이 바로 공인이다. 그리고 논쟁의 적수들은 공론장에서 자신이 옹호하는 입장을 퍼뜨리기 위해 (또한 가끔은 결판을 내기 위해) 그러한 명성을 이용한다.

# 4장

## 권한

### 남용

아동 성범죄를 저지른 폴란스키와 마츠네프를 둘러싼 논쟁은 다양한 질문을 제기했는데 그중에는 풍속의 변화에 대한 질문과 예술의 자유에 대한 질문도 있다. 실제로 풍속은 진화했다. 강간과 아동 성애 행위를 범죄로 규정짓는 것은 국내에서, 또 국제적으로도 그 역사가 있으며, 그것은 페미니스트 조직과 협회들의 역사적 투쟁 및 아동 보호를 위해 이루어진 역사적 투쟁의 결실이다(다음 장에서 다룰 인종주의와 반유대주의에 대해서도 마찬가지였다).

19세기부터 문화 생산 장의 대표자들에 의해 자율성의 이름으로 옹호된 예술의 자유에 대해서도 마찬가지다. 예술을 위한 예술 이론이 이것의 패러다임이다.* 테오필 고티에Théophile Gautier가 『모팽 양Mademoiselle de Maupin』(1835)의 유명한 서문에서 펼친 이 이론은 독일어권과(하인리히 하이네Heinrich Heine) 영어권에서도(오스카 와일드Oscar Wilde) 호적수를 두었다. 1907년 도덕성과 관련한 조직체들이 이끈 포르노그래피에 대한 투쟁이 국제화된 시기, 작가와 삽화가들은 '예술의 자유를 위한 연맹Ligue pour la liberté de l'art'에 모여, 도덕이 상대적임을 상기시키며 예술과 포르노그래피를 혼동하는 것을 규탄했고 예술가의 '본질적인 자유'를 존중해야 한다고 주장했다.** 이러한 옹호는 오늘날 프랑스에서 '인권 보호 연맹Ligue des droits de l'homme'의 '창작의 자유 연구소 Observatoire de la liberté de creation'***로 이어졌다.

독일어권에서 예술 작품의 특정한 독해를 가능케 하는 예외적 예술exceptio artis이라는 개념을 통해 인정되는 예술의 자유는,

<img align right rotated text>4장. 권한 남용

---

\*     Albert Cassagne, *La Théorie de l'art pour l'art en France chez les derniers romantiques et les premiers réalistes*, Seyssel, Champ Vallon, 1997. 또한 G. Sapiro, *La Responsabilité de l'écrivain, op. cit.*, 2부를 보라.

\*\*     1907년 *L'Outrage aux bonnes moeurs devant la loi*라 제목이 적힌 소책자, 9-36쪽에서 인용.

\*\*\*     *Petit traité de liberté de création*, Paris, La Découverte, 2011의 저자인 아녜스 트리쿠아르(Agnès Tricoire)가 창립하고 이끈다.

프랑스에서 법제화된 적이 없다.* 앞서 언급한 투쟁들이 2장에서 언급한 재현과 옹호의 구별을 도입하고 창작과 수용의 맥락에 따라서 작품을 감상하는 데에 기여했더라도, 예술적 표현은 표현의 자유를 제한하는 규제를 따른다. 따라서 자율성을 근거로 예술의 자유를 옹호하는 것은 작품의 질과 관계없이, 그보다 일반적인, 표현의 자유를 옹호하는 것과 구별된다. 문학 출판사들이 미학적 가치를 지닌 작품들의 특별한 지위를 주장했던 반면, 장-자크 포베르Jean-Jacques Pauvert와 같은 발행인은 과거에 표현의 자유 자체를 옹호했다.**

프랑스에서 검열은, 가톨릭 조직들과 공산당이 이끈 투쟁의 성과인 "외설적이거나 음란한 성격, 또는 범죄나 폭력에 대한 내용을 사유로 청소년에게 위험을 띄는 모든 부류의 출판물"에 관련한 1949년 7월 16일 법률 이래로, 대체로 아동 보호라는 명목으로 작동된다.*** 예를 들어 일인칭 시점으로 아동 성애자의 내면을 그린 모놀로그『로즈 봉봉Rose bonbon』(갈리마르, 2002) 사건도 그러한 경우였다. 마지막에 드러나는, 한 기자가 병원 침대에 누워 있는 이 아동 성애자의 증언을 수집하는 액자식 구성은 고소를 우려하여 추가된 것일까?**** 저자인 니콜라 존스-고를랭Nicolas Jones-Gorlin이 문제가 된 것은 아니었지만, 1949년 법률 14조에 따른 경찰 조

---

\*    창작의 자유에 관계되는 2016년 법률은 작품에 더 이상 예외적인 지위를 부여하지 않는다.

\*\*   현재 쟁점들에 대해서는 Emmanuel Pierrat, *Nouvelles morales, nouvelles censures*, Paris, Gallimard, 2018를 보라.

\*\*\*  Thierry Crépin et Thierry Groensteen (dir.), *On tue à chaque page! La loi de 1949 sur les publications destinées à la jeunesse*, Paris, Éditions du Temps, 1999; Bernard Joubert, *Dictionnaire des livres et journaux interdits par arrêtés ministériels de 1949 à nos jours*, Paris, Éditions du Cercle de la librairie, 2007.

\*\*\*\* 저자는 그 당시 문인협회(Société des gens de lettres)의 원탁회의에서 내가 던진 이 질문에 긍정도 부정도 하지 않고, 미학적 측면에서 소설의 시작일 뿐이라고 주장하는 것에 그쳤다.

사는 그가 실제 사건으로부터 영감을 받았는지 판별하고자 했다. 어쨌든 감시 감독 위원회*의 조사와 출판사와의 협상이 이루어진 후에 내무부는 그가 아동 성애를 옹호하는 것이 아니라고 인정하고 이 책의 출판을 허가했지만, '허구의 저작물'임을 명시하는 출판사의 경고문을 붙이고 책을 셀로판으로 포장하도록 했다. "이 책은 가상으로 그린 아동 성애자의 모놀로그로 아동 성애 옹호와 어떠한 관련도 없습니다. 책에 대한 의견을 가지는 것, 이 책 읽기를 추천하거나 추천하지 않는 것, 좋아하는 것, 싫어하는 것 모두 독자의 자유입니다."** 하지만 내가 참석했던 창작의 자유 연구소의 한 회의에서 발행인 폴 오차코프스키-로랑스Paul Otchakovsky-Laurens가 지적한 것처럼, 미성년자들은 정의상 아동 성애자가 될 수 없는데 이러한 책이 어떻게 청소년에게 영향을 끼칠 위험이 있단 말인가?

그러므로 자율성의 이름으로 예술의 자유를 옹호하는 것은, 특히 이 싸움에 길잡이 역할을 했던 국가인 프랑스에서는, 이렇듯 긴 역사에 새겨져 있다. 이러한 관점에서 폴란스키와 마츠네프를 향한 공격이 도덕적 질서의 이름으로 행해진 검열과 같은 것으로 간주되었다. 그러나 그건 조금 성급하다. 왜냐하면 사실 두 사례에서 지탄을 받았던 것은 예술가의 자격으로 권한을 남용한 부분이기 때문이다. 미성년자에 대한 성적 침해 성격의 행위로 가중되는 이러한 권한 남용은 의무론적 질서에 대한 질문을 제기한다. 그런데 이 점에서 폴란스키와 마츠네프는 행위의 반복과 체계성의 측면에서 구별되며, 작품과 작가의 관계에서도 마찬가지다.

---

\* [옮긴이] 1949년 7월 16일 법률에 의거해 설치된 아동 청소년 대상 출판물 감시 감독 위원회 'Commission de surveillance et de contrôle des publications destinées à l'enfance et à l'adolescence'를 말한다.

\*\* Claire Devarrieux, ""Rose bonbon"; censure à l'horizon", *Libération*, 3 octobre 2002.

## 상의 의미: 폴란스키 사건

문제가 되는 사건들에서 이루어지는 입장 표명은 두 가지 이념형적 태도를 양 축으로 한다. 하나가 작품을 그 작가의 인격 및 소행과 구별하는 태도고, 하나는 동일시하는 태도다. 1부에서 발전시킨 철학적 분석을 적용하면, 동일시를 지지하는 이들은 폴란스키라는 이름을 가해자와 영화 감독의 고정 지시어로서 둘 사이의 필연적 관계를 상정하며 사용하고 있다고 주장할 수 있다. 이것이 페미니스트 협회들의 견해이며 비르지니 데팡트도 이 책 서론에서 인용한 《리베라시옹》 기고문을 통해 마찬가지 견해를 표명했다. 같은 사람에 대한 것(고정 지시어로서 기능하는 이름)이라는 점을 부인할 수 없는, 작가와 작품 분리 지지자들은 이것을 우연한 관계로 간주하고, 그 사람의 행위를 내포하지 않는 작품을 지칭하기 위해 작가의 이름을 기술적descriptif으로 사용한다. 이것을 나는 '심미주의적 입장'이라 칭했다.

폴란스키 사건에는 다른 사건들과 마찬가지로 직업, 세대, 젠더 간 분열이 나타난다. 문화계 종사자인 창작자와 매개자들은 직능에 따른 반사 작용으로써 심미주의적 입장을 취하는 경향이 있다. 이러한 직업적 요소는 세대, 젠더라는 다른 두 요소로 가중되는데, 특히 젠더화된 관계에서 권력 남용을 조장하는 패션계나 영화계에 고유한 종속 및 하위 주체성/서발터니티subalternité 관계 때문에 그러하다. 그렇기 때문에 직접 관련이 있든 없든 젊은 여성 배우들은 비르지니 데팡트가 그랬듯 그들의 동료인 아델 에넬을 지지했다.

폴란스키의 사례에서는 작가의 인격 및 소행과 작품을 구별함에 있어 또 다른 논거가 관찰된다. 분리를 부르짖는 이들은 사법 영역과 예술 영역의 구별을 내세웠다. 이들은 특히 유죄 선고를 받고 형기를 마친 사람들이 생활을 되찾고 사회적으로 재통합될 권리를 강조했다. 폴란스키는 1977년 사진 촬영 중 미성년자와 불법적인 성관계로 90일 수감을 선고 받았고, 변태 행위, 강간, 소도미

sodomie의 혐의는 미국 소송 절차가 허하는 피해자에 대한 상당한 보상금 및 당사자 간 협상 후에 기각되었다. 그러나 42일 후에 풀려난 그는 새로운 형이 선고될 위험에 직면하여 미국에서 도주했고 현재까지 체포 영장의 대상인데, 그를 비방하는 자들은 이 때문에 그가 형을 제대로 치르지 않았다고 말한다. 더욱이 2019년에 미성년자나 어린 여성에 대한 또 다른 강간 혐의들이 제기되었지만 모두 공소 시효가 만료된 행위들이었다. 그를 옹호하는 자들은 무죄 추정의 원칙을 호소한다.

자신의 배우자 마리 트랭티냥을 폭행하고 사망에 이르게 하여 징역형을 치른 가수 베르트랑 캉타 사례에서도 이러한 입장들이 나타났다. 그의 콘서트 재개는 페미니스트 조직들 측의 격렬한 항의를 불러일으켰다. 각 영역의 자율성이라는 이름으로 사법 영역과 예술 영역을 구별하는 것은 또한 권한과 역량에 대한 문제이기도 하다. 베르트랑 캉타를 석방해 준 판사 필립 라플라키에르 Philippe Laflaquière는 한 기고문을 통해 사법 기관의 영역에 "미디어 법원"이 영향을 끼치는 것을 유감스럽게 여겼다.*

문화계 종사자들 측에서 내세우는 바는 피에르 주르드의 다음 발언처럼 예술의 자유, 그리고 이를 도덕과 분리하는 일이다.

마츠네프 사건에서처럼 어떤 나쁜 일을, 특히 강간만큼 심각한 범죄를 저지른 예술가는, 법정에서 자신의 행위에 대해 책임을 져야한다고 나는 재차 주장한다. 그렇다고 해서 그를 예술가로서 검열하고 그에게 상이나 보상을 주지 않는 것은, 창작의 자유에 반하는 모든 침해의 가능성을 열어젖히는 것이다. 예술사는 위대한 예술가이기도 했던 비열한 작자들로

---

* https://www.francetvinfo.fr/culture/musique/bertrand-cantat/tribune-dans-le-cas-de-bertrand-cantat-linstitution-judiciaire-semble-devenir-secondaire-regrette-le-juge-qui-l-a-libere_2658158.html.

가득 차 있으며, 도덕이 창작에 끼어들 여지는 없다. 아델 에 넬은 셀린을 가장 좋아하는 작가라고 말한 바 있다. 셀린은 유대인들을 죽일 것을 호소했는데, 이건 그녀에게 문제가 되지 않는 것 같다. 어떤 일에 대해서는 인간과 작품을 분리할 수 있고, 다른 때에는 분리할 수 없는 것인가?*

그러나 주르드는 아델 에넬의 입장을 올바르게 평가하지 않았다. 그녀는 폴란스키의 영화를 검열하자고 주장한 것이 아니라, 세자르가 그에게 수여한 상에 반대하여 항의했다. 이러한 공인公認은 영화계에 존재하는 아동 성범죄, 강간, 남용에 대한 사건들을 무시하는 듯했으며, 아델 에넬도 청소년기에 영화 〈악마들Les Diables〉 촬영 당시 감독 크리스토프 뤼지아Christophe Ruggia로부터 그러한 일을 겪었던 당사자였다. 여기서 논점은 감독에게 수여되는 보상이, 매우 어린 여성을 피해자로 만드는 권력 남용을 눈감아 주는 시스템을 영속시키는 데 기여한다는 점이다.

비르지니 데팡트는 이 사례에서 재정적 쟁점 또한 내세웠다. 그녀에 따르면 세자르상은 특히나 기대 수익을 내지 못한 영화의 투자자들을 만족시키고자 했다. 세자르 아카데미에서, 직능 단체에 상응하는 아홉 개의 투표자 집단(상영업자 포함)에서 투표하는 4,700여 명 되는 회원 명단과 "프랑스에서 영화의 파급과 역동성을 지원하는 활동을 하는 인물들"(즉 자금 조달자들)을 위한 열 번째 집단인 "연계 회원"*** 명단은, 소위 압력을 피하기 위하여 기밀로 유지되기 때문에 이 가설을 확인하기는 어렵다. 하지만 이러

---

\* Pierre Jourde, "La bêtise n'est pas féministe", *nouvelobs.com*, publié le 9 mars 2020, mis à jour le 10 mars 2020 à 15 h 46: https://www.nouvelobs.com/les-chroniques-de-pierre-jourde/20200309.OBS25811/la-betise-n-est-pas-feministe-par-pierre-jourde.html (consulté le 25 mars 2020).

\*\* https://www.academie-cinema.org/lacademie/devenir-membre/.

한 수상자 선정은 한편으로는 영화계의 공모를 드러내며, 항의에도 불구하고 영화계가 지닌 자율성을 재언명하는 것이라고도 볼 수 있다.

폴란스키를 옹호하는 자들 모두가 예술의 자유나, 작품의 작가와 그 사람의 구별을 내세운 것은 아니다. 어떤 이들은, 폴란스키의 피해자와 관련하여 알랭 핑켈크로트Alain Finkielkraut가 다음과 같이 주장한 것처럼, 그가 저질러 비난받은 행위를 축소하려고 했다. "이 경우에 13살 하고 9개월이었던 이 소녀는 사춘기에 이르지 않은 상태도 아니었고, 남자 친구가 있었으며, 폴란스키와 이러한 관계를 맺은 것이다."* 이 주장은 본인 및 그와 비슷한 무리 가운데 일부가 지닌 상상계**에 대해 많은 것을 말해 준다. 이러한 상상계는 그러한 행위의 기반이 되고 그것을 정당화하는 기반이 된다.

이 주장은 법이 아동 성범죄라 정의하는 행위로부터 폴란스키의 책임을 덜어 주고자 하는데, 부당하게 유죄 판결을 받은 한 무고한 사람의 재판을 담은 그의 영화 〈장교와 스파이〉가 실제 자신의 이야기와 연관이 있다고 암시하는 감독의 전략에 수렴한다. 영화의 보도 자료에 실린 폴란스키 인터뷰 발췌문에서, 에세이스트 파스칼 브뤼크네르는 그에게 이렇게 물었다. "전쟁 동안 내쫓긴 유대인으로서, 그리고 폴란드에서 스탈린주의자들에 의해 핍박받

---

\*   "Trois questions sur les propos d'Alain Finkielkraut au sujet du viol et de l'affaire Polanski", *France Info*, mis à jour le 15 novembre 2019 à 21 heures, publié le 15 novembre 2019: https://www.francetvinfo.fr/culture/livres/alain-finkielkraut/trois-questions-sur-les-propos-dalain-finkielkraut-au-sujet-du-viol-et-de-l-affaire-polanski_3704133.html (consulté le 14 mai 2020).

\*\*  [옮긴이] 이 책에서 '상상계imaginaire'는 일반적으로 '상상 세계'로 이해할 수 있으면서도, 뒤이어 이것이 '그러한 행위의 기반'이 된다고 말하는 것을 보아, '상상'을 의식이 대상을 '지향'하는 하나의 방식으로 여기는(다른 방식은 실재 세계에서의 '지각'이다) 사르트르의 의미에서 '상상계'로 볼 수 있다. Jean-Paul Sartre, *L'Imaginaire; psychologie phénoménologique de l'imagination*, Gallimard, "Folio essais", 2015 [1940]. 『사르트르의 상상계』, 윤정임 옮김, 기파랑, 2010.

은 영화인으로서, 오늘날 네오페미니즘의 매카시즘에서 살아남으시겠습니까?" 감독은 이렇게 대답했다. "제가 직접 겪은 역사의 순간들이 있습니다. 저는 제 행동을 헐뜯고 제가 하지 않은 것들로 저를 단죄하려는 [오늘날과] 똑같은 확고함을 참고 견뎠습니다."*

사실 폴란스키를 옹호하는 자들은 폴란스키가 과거에 당한 강제 이주, 생존자라는 신분, 아내가 살해당한 일을 부각시키며 폴란스키를 피해자로 내세우는 전략을 사용했다. 그러나 부정할 수 없는 사실을 이야기하는, 게다가 아무도 반론을 제기한 적 없는 이 논거의 지위는 그리 명확하지 않다. 정상 참작을 해 달라고 내세운 것인가? 그가 피해자였다는 사실이, 권위에 의한 미성년자 강간을 어떻게 설명할 것인가? 어떤 이들은 파스칼 브뤼크네르처럼 이 논거를 더 자극적으로 만들기 위해 고발자들을 반유대주의라고 비난하며 도리어 비방하는 데까지 이르렀다. 브뤼크네르는 내용 자체에 반박하기보다는, 상대방을 깎아내리는 팸플릿 수사학을 이용하여 드레퓌스 사건과 뒤섞으며 논지를 뭉뚱그렸다.

드레퓌스 사건이 2020년에 난데없이 돌아왔다. 19세기 말의 반드레퓌스파가 우리 열정적인 여성 운동가들Pasionarias** 사이에서 예상치 못한 후계자들을 찾았다. 어떤 이들에게 그는 이제 그 존재가 나라 전체를 불명예스럽게 만드는 속죄양이다. 이 작은 폴란드계 유대인이자 프랑스 시민은 모든 박해, 나치, 스탈린주의자를 피해, 그리고 아내 샤론 테이트가

---

\*   Vincent Duclert, "Le "J'accuse" de Roman Polanski, en trois controverses", *Libération*, 12 novembre 2019: https://www.liberation.fr/debats/2019/11/12/le-j-accuse-de-roman-polanski-en-troiscontroverses_1762943 에서 재인용.

\*\*  [옮긴이] '파시오나리아(Pasionaria)'는 스페인 공산당 지도자였던 바스크 지역 출신 정치가 돌로레스 이바루리(Dolores Ibárruri)의 별명('열정의 꽃')이다. 이 별명으로부터 유래하여 프랑스에서는 어떤 대의, 사상 등을 위한 운동에 열정적으로 참여하는, 주로 좌파 진영의 여성 운동가들을 일컫는 말로 사용된다.

살해당한 뒤 미국의 도덕적 우파의 박해를 피해 도망쳐 왔지
만, 중세의 정화자들이라고 불러야 할 '페미니스트들'의 처
벌을 견디지 못할 것 같다.*

브뤼크네르는 아무 근거도 없는 자신의 비난을 뒷받침하기 위해,
폴란스키의 악행을 강하게 암시했던 세자르 시상식 진행자 플로랑
스 포레스티Florence Foresti가 무슬림 지식인 타릭 라마단Tarik Ra-
madan**을 지명하지는 않았을 것이라고 언급했다(무엇 때문에 강
간 혐의로 기소된 다른 어떤 개인보다 그를 세자르 시상식으로 초
대했어야 한다고 하는 건지 궁금할 따름이다). 그는 또한 비르지니
데팡트가 재정적 쟁점에 대해 했던 암시를 환기했다. 이 단락은 잘
못된 해석학적 믿음의 표본이 되기 때문에 여기에 인용할 만하다.
브뤼크네르는 비르지니 데팡트 기고문을 본래의 맥락으로부터 떼
어 내어 인용하며—"당신들이 폴란스키에게 왕관을 씌워 준 것은
전혀 놀랍지 않다. 이 시상식에서 상찬하는 것은 언제나 돈이고, 영
화에는 아무도 신경도 안 쓰니까"—이렇게 결론지었다.

> 그 비교는 본의 아닌 것일지도 모르겠으나 어쨌든 어설프다.
> 돈을 사랑하고, 그것을 신처럼 귀하게 여기며, 돈을 팔고 사
> 용하는 돈놀이를 하는 자는 누구인가? 우리는 그 답을 안다.
> 음탕하고도 탐욕적인 유대인이다. 반항적 이상과 저명한 문
> 인이라는 지위 사이에서 분열된 비르지니 데팡트는 2015년

---

\*　Pascal Bruckner, "De quoi Roman Polanski est-il le nom?", *lepoint.fr*,
　publié le 5 mars 2020: https://www.lepoint.fr/debats/bruckner-de-
　quoi-roman-polanski-est-il-le-nom-05-03-2020-2365957_2.php
　(consulté le 25 mars 2020).

\*\*　[옮긴이] 타릭 라마단(1962-)은 스위스 국적 이슬람학자로, 프랑스에서
　무슬림의 사회 통합, 이슬람교와 근대 서구 가치의 공존 등의 주제를 놓고
　논쟁에 활발히 참여하여 미디어를 통해 널리 알려진 지식인이다. 2017년
　미투 운동 당시 여러 여성들의 폭로가 있었고, 세 여성에 대한 강간 혐의로
　프랑스에서 재판이 이루어질 예정이다.

《샤를리 엡도》의 살인자들과, 이 잡지의 12명의 삽화가들과 직원들을 상대로 그들이 저지른 살육에 대해 어느 정도 선심을 보였다.* 이것이 아마도 그것을 설명해 줄는지도 모른다.

비르지니 데팡트가 이른바 반유대주의를 의도적으로 암시했다고 의심하고 있는 것을 높이 평가할 만하다. 의심에 그치는 것은 자비심이라기보다는 십중팔구 명예훼손 공격의 우려 때문이었을 터이다—게다가 아무것도 근거를 제공하지 못하기 때문에 그랬을 것이다. 비르지니 데팡트를 인용한 구절을 본래 맥락에서 다시 읽어 보자.

> 당신들이 폴란스키에게 왕관을 씌워 준 것은 전혀 놀랍지 않다. 이 시상식에서 상찬하는 것은 언제나 돈이고, 영화에는 아무도 신경도 안 쓰니까. 관객에게도 아무도 신경 쓰지 않는다. 당신들이 격찬한 것은 당신들의 금전적 타격력이다. 당신들이 경의를 표하는 것은 지지의 표시로서 당신들이 영화에 들인 막대한 예산이다—그를 통해 우리가 존경해야 하는 것은 당신들의 힘이다.**

이 단락은 아주 명백하게 감독이 아니라 영화 예산에 대해 말하고 있다. 돈과 유대인을 연결 짓는 것은 악의를 지닌 독자의 상상이 순수하게 투영됐을 뿐이다. '《샤를리 엡도》의 살인자들에 대한 선심'이라는 부분은, 플로랑스 포레스티와 관련해 타릭 라마단을 언급한 것과 똑같다. 즉, 폴란스키에게 수여된 상에 대한 항의를 반유대주의의 은밀한 표현으로 해석하고, 특히 이슬람주의에 대한 이른

작가와 작품을 분리할 수 있는가?

---

\*　[옮긴이] 2015년 1월 이슬람 극단주의자 두 명이 프랑스의 풍자 전문
주간지 《샤를리 엡도》 본사에서 일으킨 총격 테러에 대해 말하고 있다.

\*\*　V.Despentes, "Désormais on se lève et on se barre", art. cité.

바 관용이 그것을 강화한다고 보는 것이다.

페미니스트, 그리고 보다 일반적으로 억압받고 차별받는 집단을 지지하는 진영의 태도는 매우 급진적인 '캔슬 컬처'부터 더욱 중도적인 입장까지 아우른다. 이들은 작품과 작가의 분리와 예술의 자유를 인정하면서도 피해자의 목소리가 들리기를 원한다는 점에서 〈장교와 스파이〉의 감독에게 수여된 상에 반대했다. '페미니즘을 감행하라!' 협회와 '여성의 13가지 권리' 라는 단체의 베르트랑 캉타 콘서트 반대 항의는 가장 급진적인 입장을 보였다. 그 입장의 논거는 콘서트 재개가 단순히 그의 사회 복귀를 의미하는 것이 아니라 '남성 폭력을 사회적으로 용인'함을 드러내는 기념이 된다는 생각에 기반한다.

베르트랑 캉타에게는 사회에 복귀할 권리가 있다. 그러나 **아무것도 잊히지 않았고 아무 빚도 청산하지 않았다.** 게다가 범죄 기록은 형사 처벌의 자취를 보존하고 있다.

**2.5일마다 여성이 배우자에 의해 살해당하는 상황에서, 그가 무대에 서고 그를 기념하는 일은 우리 사회가 남성 폭력을 용인하고 있음을 드러낸다.** 어떤 공인으로 하여금, 그가 한 여성을 죽였음에도, 그가 앞에 나서는 활동을 다시 하도록 내버려 두는 것은 여성 혐오 살해를 부추기는 것이다. 무대는 그 위에서 공개 발언을 하고 그가 사회적 영향력이라는 득을 보는 것을 전제로 한다. 권력, 통제, 지배는 부부 간 폭력 및 교제 폭력 역학의 핵심이며 무대에도 내재해 있다.

페미니스트로서 우리의 역할은 개별적 상황을 근거로 사회적 사실과 법을 검토하는 것이다. **캉타의 사례는 여성 혐오 살해를 저지른 범죄자를 사회에 재통합하는 조건을 재고할 필요성을 부각시킨다.** 중죄와 경범죄로 유죄 선고를 받은 정치인에게는 그 처벌에 더해 일정 기간 피선거권이 제한되고, 그들은 공개 발언을 할 수 없다. 예술가들에게도 마찬가지일 수 있다. 심지어 어떤 직업은 범죄 기록이 깨끗한 사람만 가질 수 있다….

사회에 복귀할 권리는 기념할 권리가 아니다. 캉타의 콘서트를 편성하고 그에게 박수갈채를 보내는 것은 전혀 하찮은 일이 아니다. 예술가는 작품을 생산한다. 예술가와 그의 작품을 분리하자는 요구는 결국 우리가 잘못되었다고 알고 있는 행위들을 눈감아 주자고 결정하는 것과 같다. 우리는 무엇을 용서할 준비가 되어 있는가? 어떤 대가로 용서할 텐가? "다들 알고 있었다"는 말을 이젠 너무 많이 듣지 않았는가?*

한편, 폴란스키와 관련해 유대인 페미니스트 운동가들은 한 기고문을 통해 예술의 자유를 존중하는 것과 인적 제재를 결합한 중도적 입장을 표명했다.

지금 인간과 그의 행위를 분리하자는 것이 아니다. 작품은 작품일 뿐이다. 아무도 사람들에게 작품을 감상하라고 혹은 하지 말라고 강요할 수 없다. 학대받고 강간당한 여성과 어린이들의 분노로 가득 찬 목소리를, 반향을 좀처럼 일으키지 못하는 이 목소리를, 강간하는 남성을 범접할 수 없는 예술가로 만드는 결정 기관들에게 들리게 만드는 것이 유일한 쟁점이다. 작품의 아름다움과 (논의의 여지가 없는) 그의 재

---

*     [CP] OLF 13, "Interpeller le public sur l'opportunité de programmer un concert de Bertrand Cantat", 22 mai 2018: https://osezlefeminisme.fr/cp-olf-13-interpeller-le-public-les-programmateurset-la-ville-de-marseille-sur-lopportunite-de-programmer-un-concert-debertrand-cantat/(consulté le 16 mai 2020).

능 숭배라는 명목으로 그렇게 하는 결정 기관들에게 말이다. 달리 말해 보겠다. 우리는 〈테스Tess〉나 〈악마의 씨Rosemary's Baby〉를 좋아할 수 있는가?* 물론이다. 그러나 사회가 이제 막 고통스러운 성폭력 피해 여성과 아동의 목소리를 진지하게 받아들이기 시작한 시점에, 이 영화들에 상을 주지는 말자. 여기에 우리 투쟁의 핵심이 있다.**

센생드니의 지역공공기관인 '에탕상블Est Ensemble'은 폴란스키의 영화 〈장교와 스파이〉를 상영하기로 한 프로그램을 취소할까 고민하였지만, 토론의 여지를 주기 위해 이를 예정대로 진행했다. 사실 영화가 아동 성범죄나 강간을 옹호하는 아무런 입장도 나타내지 않더라도, 감독이 암시했던 자전적 이야기와의 관련성***과 그가 상을 받았다는 것은 토의를 불러일으킨다. 특히나 그에게 상을 수여했다는 사실은, 영화계가 젊은 여성들이 당하는 부당 행위를 집단적으로 인지하지 못하고 있는 현상이 계속 이어짐을, 고로 일종의 처벌 면제가 지속됨을 뜻할 수 있기 때문이다. 작품을 어떻게 해야 하는지에 대해서는 의견이 엇갈리지만, 지금까지 살펴본 급진적인 입장과 중도적인 입장은 두 가지 생각에 있어 일치한다. 하나는 예술적인 인정이 공인의 한 형태라는 점이고, 또 하나는 공인이라는 행위가 사회적인 인정으로 작용하면서 작가들의 권위에 의한 남용을 은폐하고 심지어 그 작가들을 '저주받은 예술가'의 반열

---

\*     [옮긴이] 두 편 모두 로만 폴란스키가 연출한 영화다.

\*\*    "Nous, militantes féministes et juives, accusons aussi Polanski", *Mediapart*, 12 mars 2020.

\*\*\*    이 관련성은 세자르상에 대한 항의를 뒷받침하는 페미니스트 협회 단체의 보도 자료에 언급되었다. "폴란스키가 영화 보도 자료에서 스스로 '거짓 기소, 부패한 재판 절차'에 대해 이야기하는 이상, 우리는 '예술가로부터 인간을 분리'할 수 없다." "Polanski aux César 2020, Culture du viol et viols dans la culture!", 17 février 2020: https://osezlefeminisme. fr/polanski-aux-cesar-2020-culture-du-viol-et-viols-dans-la-culture/(consulté le 16 mai 2020).

에 올려놓으며 남용을 정당화할 우려가 있다는 점이다.

어쨌든 이 토론이 예술의 자유와 도덕적 검열이 대립하는 것에만 머무르지 않는다는 점은 사실이다. 행위의 심각성에 대한 판단, 사법 영역과 사회 영역의 구별, 형 집행 이후 사회 복귀, 예술적 공인公認의 사회적 의미 등과 관련한 다른 논의들도 언급된다. 직업 윤리 규정에 대한 질문 또한 제기되는데, 의사, 변호사, 교사와 같은 다른 직업들과 달리 창작 직능의 직업 윤리는 성문화되어 있지 않다. 그런데 폴란스키의 사례와 뤼지아의 사례\*에서 바로 이 질문이 제기된다. (다른 방식으로 심각한 베르트랑 캉타의 사례와 달리) 비난받아 마땅한 행위가 직업 활동 중에 그들이 가진 권위적 위치를 남용하여 행해졌다. 진료 중에 환자나 미성년자를 불필요하게 만진 의사는 의사회에 의해 제재를 받을 수 있고 그의 활동은 일시적으로나 영구히 중단될 수 있다(항상 이렇게 되는 건 아니다. 왜냐하면 한편으로는 고소가 필요하고, 다른 한편으로는 우리가 알고 있듯이 규범과 실천 사이에 간극이 있기 때문이다. 그러나 직업 윤리 규정은 명백하게 제한을 제시하고 권위의 상황에 내재한 위험을 인지시킨다는 장점이 있다). 창작자들에게는 이러한 직업 윤리 규정이 존재하지 않는다. 그렇다면 창작 직군을 규제해야 할 것인가? 이 질문은 적어도 토의할 만하다. 직업 윤리가 언제나 체계화된 규정의 형태를 띠지는 않지만, 그것은 직업에 대한 규범으로서 어느 정도 암묵적으로 작동할 수 있다.

## 타락한 아동 성애-작가의 영광과 비참

마츠네프의 사례는 어린이를 성적으로 착취한 것을 스스로 만족해하는 이야기로 '작품'을 만들었다는 점에서 폴란스키의 사례와

---

\*   배우 아델 에넬이 청소년일 때 크리스토프 뤼지아의 영화 〈악마들〉을 촬영하는 동안 부당 행위—접촉, 성추행—를 당한 피해자였다는 사실은 기자 마린 튀르쉬(Marine Turchi)의 《메디아파르(Médiapart)》 2019년 11월 3일자 취재 기사에 의해 밝혀졌다.

다르다. 작가 직능에서도 직업 윤리 규정은 존재하지 않지만, 마츠네프의 행위와 글은 법 위반에 해당한다. 작가 단체가 성문화하고 관리하는 직업 윤리 규정은 없어도, 문학 장을 규제하는 제작, 유통의 결정 기관과 작가에게 책임을 요구하는 윤리는 엄연히 있다. 문학적인 것이라고는 그가 그렇게 주장하는 것 외에는 전혀 찾아볼 수 없는 그의 이야기들은 파리 지식인들의 은총을 받았고 대형 출판사를 통해(타블르 롱드Table Ronde 출판사 이후 갈리마르 출판사, 필립 솔레르스의 『랭피니L'Infini』컬렉션) 계속 출간되었다. 그러한 작품들로 마츠네프는 예술 문학 훈장을 받았고 이후 가을 주요 문학상 중 하나인 르노도상도 받았다. 이러한 일들이 어떻게 가능했는지는, 많은 논객들이 지적하듯 68운동을 뒤따른 풍속 해방의 일환으로 이해되기보다는, 권력 장에서 행위자들이 맺고 있는 (성 관광을 포함하는) 서비스 관계망 및 서비스 교환을 조사해 보면, 그리고 남성 위주인 미디어-문학 세계에서 어떻게 공모가 일어나는지를 조사해 보면 명확히 이해될 것이다.* 이 상은 2013년에 그의 문학 작품이 아닌 에세이에, 여성이 한 명밖에 없었던 심사위원단에 의해 수여되었다. 『세라팽, 이제 끝이야!Séraphin, c'est la fin!』이라는 제목으로 타블르 롱드 출판사에서 출간된 이 에세이는 언론 시평 모음집이었다.

마닐라 여행에서 그와 공모자였던 크리스티앙 주디첼리

---

\* 이제는 볼 수 없는 그의 일기를 세심하게 독해하여 쓴 훌륭한 기사를 보라. Raphaëlle Bacqué et Ariane Chemin, "Gabriel Matzneff, questions sur un prix Renaudot", *Le Monde*, 6 janvier 2020, mis à jour le 12 février 2020: https://www.lemonde.fr/societe/article/2020/01/06/gabriel-matzneff-questions-surun-prix-renaudot_6024917_3224.html (consulté le 28 mai 2020). 1968년 5월 운동의 참조와 관련하여, 젠더 전문가인 미국 역사학자 조앤 스콧Joan Scott의 논평 "The Downfall of an Ogre: Gabriel Matzneff and the Myth of Male Seduction", NewStatesman, 22 janvier 2020: https://www.newstatesman.com/world/europe/2020/01/downfallogre-gabriel-matzneff-and-myth-male-seduction (consulté 27 mai 2020)을 보라.

Christian Giudicelli는 2009년에 르노도상 심사 위원으로서 마츠네프를 지지하며 심사 위원단의 표를 동수로 나눈 적이 있다. 당시 캐스팅보트를 쥔 심사 위원장은 다니엘 코르디에Daniel Cordier의 『알리아스 카라칼라Alias Caracalla』를 지지하는 쪽으로 기울었다. 이때는 마츠네프의 2007-2008년 일기 『검정 수첩Carnets noirs』이 후보작으로 올라 있던 때였다. 이 일기는 마츠네프가 자신의 두 작품 『16세 미만Les moins de seize ans』(쥘리아르Julliard, 1974)과 『분리적 열정Passions schismatiques』(스톡Stock, 1977)을 한 권으로 재발행하는 '용기'를 냈던 레오 쉬르Léo Scheer 출판사에 보답 차원에서 위임했었다. 저자의 견해로는 '고전'이었지만 쥘리아르와 스톡의 견해로는 그렇지 않았던지, 이 두 출판사는 2005년 저자에게 권리를 돌려줬다. "정치적 혹은 성적 올바름을 걱정하여, 소심함 때문에, 우리 모두를 굴복시키기를 바라는 새로운 도덕적 질서 앞에 경의를 표하며…" 마츠네프는 2009년 『검은 수첩』이 출간되었을 때 이렇게 논평했고, 또한 자신의 1988년 일기 『타란의 아가씨들Les Demoiselles du Taranne』(2007) 원고를 6개월 동안 보관하고 있던 갈리마르의 변호사에 대한 불평도 털어놓았는데, 그가 보기에 이것은 문학에 미치는 도덕의 영향력이 증대했음을 보여 주는 징후였다.[*]

2013년에 주디첼리는 저자의 어려운 생활 형편을 주장하며 비참함을 그려 내는 변론으로 이겼을 것이다. 아무튼 상관없다. 한껏 우쭐해진 '아동 성애-작가'는 르노도상 수상이 자신의 '모든 작품'을 공인하는 것으로 여겼다. "저는 르노도 심사 위원단이 제 작업 전체에 보상을 해 준 거라 생각합니다. 그들은 저에게 왕관을 씌워 주지 않고는 저를 성부에게 보내 줄 수 없다고 생각했나 봅니다." 그리고 분명하게 밝혔다. "민족의 숨통을 틔우기 위해 악마 같

작가와 작품을 분리할 수 있는가?

---

[*] 가브리엘 마츠네프 인터뷰, Florent Georgesco, *La Revue littéraire*, 39, mai 2009, p. 5-6.

고 자유분방한 작가들이 꼭 필요합니다.'"* 아동 보호를 위한 두 협회의 항의에도 불구하고, 이 상은 미디어에서 파문을 일으키지 않았다. 오직 샤를로트 푸들로프스키Charlotte Pudlowski라는 한 젊은 기자가 수고스럽게도 수상작을 읽었고 2007년 마츠네프가 어느 컨퍼런스에서 연설한 강간에 대한 글을 발견했다. 마츠네프는 이 글에서 "청교도적 히스테리의 승리"를 규탄하며, "악마 같은 작가"를 다름 아닌 1942년 [나치하에] 노란색 별을 단 유대인에 비교했다. "1942년, 우리는 노란색 별을 보고 유대인임을 알아냈고, 오늘날에는 '악마 같은 작가'임을 알아냅니다. (…) 그러나 유대인이든 악마 같은 자든, 목적은 같습니다. 노란색 별을 단 이를 악마화하고, 그에게 침묵을 강요하고, 그를 파문하고, 파괴시키는 것." 아동 성애에 대해 잘 아는 마츠네프는 미디어가 "기껏해야 (…) 몇몇 엉덩이를 더듬고 남몰래 키스 좀 하고, 오럴 좀 했"을 사람을 "아동 성애 강간범", "괴물"이라고 규정짓는 것에 분개했다. 기자는 "스타일은 모든 것을 정당화한다"는 마츠네프의 주장을 환기시키며 다음과 같이 결론지었다.

> 도덕과 문학에 대한 토론은 끝없이 계속된다. 그러나 이는 도덕성이 의심스러운 작가의 위대한 글을 출판하느냐 아니냐, 읽느냐 마느냐의 문제가 아니다. 내용 자체에 문제가 있는 글에 상을 주느냐 마느냐에 대한 것이다. 우리는 한참 동안 수많은 TV 프로그램에 초대 손님으로 나왔던 마츠네프가 오늘날에는 워낙 유명하지 않은 덕에 아무도 이에 동요하지 않음에 만족할 수 있다. 아니면 **여전히** 오늘날에도 마츠네프가 아동 성애를 대체하여 사용하는 용어인 '사랑 교육 philopédie'을 옹호하는 것이 가장 권위 있는 문학상 중 하나

---

\* R. Bacqué et A. Chemin, "Gabriel Matzneff, questions sur un prix Renaudot", art. cité. 에서 재인용.

의 심사위원들에게는 용인된다는 것을 한탄할 수도 있다. 그리고 틀림없이, 마츠네프를 비방하는 사람들을 보수주의자 bien-pensants로 취급하는 것은 여전히 그들의 신망을 떨어뜨리는 효과가 있을 것이다.[*]

이 상은 쇠락해 가는 80대에게 "명망을 보증"[***]해 줄뿐더러, 적어도 문학적으로 살아남았다는 환상을 심어 주었을 것이다. 특히 국립도서센터Centre national du livre의 지원과(그는 먼저 글쓰기 지원금을 받았고, 2002년부터 2013년까지는 어려움에 처한 작가 지원금으로 매년 12,000유로를, 그 이후로는 6,000유로를 받고 있다)[***] 파리시의 숙소 지원과 같은 퇴직 연금성 지원은 그가 심오한 정치 논평을 계속할 수 있게 해 주었을 것이고—"좌파이든 우파이든 어떠한 현명한 프랑스 유권자도, 도미니크 스트로스-칸Dominique Strauss-Kahn[****]이 거대하고 심지어 못생긴 메이드의 치마를 걷어 올리려고 하다가 고소당한 것 때문에 이 자에게 찬성표

---

[*]    Charlotte Pudlowski, "Renaudot essai à Gabriel Matzneff; le scandale n'aura pas lieu", *Slate*, 12 novembre 2013: http://www.slate.fr/culture/79903/renaudot-essai-scandale-matzneff (consulté le 28 mai 2020).

[**]   R. Bacqué et A. Chemin, "Gabriel Matzneff, questions sur un prix Renaudot", art. cité.

[***]  Raphaëlle Bacqué, "L'écrivain Gabriel Matzneff touchait une aide publique, qui va être supprimée", *Le Monde*, 3 janvier 2020.

[****] [옮긴이] 도미니크 스트로스-칸은 프랑스의 경제학자이자 정치인이다. 2007년부터 국제통화기금(IMF) 총재를 지내고 있던 그는 2011년, 즉 2012년 프랑스 대통령 선거를 한 해 남겨 둔 시기, 니콜라 사르코지Nicolas Sarcozy에 대적할 사회당 대선 후보로 거론되었다. 그러나 그해 5월 미국 뉴욕의 한 호텔에서 호텔 직원에게 성추행, 강간 시도 등 성폭력을 가한 혐의로 미국 경찰에 체포되었고, 이로 인해 IMF 총재직에서 사퇴했으며 당연히 프랑스 대선 후보로도 나올 수 없게 되었다. 그리고 2012년 프랑스 대선에 사회당 후보로 출마한 프랑수아 올랑드(François Hollande)가 대통령으로 당선되었다.

던지기를 단념하지 않았을 것이다"*—한때 어린 소녀였지만 훌쩍 커 버린 여성들과 두 번 사랑의 재회를 하는 사이 고급 레스토랑에서 홀로 즐기는 저녁을 묘사할 수 있게 했을 터이다. 그리고 이튿날 그가 저울에 올라설 때 우리를 그와 함께 긴장하여 떨게 만든 묘사도 이러한 지원 덕에 가능했을 테다—사법의 저울 말고, 체중계 말이다. 그는 보다 확실한 기술로 평생 사법의 저울을 교묘하게 피했으니. "아이들 사냥chasse aux gosses은 위험하고 금지된 스포츠[로 남아 있어야 한다]." 그가 『16세 미만』에 쓴 말이다.**

하지만 예측하지 못한 것이 도착했다. "사냥꾼이 쳐 놓은 올가미로 사냥꾼을 잡기. 바로 그를 책 안에 가두기"라는 해결책을 찾은 피해자의 '답장'이었다.*** 바네사 스프링고라의 책을 통해, 성인과 아동 관계에서의 동의 개념을 무너뜨리는 '지배'를 겪은 이야기가 공론장에 등장했다. 바네사 스프링고라는 2020년 1월 3일 라디오 채널 프랑스 퀼튀르France Culture에서 이렇게 말했다. "가브리엘 마스네프는 작가라는 지위를 이용해, 어린 소녀와 소년을 유혹하고 소유한 것을 문학으로 악용하면서 포식을 늘려 나갔다. (…) 그는 자신의 충동을 끊임없이 충족시키기 위해 문학을 이용했다." 파리 검찰은 15세 미만의 "미성년자 강간" 혐의로 마스네프에 대한 조사에 착수했다.****

이러한 부당 행위들이 그렇게 오랫동안 처벌받지 않은 채 공개적으로 표현될 수 있었던 것은, 1968년 이래 풍속의 해방 때문도 아니고—아동의 섹슈얼리티에 대한 성찰이 이전에는 성찰할 필요조차 없었던 행위들에 명분을 제공해 줄 수 있었다 하더라도

---

*      Gabriel Matzneff, *L'Amante de l'Arsenal. Journal 2016-2018*, Paris, Gallimard, 2019, p. 88.

**      Gabriel Matzneff, *Les Moins de seize ans*, Paris, Julliard, 1974, réed. Léo Scheer, 2006.

***      Vanessa Springora, *Le Consentement*, Paris, Grasset, 2019, p. 10. 바네사 스프링고라, 『동의』, 정혜용 옮김, 은행나무, 2021, 7쪽.

****      *Le Monde*, 2020년 1월 3일.

말이다—역사적 페미니스트 운동이 최근에 이르기 전까지는 그러한 이야기를 하거나 들리게 만드는 데에 실패했기 때문도 아니다. (이 포식자의 희생자 중, 1975년 법률에 의해 자유의사에 따른 임신 중절이 합법화되기 전에 낙태를 해야 했고 그 처치 때문에 불임이 된 한 사람이 1990년대에 그라쎄Grasset 출판사에서 자신의 증언을 출판하려고 했으며 발행인도 이를 수락하였으나 헛되이 끝났다.*) 1990년 3월, 유명한 문학 방송 프로그램 〈아포스트로프 Apostrophes〉에서 기자 베르나르 피보Bernard Pivot는 아동 성애-작가를 "성 교육자"로 유쾌하게 소개했고, 퀘벡의 작가 드니즈 봉바르디에Denise Bombardier는 용기 있게 자신의 분노를 표명하며, 문학이 어린 소녀들을 끝내 시들게 만드는 행위들의 알리바이로 이용되어서는 안 된다고 말했다. 이 여성 작가는 그때 스튜디오를 나가면서 필립 솔레르스로부터 "여태까지 성관계가 별로였던" 취급을 당했다고 한다.**

최근에도 미디어-문학 세계에는 《르 몽드 데 리브르》의 전 편집장인 조지안 사비뇨처럼 예술의 자유를 옹호하며 트위터상에서 "적어도 글을 쓸 줄 아는" 작가에 대한(드니즈 봉바르디에와 달리) "마녀 사냥"을 규탄하는 인물들이 있다.*** 비평가 피에르 주르드는 사비뇨를 통렬히 비난하며, 만약 행해졌다면 벌 받아야 할 행위와 작품 사이를 혼동하는 것을 규탄한다. 주르드는 마츠네프의 일기 출판을 중단한 갈리마르의 결정을 표현의 자유라는 이름으로 반대한다. 다만 그러한 글이 문제가 되는 행위를 정당화하고 찬

---

\* Sandrine Bajos et Céline Carez, "Affaire Matzneff: cet autre récit d'une victime qui n'a jamais été publié", *Le Parisien*, 10 janvier 2020: https://www.leparisien.fr/culture-loisirs/livres/affaire-matzneff-une-autre-victime-avait-deja-ecrit-un-recit-il-y-a-30-ans-10-01-2020-8233287.php (consulté le 27 mai 2020)를 따름.

\*\* https://www.youtube.com/watch?v=H0LQiv7×4xs.

\*\*\* https://twitter.com/josavigneau/status/1209149066388611072?lang=en.

마츠네프가 글을 쓰고 출판하고 자신의 생각을 나타내는 것을 정말로 금지해서는 안 된다. 아니면 사드Donatien Alphonse François de Sade, 아폴리네르Guillaume Apollinaire, 주네Jean Genet나 다른 이들을 금지해라. 지드와 와일드는 마츠네프가 필리핀에서 했던 일을 마그레브에서 똑같이 했다. 인간적으로 탐탁지는 않지만, 그게 그들을 검열할 이유는 아니다. 이것이 갈리마르가 마츠네프의 일기 출판을 중단하기로 한 결정에 근본적으로 반대하는 이유다. 문학은 모든 윤리적 가능성으로의, 그리고 우리가 좋다고 판단하건 나쁘다고 판단하건 어떤 존재가 선택한 내밀한 관계로의 길을 열어 준다. 그렇기 때문에 문학이 우리에게 가르쳐 줄 것이 많은 것이다. 그렇지 않으면 그저 세귀르 백작 부인comtesse de Ségur*에 그쳐야 한다. 선과 도덕의 이름으로 금지하고 검열하는 것은 사실 내가 여기서 최근에 얘기한 적 있는,** 자유를 파괴하고자 압력을 가하는 특정 집단들이 지향하는 바다.***

---

\* [옮긴이] 본명은 소피 로스톱친(Sophie Rostoptchine)(1799-1874). 러시아 출신의 프랑스 작가로, 동화 작품들, '소피'라는 소녀의 고난과 시련을 그린 아동소설들로 유명해졌다.

\*\* [옮긴이] 피에르 주르드는 2019년 11월 5일 같은 지면을 통해 "학생조합", "페미니스트 조직" 등 "좌파" 및 "진보" 집단들이 "이슬람 혐오", "동성애 혐오"나 "반동적"이라는 이유 등으로 특정 예술 작품 전시와 상연, 세미나 개최를 반대하고 취소하는 경향을 비판했다. Pierre Jourde, "Le retour de l'ordre moral", *BibliObs*, 5 novembre 2019: https://www.nouvelobs.com/les-chroniques-de-pierre-jourde/20191105.OBS20732/le-retour-de-l-ordre-moral-par-pierre-jourde.html.

\*\*\* Pierre Jourde, "Si Josyane Savigneau n'existait pas, il faudrait l'inventer", *BibliObs*, 8 janvier 2020: https://www.nouvelobs.com/leschroniques-de-pierre-jourde/20200108.OBS23216/josyane-savigneauemmene-nous-au-bout-de-l-immonde.html.

주르드는 발행인이 책을 출판하지 않거나 재판再版을 내지 않는다는 결정을, 실은 책을 출판하거나 재판을 내는 것보다 더 흔한 결정이자 여러 가지 동기가 있을 수 있는 결정을 검열과 동격으로 여긴다. 갈리마르 출판사는 마츠네프의 마지막 일기 『아스날의 연인 L'Amante de L'Arsenal』의 배포를 중단하면서 보도 자료를 내어, 문화 매개자의 자유와 책임을 상기시키는, 윤리적 논거를 바탕으로 한 결정 이유를 설명했다. "바네사 스프링고라가 『동의』에서 표현한 고통은 이 예외적인 조치가 정당함을 증명하는 강력한 목소리다." 물론 예심이 시작되었으므로, 만약 그의 책들이 아동 성범죄를 옹호한 것으로 밝혀지면 출판사는 책 판매를 금지해야 할 처지에 놓인다. 지금껏 그가 판매 금지를 모면할 수 있었던 것은 권력 장에서 저자가 지닌 네트워크와 그의 상징 자본 덕분일 따름이다.

그러나 마츠네프의 서클은 줄어들었다. 심지어 그에게 가장 충성스러웠던 소설가이자 비평가인 프레데릭 베그베데조차도—1995년 티에리 아르디송Thierry Ardisson의 방송 프로그램 〈파리 데르니에르Paris dernière〉 아카이브에서, 열두 살 여자 아이들과 맺은 관계에 대해 그와 아동 성애-작가가 함께 농담하는 걸 볼 수 있다—바네사 스프링고라의 『동의』를 읽은 후 "그의 '분리적 열정'이 실제로는 대단히 위험하고 고통을 주는 조종이었음"을 이해했다고 인정했다.*

먹잇감이 되어 버린 식인귀에 대한 위선적인 처벌보다 "문화부 재판, 사회 전체의 양심 성찰, 지식 계급의 공모 재판"을 제안하는 역사학자 로르 뮈라Laure Murat는 논쟁이 요점을 비껴간다고 말한다. 그 요점이란 부르디외가 '상징 폭력'이라 부르는, 피지배자들

---

\* "Frédéric Beigbeder s'explique sur ces archives de 1995 le montrant plaisanter avec Matzneff", *Le Huffington Post*, 21 janvier 2020, actualisé le 24 février 2020: https://www.huffingtonpost.fr/entry/dans-l'affaire-matzneff-beigbeder-et-ardisson-rattrapes-par-une-archiveembarrassante_fr_5e4fb8a3c5b6b82aa6518369(consulté le 28 mai 2020).

의 공모와 함께 행사되고* 물리적 폭력을 정당화하는 폭력이다.

바네사 스프링고라가 규탄하는 것은 청소년기에 크리스토프 뤼지아 감독에게 성추행을 당했던 아델 에넬의 발언과 맞물려 혼란스러운 반향을 일으킨다. 그것은 어린이나 아주 어린 소녀에게 **강요된 것을 스스로 욕망한다고** 생각하게 만드는 '시스템'의 폭력이다. 이는 매우 사악하고도 교묘하며 완전하게 작동하는 시스템이자, 그것을 이해하려면 수년 간의 분석, 자성, 그리고 각자의 선의가 요구되는, 권력 남용이라는 시스템이다.**

한편, 마츠네프는 자신과 같은 부류의 다른 가해자들처럼, 이러한 권력 남용을 인정할 준비가 되어 있지 않다. 마지막 일기『아스날의 연인』에서 그는 과거의 "순정적인 사랑"을 부정하는 나쁜 취향을 지닌, 그의 옛 먹잇감이었던 "변절자들"을, 대조적으로 세련되고 품위 있는 문체로 폭력과 잔인함을 강조하며 비방한다.

나는 아무도 미워하지 않는다. 하지만 내가 인류의 쓰레기로 혐오스럽게 여기며 온 힘을 다해 경멸하는 존재들이 있다. 그들은 잘 잊어버리는 여성들, 기억상실자들, 청소년일 때, 젊었을 때 나와 겪었던 것을 구차하게 지우고, 긁어내고, 부정하려고 애쓰는 자들이다. 그들은 변절자다.***

이는 나르시시즘이다. 또한, 돈벌이를 위해 그 여성들을 호명하고,

---

\*    Pierre Bourdieu, *La Domination masculine*, Paris, Seuil, 1998. 피에르 부르디외, 『남성 지배』, 김용숙 옮김, 동문선, 2003.

\*\*    Laure Murat, "Affaire Matzneff: "Je propose le procès de la complicité de l'intelligentsia"", *Le Monde*, 8 janvier 2020.

\*\*\*    G. Matzneff, *L'Amante de l'Arsenal, op. cit.*, p. 86.

묘사하고, 그들의 이야기를 전하고, 그들과 주고받은 편지도 책에 실어야 하건만, 그렇게 할 권한을 빼앗아 간 여성들에 대한 아동 성애-작가의 원한이다. 그는 《롭스L'Obs》에서 제기된 질문에 완곡한 표현으로 답변하면서 끝내 굽히지 않고 피해자의 주체성을 부정했다.

> 바네사가 제가 살아 있는 동안 쓰기로 결심한 책이 빛나게 타올랐던 우리의 사랑 이야기가 전혀 아니라, 적대적이고 비방적으로 저를 해하기 위한 책이자, 검사의 논고와 정신 분석가 상담실에서 내려준 진단이 슬프게 혼합된 결과임을 알게 된 일은, 저를 숨막힐 정도로 슬프게 만듭니다.*

작가 크리스틴 앙고Christine Angot는 아버지가 저지른 근친상간의 피해자로서 자신이 겪은 경험과(『근친상간L'Inceste』, 1999; 『일주일간의 휴가Une semaine de vacances』, 2012) 바네사 스프링고라의 경험을 비교하며 포식자의 이러한 반응에 분개한다. "폭발적인 열정과 치욕이 공존할 수 있는 건 사실이다. 변태성이 바로 그렇게 만들어진다. 사실 당신은 어린 소녀를 치욕스럽게 하고 타락시킬 뿐이며…"**

폴란스키 사건과 마츠네프 사건이 예술의 자유에 대한 질문 외에 가지는 공통점은, 우발적인 강간범과 자신의 영광을 구축한 시스템을 만든 아동 성범죄자 사이, 그리고 진정한 예술가와 작품을 마구 지어내는 작가 사이(협잡꾼이라고는 말하지 않겠다) 균

---

\*      Élisabeth Philippe, "Gabriel Matzneff, ce paria très aimé qui fait l'apologie de la pédophilie", *BibliObs*, 26 décembre 2019: https://www.nouvelobs.com/bibliobs/20191226.OBS22783/gabriel-matzneff-ce-paria-tres-aime-qui-fait-l-apologie-de-la-pedophilie.html(consulté le 28 mai 2020)에서 재인용.

\*\*     Christine Angot à Gabriel Matzneff: "Vous preniez vos désirs pour des réalités", *Le Monde*, 31 décembre 2019.

형을 유지한 채, 자신들의 병적인 충동을 충족시키기 위해 권력 장의 공모를 등에 업고 지위와 권위—또는 감독이나 작가의 '카리스마'—를 악용하는 지배적 남성들이 처벌 받지 않는다는 것이다. 마츠네프를 지목하지는 않았지만 비르지니 데팡트가 기고문에서 그를 암시하며 격렬하게 규탄하는 것이 바로 이 지점이다.

> 당신들은 대열을 좁히고 당신네 사람들 중 하나를 보호한다. 가장 힘 있는 자들이 본인들의 특권을 보호하려고 한다. 이것은 당신들의 우아함의 일부고, 심지어 강간은 당신들의 스타일의 토대를 이룬다. 법은 당신들을 감싸 주고 법정은 당신들의 영역이며 미디어는 당신들의 것이다. 그리고 바로 이것이 당신들의 막대한 재산이 가진 힘이 쓸모가 있는 부분이다. 하위 주체로서의 신체들을 통제하기. 입을 굳게 다물고, 스스로의 관점에서 이야기하지 못하는 신체들을 말이다. 가장 부유한 자들에게 이 아름다운 메시지를 전할 시간이 왔다. 그들이 받아야 할 존경은 이제 그들이 강간한 어린이들의 피와 똥으로 얼룩진 성기로까지 확대될 것이다.[*]

또한 이 두 사례에서, 지식 장에서 일어나는 일종의 암묵적인 합의가 예술가에게 예외적 지위를 부여함을 관찰할 수 있다. 이것은 최근까지 그저 규범과 풍속으로부터의 일탈, 즉 별나다고만 여겨지거나 반순응주의의 한 형태로만 여겨지던 것을 용인했다.

비교는 여기에서 멈추자. 비난받을 만한 내용을 다룬 적 없이 영화사에 족적을 남긴 감독의 영화를 검열하자는 것이 아니다. 하지만 미투 국면에서 세자르 아카데미 회원들이 폴란스키에게 영예를 부여하지 않음으로써 영화계의 권한 남용을 허울뿐이라도 비난하는 표시를 할 수 있었을 텐데, 그렇게 하지 않은 것은 한탄

---

[*]    V. Despentes, "Césars; "Désormais on se lève et on se barre"", art. cité.

할 만하다. 마츠네프의 작품은 오직 금지된 것을 위반함으로써 겨우 문학사에 소개될 수 있었을 것이다. 다시 말하면 아동 성애를 옹호함으로써 말이다. 레오 쉬르 출판사에서 나온 그의 두 '팸플릿'(그가 직접 이렇게 말했다) 재발행본 서문에서 그는 아동 성애 옹호를 이데올로기로 삼았다고 설명한 바 있다. 작품을 작가의 현실 참여와 결부하는 문제가 다음 장의 주제다.

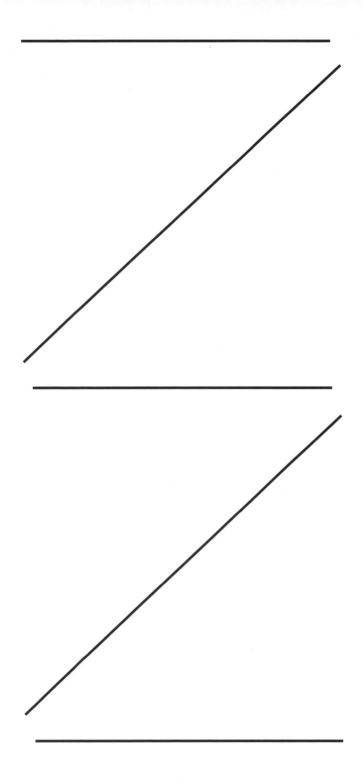

# 5장

# 평판을 위태롭게 하는 현실 참여

작가의 입장 표명이 그의 문화 생산에 외부적이거나 주변적일 때 그것은 이데올로기 또는 가치 차원에서 작가의 도덕성과 작품의 도덕성의 관계에 질문을 던진다. 많은 작가와 사상가들은 그들의 저작과 현실 참여 사이 일관성을 주장했다. 가장 유명한 이들의 이름만 예로 들어도 빅토르 위고Victor Hugo, 조르주 상드George Sand, 에밀 졸라, 앙드레 말로André Malraux, 장 폴 사르트르, 시몬 드 보부아르Simone de Beauvoir, 베르톨트 브레히트Bertolt Brecht, 한스 마그누스 엔첸스베르거Hans Magnus Enzensberger, 에메 세제르Aimé Césaire, 레오폴드 세다르 상고르Léopold Sédar Senghor, 토니 모리슨Toni Morrison, 엘프리데 옐리네크Elfriede Jelinek, 아룬다티 로이Arundhati Roy, 또는 에밀 뒤르켐Émile Durkheim, 시몬 베유Simone Weil, 존 듀이John Dewey, 미셸 푸코, 피에르 부르디외, 위르겐 하버마스Jürgen Habermas, 노엄 촘스키Noam Chomsky, 주디스 버틀러Judith Butler 등이 있다. 에밀 졸라는 진실을 옹호하기 위한 작품 창작의 연장선이라 언명하며 드레퓌스 사건에 뛰어들었고, 사르트르는 자유에 대한 철학을 소설에, 정치 활동의 딜레마를 연극에 구현했다. 감옥에 대한 푸코의 연구는 투옥 조건에 대한 그의 현실 참여에서 비롯되었고, 부르디외의 사회학은 그가 신자유주의에 대항하며 보여 준 현실 참여를 뒷받침한다.* 어떤 이들은 레지스탕스 활동을 하다가 사망한 철학자 장 카바이예스Jean Cavaillès처럼 목숨 걸고 무기를 들었다. 확실히 누보 로망 이래로, 참여 문학에 대한 거부는 작품과 정치적 입장 표명을 분리하는 것으로 이어졌다.** 그렇지만 작품에 메시지를 부여하기를 거부한다고 해서 공론장에

---

\*    Cf. G. Sapiro, *La Responsabilité de l'écrivain, op. cit.*, p. 506-511 et 667-688; *Les Écrivains et la politique…, op. cit.*, p. 255-258; et "Modèles d'intervention politique des intellectuels. Le cas français", *Actes de la recherche en sciences sociales*, 176-177, 2009, p. 8-31.

\*\*   Anne Simonin, "La littérature saisie par l'histoire. Nouveau Roman et guerre d'Algérie aux Éditions de Minuit", *Actes de la recherche en sciences sociales*, 111-112, 1996, p. 59-75.

개입하게 만드는 모든 가치 관계를 부인하는 것은 아니다.

물론 이러한 연속성을 주장하는 것은 비단 진실, 정의, 평등, 인권, 민족 자결권과 같은 보편적 가치의 이름으로 하는 현실 참여에만 관계되지 않고, 민족주의적, 파시스트, 외국인 혐오적, 인종차별적, 성차별적 입장 표명에도 관계된다. 모리스 바레스Maurice Barrès, 샤를 모라스, 피에르 드리외 라 로셀, 루이페르디낭 셀린, 로베르 브라질라슈Robert Brasillach, 마르틴 하이데거, 칼 슈미트Carl Schmitt, 에른스트 윙거Ernst Jünger, 크누트 함순Knut Hamsun, 쿠르치오 말라파르테Curzio Malaparte, 에즈라 파운드Ezra Pound, 그리고 다른 많은 이들이 그 증거이다. 집단 기억에 방해가 되는 이 작가들을 어떻게 할 것인가? 현실 참여와 작품 간에 연속성이 받아들여지지 않을 때에는 어떻게 할 텐가? 귄터 그라스나 한스 로베르트 야우스처럼, 평판을 위태롭게 하는 현실 참여가 작품보다 먼저였을 때에는? 혹은 하이데거의 경우처럼, 그러한 현실 참여가―적어도 저작에 포함되지 않는다고 우리는 생각했지만―저작과 동시에 일어날 때에는? 르노 카뮈나 리샤르 미예처럼 현실 참여가 그들의 삶의 궤적에서 늦게 이루어졌을 때에는 어떻게 할 것인가?

## 억압의 해석학: 블랑쇼와 그라스 VS 드 만과 야우스

저작과 공적 현실 참여의 연속성은 보편적인 법칙은 아닐지라도 작가들의 입장과 전략에 따라 어느 정도 준수되는 불문율이다. 이에 어떤 이들은 저작보다 먼저였던 불명예스러운 과거를 무시해 버리거나 은폐하는데, 이러한 과거가 폭로되면 스캔들이 된다. 1930년대 극우 작가 모리스 블랑쇼의, 살인 요구로 얼룩진 현실 참여 사례가 그러했고, 제2차 세계 대전 때 독일 통제하에 있던 일간지 《르 수아르Le Soir》에 비평가 폴 드 만이 쓴 기사들도 그러했다. 노벨문학상 수상자 귄터 그라스가 독일 국방군을 거쳐 제2차 세계 대전 마지막 몇 달간 무장친위대Waffen-SS에 복무했던 일, 문학 이론가 한스 로베르트 야우스가 1939년 무장친위대에 자원 입대하여 동부 전선에서, 이후에는 샤를마뉴 사단에서 빛나는 장교 경력을 쌓은 사례도 마찬가지였다. 가장 심각하게 연루되었던 야우스는 크로아티아에서 수백 명의 민간인을 대학살한massacres 부대에 소속되어 있었는데, 그의 책임이 입증되지는 않았다. 그라스만이 유일하게 스스로, 2006년에 자서전『양파 껍질을 벗기며En épluchant les oignons』가 출간되기 얼마 전, 독일 일간지《프랑크푸르터 알게마이네 차이퉁Frankfurter Allegemeine Zeitung》과 한 인터뷰에서 과거에 대해 공개적으로 고백했다.

20세기 후반 지성사에 족적을 남긴 저자들과 관련한 이러한 폭로는 1980년대부터 2000년대에 걸쳐 국경을 초월하는 스캔들을 일으켰다. 이 주제에 대한 논쟁이 거세게 일기 전이었던 1982년, 프랑스 정부는 툴루즈대학교가 야우스에게 명예 박사 학위를 수여하는 것에 반대했다.[*] 그라스와 정치적으로 반대되는 입장에 있는 사람들은 작가가 자국의 지도자들에게 높은 도덕적 요구를 했던 것에 걸맞게, 본인이 노벨상을 반환해야 한다고 목소리를 높였다.[**] 그런 일은 일어나지 않았다. (하지만 작가가 이를 따라야 했을까?)

반대로, 상기anamnèse는 문인 세계에서 저항에 부딪혔다. 미국인 비평가 제프리 멜만Jeffrey Mehlman이『프랑스 내 반유대주의의 유산Legacies of Anti-Semitism in France』에서 블랑쇼가 극우였던 과거를 들추어 냈을 때 프랑스에서 마주했던 저항이 그와 같은 것이다—자크 데리다는 블랑쇼에 대해 쓴 자신의 책『근처Parages』

---

[*]    Stephanie Baumann, "Retour sur Hans Robert Jauss et le groupe de recherche Poetik & Hermeneutik", *Germanica*, 61, 2017, p. 127.

[**]    예컨대 기독교 민주주의자이자 '독일 기독교민주연합(CDU)'에서 문화 문제를 담당하고 있던 볼프강 뵈른센(Wolfgang Börnsen)이 그러했다. ATS-AFP, "Les aveux de Grass sèment l'émoi", *Arcinfo*, 1er août 2015: https://www.arcinfo.ch/articles/lifestyle/sortir/les-aveux-de-grass-sement-l-emoi-42623(consulté le 18 mai 2020).

(1986)에서 그의 과거를 무시하는 편을 택했다.*

　　폴 드 만은 익명의 고발에 따라 1955년 자신이 회원으로 속해 있던 하버드 소사이어티 오브 펠로우Harvard Society of Fellows**로부터 해명을 촉구받았고 이에 서한으로 답한 적이 있었다. 예일대의 존경받던 이 교수가 세상을 떠난 지 5년 후인 1988년이 되어서야, 안트베르펜의 한 컨퍼런스에서 박사 과정 학생 오트윈 드 그래프Ortwin de Graef에 의해 《르 수아르》에 실린 드 만의 기사들이 공개되면서, 유럽과 미국 언론에 분노의 물결이 일어났다. 역사학자 존 위너Jon Wiener는 「드 만 해체하기Deconstructing de Man」라는 제목의 기사에서 이 비평가가 구현한 해체 방법과 과거 은폐 사이 관련성을 밝혔다.*** 그리고 멜만은 해체를 "대독 협력 정책에 대한 대규모 사면 프로젝트"로 고려할 만한 이유가 있다고 표명했다.**** 학술지 《크리티컬 인콰이어리Critical Inquiry》는 자크 데리다에게 응답을 요청했다. 이 철학자는 본인의 세미나에서***** 해체에 대한 준거가 되는 저자인 하이데거의 나치 참여에 대한 빅토르 파리아스Victor Farias의 폭로를 직면했었다. 블랑쇼에 대해 함구한 이후, 그가 드 만과 함께 선두에 있는 해체라는 접근 방식이 공격받게 되자 이 응답 요청에 응했다. 또한 데리다의 주도로 1988년 10월 10일 알라바마 대학교에서 학술 토론이 열렸고, 이듬해에 『답변: 폴

----

*　　제프리 멜만은 1977년 이 기사들의 사본을 데리다에게 가져다주었다고 《르 몽드》와의 1994년 9월 23일 인터뷰에서 이야기한다.

**　　[옮긴이] '하버드 소사이어티 오브 펠로우'는 명망 있는 학자 협회로, 시니어 펠로우들이 잠재력이 촉망되는 연구 초년생들을 주니어 펠로우로 선발하여 하버드대에서의 학업과 연구 기회를 제공하며 장학금을 지원한다.

***　　Jon Wiener, "Deconstructing de Man. An academic Waldheim", *The Nation*, 9 janvier 1988.

****　　David Lehman, "Deconstructing de Man's Life", *Newsweek*, 15 février 1988 에서 재인용.

*****　　Jacques Derrida, *De l'esprit. Heidegger et la question*, Paris, Galilée, 1987.

　　데리다는 《크리티컬 인콰이어리》에서 다음과 같은 점들에 대해 자문했다. 드 만을 둘러싸고 벌어진 "새로운 전쟁"의 의미, 그 촉발에 있어 미디어가 한 역할, 그의 부재로 답변을 들을 수 없는 상황에서 현실 참여의 책임, 그를 판단하거나 규탄하거나 용서할 권리를 누가 가지고 있는지에 대해 말이다. 데리다가 보기에는 드 만이 1955년에 서한을 통해 해명했다는 점에서 그의 침묵은 은폐로 해석될 수 없었다. 그렇지만 데리다는 친구로서 두 모순적 명령 사이에서 고뇌하게 만드는 개인적인 딜레마를 마주했다. 우정의 약속이라는 명령과, 몰랐던 사실들을 고려해야 한다는 명령이 그것이다. 이 이중 은폐에 사로잡힌 그는 당시 독일인의 통제하에 있던 《르 수아르》에 실린 드 만의 기사들을 매우 섬세하게 독해하며 그 애매성을 지적했는데, 한편으로는 지배적 이데올로기 찬동에 대한 것이었고, 다른 한편으로는 거리두기에 대한 것이었다. 데리다가 분석한 드 만의 글 중에는 "용서할 수 없는" 반유대주의를 담은 1941년 3월 4일자 기사 「오늘날 문학 속 유대인들Les Juifs dans la littérature actuelle」도 있었다. 이 기사에서 드 만은 "저속한 반유대주의"에 동의하지 않되, 고립된 유대인 집단 거주지를 만들어 "유대인 문제"를 해결한다면 유럽 문학은 별로 잃을 것이 없다고 주장했다.\* 드 만은 1941년 12월 2일자 기사에서는 문학의 자율성을 주장하며 저자의 도덕성이나 이데올로기를 이유로 작품을 판단하기를 거부했다.\*\* 데리다는 이 주장을, 문화 생산의 인종화racialisation에서 유래한 앞 주장과 모순이라고 여기지 않았다. 그 주장이 위협

---

\*　　Jacques Derrida, "Like the Sound of the Sea Deep Within a Shell: Paul de Man's War", *Critical Inquiry*, 14, 1988, p. 623. 드 만은 아마 비로비잔(Birobidjan)[러시아에 있는 유대인 자치주의 중심 도시]을 암시한 것이다.

\*\*　　위와 같은 글, p. 614.

받던 문학 자율성을 보호하려는 것이었다고 일리 있게 본 것인데, 이 비평가가 평생 취했던 이러한 입장은 자신의 고유한 독해 방법을 도덕적 판단으로부터 벗어나게 해 주었다. 결론에서 데리다는 장 폴랑이 사용한 표현을 빌려 "실수할 권리", 심지어 "판단 착오의 권리"를 주장했다.* 데리다의 옹호성 독해를 두고 앨리스 카플란, 데이비드 캐럴David Carroll, 도미니크 라카프라Dominick LaCapra와 같은 여러 전문가들은 근거 있는 이의를 제기했다.**

데리다는 알라바마의 학회에서, 그가 1966년에 알게 된 드 만이라는 사람과 그의 저작에 전쟁 시기 현실 참여는 전혀 남아 있지 않았다고 말하며 토론을 열었다. 그러한 단절이 지우기를 의미하지는 않았다. 데리다에 따르면 그것은 작품에서 연속성이 아니라 그러한 경험으로부터 얻은 교훈을 읽어 내도록 이끈다. 한편, 이데올로기적 입장 표명과 작품의 관계에 대한 질문은 검토된 모든 사례에서 제기되었지만, 비난의 대상이 되는 현실 참여가 지적 경력의 시작과 동시에, 또는 그보다 먼저 중단된다는 점에 유의해야 한다. 이러한 현실 참여 활동 중단은 1938년에 종지부를 찍은 블랑쇼를 제외하고는 독일 패배에 의해 강제되었다(드 만은 하버드 소사이어티 오브 펠로우에 제출한 서한에서 독일 선전에 따른 통제가 강화되었음을 주장했지만, 1942년 말 전쟁의 전환점이 아무런 관련이 없진 않았을 것이라고 추측할 수 있다). 그러므로 지적 경력은 재전환 전략과 같은 성격을 지니며, 그라스와 블랑쇼에게 있어서는 좌파로의 정치 노선 전환, 그리고 지적 여정의 결실이자 보상

---

\*     G. Sapiro, *La Guerre des écrivains, op. cit.*, p. 573 sq. 을 보라.

\*\*     Alice Kaplan, "Paul de Man, Le Soir and the Francophone Collaboration (1940-1942)", in Werner Hamacher et al. (dir.), *Responses: On Paul de Man's Wartime Journalism*, Lincoln, University of Nebraska Press, 1989, p. 266-284; David Carroll, "The Temptation of Fascism: Justice, Sorrow and Political Error(An Open Letter to Jacques Derrida)", *Cultural Critique*, 15, 1990, p. 39-81; Dominick LaCapra, "Paul de Man as Object of Transference", in *Representing the Holocaust; History, Theory, Trauma*, Ithaca, Cornell University Press, p. 111-136.

적compensatoire이라 할 수 있는 현실 참여와 병행하여 나타난다.

한스 로베르트 야우스는 민주주의의 가치에 찬동했을 테다.* 그는 1996년 《르 몽드 데 리브르》에 실린 모리스 올랑데르 Maurice Olender와의 인터뷰에서 이렇게 말했다. "우리는 나치가 저지른 집단 학살을 이해할 수 없습니다. 왜냐하면 이해는 그것을 승인하는 한 방식이 될 수 있기 때문입니다." 그리고 1963년 '시학과 해석학Poetik und Hermeneutik'이라는 집단을 만든 것은 "인문학에서 유의미한 벡터로서 국적이나 인종이라는 관념으로 되돌아가려는 모든 것에 반대하는 지적 기획"의 일환이었다고 단언했다.** 야우스는 하이데거, 슈미트, 윙거가 그들의 과거 조사를 거부한 것을 비판하면서 침묵의 법칙을 규탄했다. 그러나 야우스 본인도 그 전해에 자신에 대한 공개적인 폭로가 있기 전까지는 과거를 돌아보는 작업을 하지 않았다. 그리고 그가 무장친위대에 입대한 것이 이데올로기적 성격을 띠지 않았으며 집단 학살에 대해 몰랐다는 고백의 진정성에 의문이 제기되었다. 왜냐하면 동부 전선에 있었던 장교가, 무장친위대의 아인자츠그루펜Einsatzgruppen***이 우크라이나에서 50만 명 가까이 되는—오늘날 '총탄의 홀로코스트'라고 불리는—유대인 대학살을 행한 것을 모를 가능성은 거의 없기 때

5장. 평판을 위태롭게 하는 현실 참여

---

\* Michael Nerlich, "Von der Vergangenheit eingeholt. Curtius oder Jauß – Das Musterfach Romanistik in der Krise?", *Frankfurter Rundschau*, 19 mars 1996, p. 9.

\*\* Hans Robert Jauss, Entretien avec Maurice Olender, *Le Monde des livres*, 6 septembre 1996, repris dans Maurice Olender (dir.), *Races sans histoire*, Paris, Galaade, 2009, p. 262.

\*\*\* [옮긴이] '특수 작전 집단'으로, 나치 무장친위대 산하의 이른바 '이동 학살 부대'였다. 소련 지역 등 나치 독일이 점령한 동부 전선 후방에서 주로 활동하며, 이동 학살의 방식으로 가스 차가 도입되기 전 총살을 가장 흔히 활용하였다.

문이다.*

이들이 과거와 관련해 취한 입장은 다양하게 해석된다. 그 범위는 기회주의부터 죄책감에까지 이르며 그 사이에 부끄러움이 있고, 또 냉소주의부터 진정성에 이르며 그 사이에 사르트르적 의미에서 자기기만이 있다. "자기기만에는 냉소적인 허위도 없고 허위적인 개념의 교묘한 준비도 없다. 그러나 자기기만의 최초 행위는 자신이 피할 수 없는 것을 피하기 위한 것이며, 자신이 있는 그대로의 것을 피하기 위한 것이다."** 야우스는 인터뷰에서 독일어로 'scham(부끄러움)'이 조심성을 뜻하기도 한다고 강조했는데***, 이것을 "품위 있는" 기회주의 형태와 어떻게 구별할 것인가? 그라스는 자신의 침묵을 깨뜨린 것은 죄책감이라고 말했다. 그의 이러한 단언은 납득할 만한데, 하이데거처럼 침묵을 깨 달라는 요청이 있었음에도 불구하고(특히 칼 야스퍼스Karl Jaspers의 요청) 침묵을 지킨 이들이 있는 반면, 그라스에게는 아무것도 강요된 적 없었기 때문이다.

지식인들의 도덕성을 보여 주는 이러한 여러 전략들은 작품 독해에 영향을 미친다. 어떤 면에서는 작품에 그러한 전략이 완곡하게 표현되었을 수 있기 때문이다. 데리다는 공동 저서『해체와 비평Deconstruction and Criticism』(1979)에서 1948년에 출간된 블랑쇼의『죽음의 선고L'Arrêt de mort』를 분석했는데, 제프리 멜만은 해체주의에 입각한 데리다의 분석에서 맹점을 찾아 탁월하게 설명

저자와 작품을 분리할 수 있는가?

---

\*    Jacques Schatz, "Les "mensonges" de Hans Robert Jauss", *Le Monde des livres*, 15 septembre 1996. 윌리엄 마르크스 의 분석도 보라. William Marx, "Hans Robert Jauss. De l'incertitude en matière de saloperie", *Le Courage*, 2, 2016, p. 269-286.

\*\*    Jean-Paul Sartre, *L'Être et le Néant*, Paris, Gallimard, 1943, rééd. "Tel", 1976, p. 107. 장 폴 사르트르,『존재와 무』, 정소성 옮김, 동서문화사, 2009, 149쪽.

\*\*\*    H. R. Jauss, M. Olender와의 인터뷰, *in* M. Olender (dir.), *Races sans histoire, op. cit.*, p. 263.

하며 그의 분석을 수정하고 블랑쇼의 해당 저작에 대한 명확한 해석을 제시했다. 두 부분—J.의 죽음, 나탈리와의 관계—으로 구조화된 『죽음의 선고』의 서브텍스트는 1938년 현실화된 이피게네이아 신화\*라 할 수 있다. 뮌헨 협정\*\*이 체결된 이 시기에 극우파는 민족주의와 파시즘 가운데 선택해야 하는 딜레마에 놓였다. 블랑쇼는 이때 현실 참여에서 손을 떼기 시작한다. 상호텍스트성이라는 확실한 징후에 기반한 이 중첩은 멜만으로 하여금 '멈춤arrêt'을 파시즘 포기의 암시로 해석하게 했다(이피게네이아의 희생).\*\*\* 독일 점령기 때 블랑쇼는 '죈 프랑스Jeune France'\*\*\*\*에 참여했고, 문

---

\*　[옮긴이] 그리스 신화에 등장하는 이피게네이아는 미케네의 왕 아가멤논의 딸이다. 아울리스 항구에 바람이 2년째 불지 않아 트로이 원정길이 막히자, 아가멤논은 고민 끝에 신탁에 따라 딸을 제물로 바쳐 바닷길을 열고자 한다. 이피게네이아는 끝내 이 결정을 받아들이고 스스로 신전으로 가 제물이 된다. 한편 그녀의 죽음 여부가 확실치 않은데, 이 신화를 소재로 한 에우리피데스의 비극 『아울리스의 이피게네이아』에서는 그녀 대신 사슴이 제물로 바쳐지고 이피게네이아는 여신의 사제가 된다. 이후, 타우리스 지역에서 신전에 바칠 제물을 축성하는 역할을 하던 이피게네이아는 제물로 끌려온 그리스인 중 한 명이 자신과 남매지간임을 알게 되고 둘은 함께 그리스로 돌아온다. 에우리피데스의 『타우리케의 이피게네이아』가 이 후속 이야기를 다루고 있으며, 요한 볼프강 폰 괴테도 『타우리스의 이피게니에』를 썼다.

\*\*　[옮긴이] 1938년 9월 30일 영국, 프랑스, 독일, 이탈리아가 체코슬로바키아 영토를 놓고 독일 뮌헨에서 체결한 협정. 제1차 세계대전 후 민족자결주의에 따라 탄생한 국가인 체코슬로바키아는 사실 여러 민족으로 구성되어 있었다. 그중 독일인이 당시 체코슬로바키아 인구의 1/4에 달하는 300만 명 정도였고, 아돌프 히틀러는 민족자결권을 내세우며 이들이 거주하는 주데텐란트의 영토를 무력을 사용해서라도 병합하고자 했다. 이에, 유럽 내 군사 충돌을 특히나 피하고 싶어 했던 영국과 프랑스, 그리고 이탈리아와 독일 정상들이 뮌헨에서 모여 독일이 주데텐란트를 점령하되 다른 영토 요구를 하지 않기로 협정을 체결한다. 이로부터 채 6개월이 되지 않아 히틀러는 협정을 어기고 체코슬로바키아의 다른 영토를 침공하고, 1939년 9월에는 폴란드를 침공하면서 제2차 세계대전이 발발한다.

\*\*\*　Jeffrey Mehlman, "Iphigenia 38", in *Genealogies of the Text; Literature, Psychoanalysis, and Politics in Modern France*, Cambridge, Cambridge University Press, 1993.

\*\*\*\*　[옮긴이] 1940년 비시 정권의 후원으로 젊은이들의 예술 창작과 유통을 지원하기 위해 설립된 협회였으나 1942년 비시에 의해 해산된다.

학 비평을 쓰는 정도에 그치기는 했지만 페탱파였던《주르날 데 데바Journal des débats》에 기고했다. 그의 문학적 재전환은 장 폴랑의 『타르브의 꽃 혹은 문자 속의 공포Les Fleurs de Tarbes ou la Terreur dans les Lettres』(1941)에 대한 서평을 쓰기도 하는 등 장 폴랑에 대한 충성을 경유하며, 블랑쇼의 첫 소설 『토마, 알 수 없는 자Thomas l'obscur』는 [장 폴랑이 편집자로 있었던] 갈리마르 출판사에서 출판되었다. 폴랑은 그를 1942년 봄 개편 때 잡지《누벨 르뷔 프랑세즈》의 편집 간사로 불러들였다. 1941년 잡지 재발행을 책임졌던 드리외 라 로셸은 이 잡지를 프랑스-독일 협력의 근사한 본보기로 만들고 싶어 했었는데, 블랑쇼가 합류할 당시 잡지의 옛 구성원들은 재발간 이래로 기고자들과 독자들에게 버림받은 이 명망 높았던 잡지를 수습하려고 노력했다—블랑쇼는 1942년 3월부터 6월까지만 그곳에 머물렀다.[*] 그는 차후 현실 참여에서도 파시즘 포기 원칙을 어기지 않았고, 점차 좌파로 전향하여 알제리 전쟁 반대에 동참했으며 68운동 때에는 마르그리트 뒤라스, 로베르 앙텔므Robert Antelme와 함께 학생-작가 행동 위원회comité d'action Étudiants-Écrivains에 참여하는 데 이른다. 지식인에 대한 에세이에서 블랑쇼는 드레퓌스 사건부터 그 자신이 유일하게 무대에 올랐던 68운동까지, 1930년대 파시즘 반대 투쟁—따라서 자신이 속했던 진영을 말없이 제외한다—과 알제리 전쟁을 경유하여 보편적 가치 수호의 역사를 되짚는다. 그에 따르면 "지식인을 가장 강력하게 드러나게 만든 것은 (인종주의, 외국인 혐오와 함께) 반유대주의였다".[**]

《크리티컬 인콰이어리》에 실린 데리다의 논문은 드 만이 루소의 『고백록Confessions』에 나오는 도둑맞은 리본 장면을 분석하

---

[*]     G. Sapiro, *La Guerre des écrivains*, op. cit., p. 449-452.

[**]    Maurice Blanchot, *Les Intellectuels en question. Ébauche d'une réflexion*, Paris, Fourbis, 1996, p. 55.

면서 불가능한 사과의 문제를 암호화했음을 시사했는데, 드 만의 예일대 동료였던 비평가 쇼샤나 펠만Shoshana Felman은 다음 호에 논문을 내어 그 실마리를 탐구했다.* 아마도 『도둑맞은 편지』**를 참조하여 「도둑맞은 리본」이라고 처음에 제목을 달았다가 「사과(고백록)Excuses(Confessions)」으로 의미심장하게 제목을 바꾼 드만의 이 분석은 가공의 발언이 가져오는 실재적 결과를 지적한다. 『고백록』에서 어린 루소는 자신이 리본을 훔쳤음에도 하녀 마리옹에게 거짓으로 책임을 전가하고 그 때문에 하녀는 해고된다. 쇼샤나 펠만은 리본과 드 만의 반유대주의 기사를 대조했다. 그리고 거짓 규탄이라는 등가물을 발견했는데, 밀고자의 의도와 관계없다 하더라도 이것은 강제 수용의 국면 속에서 너무나 실재적인 결과를 가져왔다. 드 만은 『고백록』의 구절과 그것이 다시 실린 「네 번째 산책Quatrième rêverie」***을 분석하면서 허구의 근본적 무책임이라는 결론을 끌어냈다. 펠만에 따르면 이는 허구를 정당화하기 위한 것이 아닌 고의의 부재만으로는 거짓말을 면죄할 수 없다는 것을 제시하기 위함이었다. 그렇기 때문에 해명이 불가능하며 변명적 담론이 읽히지 않는다는 것이다. 드 만은 이렇게 썼다. "사과는 과도하든 기본적이든 간에 죄책감을 지우면서 바로 그 죄책감을 낳는다." 해명은 커져 가는 죄책감을 메울 수 없지만, 한편으로 모든 죄책감은 "텍스트의 문법이나 철저한 허구에서 생기는 무상의 효과로서 떨쳐질 수 있다. 무한히 사과할 수 있는 텍스트-기계

---

\*     Shoshana Felman, "Paul de Man's Silence", *Critical Inquiry*, 15/4, 1989, p. 704-744. 이 글의 비판으로는 (비록 해명의 질문은 다루고 있지 않지만) D. LaCapra, "Paul de Man as Object of Transference", in *Representing the Holocaust*, op. cit. 을 보라.

\*\*     [옮긴이] 에드거 앨런 포의 소설 제목이다. 라캉이 이 소설을 분석한 것이 그의 저작 『에크리』에 실려 있다.

\*\*\*     [옮긴이] 장 자크 루소, 『고독한 산책자의 몽상』, 조명애 옮김, 은행나무, 2014.

에 대응할 수준의 죄책감은 결코 있을 수 없다."\* 그러나 펠만은 드 만이 한 독해가 사르트르식 지향성에 기반한 해석에 대립한다는 언급을 빠뜨렸다. 이 해석으로는 그의 독해를 자기기만이 작동하는 예시로 볼 수 있다. 한편 드 만은 루소가 해명으로 삼는 (허구와 유사한) 밀고가 지닌 비의도적이고 우발적인 속성과 부끄러움에 따른 정당화를 강조한다. 드 만에게 있어 죄책감을 만들어 내는 것은 언어 행위로서의 수행적 특성을 통한 변명적 담론이다.\*\* 수행적 수사(변명)는 지시적인 인지적 수사(리본 도둑질)와 긴장 상태에 놓인다. 이 둘의 교차는 아이러니가 되는 파라바시스\*\*\*를 만들어내고, 드 만은 이 아이러니가 "판단 착오의 반복을 강요한다"고 끝을 맺는다.\*\*\*\* 데리다도 아이러니를 놓치지 않았다. 변명하는 자는… 웃음거리가 된다.\*\*\*\*\* 데리다는 드 만의 이 글을 1997-1998년 『거짓 맹세과 용서Le Parjure et le Pardon』에 대한 그의 세미나에서 다시 읽으면서, 드 만이 변명에만 관심을 두었고 용서에는 결코 관심을 두지 않았으며 피해자 쪽이 아니라 잘못을 저지른 쪽에 스스로 위치하고 있었다는 사실에—그렇지만 거기에서 결과는 이끌어내지는 않고—주목한다.\*\*\*\*\*\*

---

\*    Paul de Man, "Excuses (Confessions)", in *Allégories de la lecture*, trad. fr., Paris, Galilée, 1989, p. 357.

\*\*    드 만은 오스틴을 참조하고 있지만, 그것은 오스틴이 그의 1956년 논문 「변명에 대한 항변(A Plea for Excuses)」에서 말하는 바가 전혀 아니다. 이 논문은 변명, 책임, 자유 사이의 관계에 대한 문제 제기를 하며(변명은 책임을 인정하는 것만큼이나 책임을 거부하는 것일 수 있다), 다른 방식으로서 『존재와 무』에서 사르트르가 펼친 논지에 접합한다.

\*\*\*    [옮긴이] 고대 그리스 희극에서 극 중간에 코러스를 통해 작가의 견해를 전하는 부분을 말한다.

\*\*\*\*    P. de Man, "Excuses (Confessions)", in *Allégories de la lecture, id.*, p. 357.

\*\*\*\*\*    [옮긴이] 프랑스 속담이자 스탕달(Stendal)이 『적과 흑(Le Rouge et le Noir)』에서 사용했던 표현인 '변명하는 자는 자기 죄를 인정하는 것이다(Qui s'excuse s'accuse)'를 연상케 하는 문장이다.

\*\*\*\*\*\*    Jacques Derrida, *Le Parjure et le Pardon*, vol. 1, *Séminaire(1997-1998)*, Paris, Seuil, 2019, p. 331.

해체에 대한 준거가 되는 저자인 드 만과 블랑쇼의 저작을 해체하는 것은, 그것이 변명하기 위함이든 책임 지우기 위함이든, 평판을 위태롭게 하는 과거를 억누름으로써 세워진 "인식적 무의식"*에 대한 상기anamnèse 작업에 기여한다. 수용 미학은 어떠한 가? 수용 미학은 1967년 콘스탄츠대학교에서 '도발로서의 문학사'를 다룬 야우스의 취임 강연 이후 하나의 접근 방식으로 인정되었고 '콘스탄츠 학파'가 만들어졌다. 야우스는 한스게오르크 가다머 Hans-Georg Gadamer의 해석학을 원용하여 텍스트의 "효과" 및 독자에 의한 수용을 중심으로 분석하고, 문학의 역사성을 생산의 맥락에서 당대의 "기대 지평horizon d'attente"에 결부된 수용의 맥락으로 옮기는 새로운 문학사의 개요를 그렸다.** 그는 해체를, 특히 데리다의 저작을 거부했지만, 하이데거를 공통적으로 참조한다는 점에서(데리다가 그러했듯) 드 만과는 가까워졌다.

"이론가와 함께 이론을 (…) 버려야 하는가?" 비교 연구가 윌리엄 마르크스가 던진 질문이다.*** 1995년 얼 제프리 리차드Earl Jeffrey Richards는 에른스트 로베르트 쿠르티우스Ernst Robert Curtius에 관한 한 학술대회에서, 야우스의 이론은 "무장친위대의 한 장교가 정성스럽게 은폐한, 민족주의에 기반한 지적 허무주의의 새로운 형태"일 뿐이라고 하며 학계에 스캔들을 촉발했다.**** 작가

\*       Pierre Bourdieu, *Méditations pascaliennes*, Paris, Seuil, 1997, p. 120. 피에르 부르디외, 『파스칼적 명상』, 김웅권 옮김, 동문선, 2001.

\*\*      Hans Robert Jauss, *Pour une esthétique de la réception*, trad. fr., Paris, Gallimard, 1978, rééd. "Tel", 1990. 또한 Joseph Jurt, "De l'analyse immanente à l'histoire sociale de la littérature. À propos des recherches littéraires en Allemagne depuis 1945", *Actes de la recherche en sciences sociales*, 78, 1989, p. 94-101.도 보라.

\*\*\*     W. Marx, "Hans Robert Jauss", art. cité, p. 285.

\*\*\*\*    Earl Jeffrey Richards, "La conscience européenne chez Curtius et ses détracteurs", in *Ernst Robert Curtius et l'Europe. Actes du Colloque de Mulhouse et Thann*, Paris, Honoré Champion, 1995, p. 257-286. M. Olender, *Races sans histoire*, op. cit., p. 252에서 재인용.

길라 루스티거Gila Lustiger는 다른 문제를 지적했다. 이 이론이 책임을 독자에게로 이동시키고 저자의 짐을 덜어 준다는 점이다.* 한편 로망스어 문학 전문가인 조셉 유르트Joseph Jurt는 이 이론과 야우스의 나치 행적의 관계를 확증할 수 없다고 여겼다.** 윌리엄 마르크스도 마찬가지로 생각하면서도, 야우스가 무장친위대에 참여한 사실과 단절하는 것, 그리고 1972년부터 본인의 도발로서의 '아방가르드'적 문학 이론을 번복한 것에 유사성이 있다고 제안했는데, 그는 이러한 태도 급변 가운데 스스로 주장했고 또 명백히 밝혔던 두 번째 것이 첫 번째 것보다 더욱 진술하다고 보았다.*** 야우스의 제자였던 한스 울리히 굼브레히트Hans Ulrich Gumbrecht는 얼 제프리 리차드의 주장을 인정하지 않았으나, 야우스가 프루스트의 저작에서 "기억된 자아"와 "기억하는 자아"를 구별한 것이 그 자신의 자아 분열에 대한 비유라고 읽어 냈다.****

독일 로망스어학자 오트마르 에테Ottmar Ette는 '콘스탄츠 학파' 수장의 이론이 아닌 스타일에서 자전적인 서브텍스트—나탈리 사로트Nathalie Sarraute*****의 의미에서 "심층 담화sous-conversation"—를 찾아냈다. 야우스의 스타일은 장교 경력만큼이나 번개 같은 속도로 학술 권력이라는 지위 정립을 위해 노력하는 전략가의 스타일이라 할 수 있다. 또한 그것은 (반론에 미리 맞서기 위

---

*     저자와의 대화.

**     저자와의 이메일.

***     William Marx, "L'avant-gardisme est-il caduc ? D'une double palinodie de Hans Robert Jauss", in Wolfgang Asholt, *Avantgarde und Modernismus*, Berlin, De Gruyter, 2015, p. 35-46.

****     Hans Ulrich Gumbrecht, "Mein Lehrer, der Man von der SS", *Die Zeit*, 7 avril 2011, p. 62.

*****     [옮긴이] 누보로망 작가로 분류되는 러시아 태생의 프랑스 작가(1900-1999). 1956년 출간된 『의혹의 시대(L'Ère du soupçon)』(갈리마르)에서 사로트는 전통적인 소설의 관습을 부정하며, 대화 자체 안에서 펼쳐지는 "내적 움직임"과 그것의 압력에 저항하려는 길고 뒤틀린 문장, 느리고 경직된 대화 사이의 게임, 즉 심층 담화와 담화 사이의 팽팽한 게임으로 전통 소설 방식의 제약에서 벗어날 수 있다고 했다.

한 공격에 바탕을 둔) 호전적인 수사와 정교한 텍스트 독해를 번 갈아 잇는 이론가로서의 담론 스타일이기도 하다. 에테는 다섯 단계로 된 본인의 해석학적 방법을 야우스에게 적용했다. 이해, 암묵 non-dit, 관점 이동, 억압, 그리고 이해-망각-용서의 삼위일체가 그 것이다. 이를 통해 에테는 "암호적 글쓰기"라 칭한, 다시 말해 "숨 김으로써 보여 주고, 보여 줌으로써 숨기는, 그러나 침묵 속에서 절 대 침묵할 수 없는, 그리고 이해를 강요하는 것을 원하지 않으면서 이해와 용서를 바라는" 글쓰기를 해독하고자 했다.* 이 학자에 따르면 이러한 글쓰기는 암묵적 발화 내용에 따라 나뉘는 능숙한 관점 이동과 왜곡 작업을 통해 자신의 '이력서'를 끊임없이 다시 쓰는 실천에 뿌리를 둔다. 에테는 바르트의 은유를 차용하여 이 글쓰기를 스스로를 더 잘 감추기 위해 오징어가 풍부하게 뿜어 내는 먹물에 비교한다. 이러한 은폐는 스캔들을 촉발한 리차드의 발표문을 담은 쿠르티우스에 대한 학술대회 자료집이 출판되었던 1995년, 야우스가 젊은 시절 편지들을 파기했을 때 절정에 달했다. 그중 선 택된 일부만 그때부터 1997년 그가 죽기 전까지 썼던 일기에 남아 있을 뿐이다. 이 은폐는 또한 야우스가 그 전에 《르 몽드 데 리브르》에서 올랑데르와 한 인터뷰로 정점에 달했는데, 에테는 이 인터뷰에서 그의 다른 여러 글에서처럼 자전적 사실의 개인적인 성격을 제거하면서 초점을 바꾸려는 똑같은 공격 전략을 확인했다. 그 것은, 다른 행동을 감추는 고백을 가리키기 위해 야우스가 『클레 브 공작부인La Princesse de Clève』을 참조하여 사용한 표현에 따르면, "역설적인 진정성의 행위"다.

펠만이 드 만에 대해 한 것처럼, 에테는 1994년에 출간된 야 우스의 마지막 책 『이해의 길Wege des Verstehens』에서 핵심적인 대 목을 발견했다. "전부 이해하는 것은 전부 용서하는 것이다"라는

---

* Ottmar Ette, *L'Affaire Jauss. Les chemins de la compréhension. Vers un avenir de la philologie*(2016), trad. fr., Mont-Saint-Aignan, Presses universitaires de Rouen et du Havre, 2019, p. 108.

프랑스 격언을 분석한 대목이다. 야우스는 이 격언의 기원을 찾으려고 안간힘을 다했고 그 애매성을 강조했다. 그에 따르면, 용서는 타자를 이해하는 일을 필요로 하지만, 다른 한편으로 "만약 이 문장이 이해의 관용에는 한계가 없으며 모든 것을 받아들이고 용서해야 함을 의미한다면, 이 문장은 도덕적으로 몹시 의심스러워진다".* 에테는 펠만보다 호의적이지 못했다. 그는 야우스의 진정성에 강력하게 의문을 제기하고, 문헌학philologie의 미래를 위하여 "문헌학의 실천과 외장에서 역사Histoire를 제거"***하는 작업의 결과에 대해 물음을 던지며, 이 인식적 무의식에 대한 더 깊은 연구를 촉구했다.

해석학자들이 애매성을 품고 있던 것과 달리, 그라스의 경우에는 블랑쇼의 사례처럼 참회의 진정성이 개연성 있어 보이고, 그의 전기 작가 토마 세리에Thomas Serrier가 아래에서 설명하는 것처럼 (우리가 이미 작품에서 발견할 수 있던) 부끄러움과 죄책감이 그의 작품에 새로운 차원을 부여한다.

그의 문학 작품을 풍부하게 만드는, 차마 고백하기 어려운 사건과 시끄러운 침묵 사이 펼쳐지는 '기억의 작업'은 고백의 빛으로 그 실존적 깊이가 깊어진다. 그라스는 중편 소설『고양이와 쥐Le Chat et la Souris』에서 전쟁 훈장을 위해 지원병이 된 울대뼈가 큰 말케, 혹은『개들의 시절Années de chien』에서 원한과 증오로 가득 차 있고 치명적인 충동에 휩싸인 마턴처럼, 오늘날 직접적으로 해독할 수 있는 인물들을 통해 별로 모호하지 않은 방식으로 걱정스러운 악랄함의 분신들을 만들어 냈다.***

---

*　　O. Ette, 위와 같은 책에서 재인용.

**　　위와 같은 책, p. 92.

***　　Thomas Serrier, "Günter Grass et la Waffen-SS. La mémoire maudite d'un prix Nobel allemand", *Vingtième Siècle. Revue d'histoire*, 94/2, 2007, p. 79.

이렇듯 작가의 과거 현실 참여 폭로 이후 작품을 다시 읽음으로써 우리는 작가가 자신의 역사와 맺은 관계를 볼 수 있다. 이 관계는 죄책감을 이론적 또는 문학적으로 승화하는 방식에 있어 가능성의 공간을 보여 준다. 문제가 되는 작품들을 검열―'취소'―하는 것은 모든 전기적 참고 요소를 배제하는 해석과 유사한 일종의 억압을 야기할 수 있다. 그렇게 하기보다는, 전기적 요소의 관점에서 작품을 검토하는 것이―하지만 작품은 학문 장 또는 문학 장의 산물이기도 하므로 그렇게만 환원할 수 없다―지성사와 문화사에 기여하는 길이고, 또한 해체의 해석학 또는 수용 미학이 띠는 인식적 무의식에 대한 상기 작업에 기여한다. 이러한 재독은 더 나아가 집단 기억을 구성하는 성격을 지닌다. 하이델베르크대학교에서 수학했고 야우스의 학생이었으며 그를 뒤이어 콘스탄츠대학교 로망스어 문학 교수가 된 칼하인츠 슈티를레Karlheinz Stierle는, 독일 국가사회주의 체제에 협력하지는 않았으나 그것을 수용한 독일 대학계가 전후에 국가사회주의 시기에 대해 침묵하던 것을 상기시킨다. 그는 《르 몽드 데 리브르》 야우스 나치 행적 특집판에 낸 기사를 이렇게 마무리했다. "독일의 집단 기억 속에서 침묵은 망각과 무관심을 낳고, 이것이 모든 역사적 책임을 무효화한다."*

## 하이데거의 "형이상학적 반유대주의"**

마르틴 하이데거에게서는 부끄러움이나 해명하려는 시도를 찾아볼 수 없다. 오히려 그는 후대를 위하여 미공개로 『검은 노트』를 남겨 두었고 그것을 그의 저작 전집의 완결판으로 삼고자 했다. 그런데 『검은 노트』는 하이데거의 철학을 현실 참여로부터 보호하려

---

\*   Karlheinz Stierle, "L'université, la barbarie, la mémoire", *Le Monde des livres*, 6 septembre 1996, Maurice Olender (dir.), *Races sans histoire*, *op. cit.*, p. 257에 재수록.

\*\*  Donatella Di Cesare, *Heidegger, les Juifs, la Shoah. Les "Cahiers noirs"*, Paris, Seuil, 2016.

고 했던 수십 년의 노력을 무너뜨렸다. 물론 이 저작은 1933년 하이데거가 찬동했던 국가사회주의에 대한 거리 두기와 비판을 드러내기도 했다. 그 때문에 하이데거는 약 1년 만에 프라이부르크대학교 총장직을 내려놓게 되었을 것이다. 하지만 그의 비판은 인종 이론에 기반한 저속한 반유대주의, 유물론, 정권의 제국주의에 대한 거부에서 비롯된 것이었다. 생물학적 인종주의도 기술technique도 거부한 이 철학자는 저속한 반유대주의를, 마르틴 하이데거 연구소 소장이자 『검은 노트』의 발행인인 페터 트라브니Peter Trawny의 말처럼 "존재의 역사에 새겨진 반유대주의"와 대립시켰다.* 뿌리 뽑힌 "세계 유대인Weltjudentum"은, 하이데거가 "기계화"라 부르는 총체적인 합리화와 기술화의 근원이 되는 계산 정신을 전파했을 것이다. 계산적 사유는 하이데거가 구현하고 싶어했던 숙고적 사유에 방해가 되었다. 그는 숙고적 사유를 위해 우리가 1장에서 본 것처럼 논설traité과 단절한 새로운 형태를 『검은 노트』에서 구상해 낸 것이었다. 반대로, 하이데거는 독일인peuple allemand을 『존재와 시간Être et temps』에서 일반적인 의미로 사용한 개념이자 1920–1930년대 민족주의적völkisch, 국가주의적nationaliste 이데올로기의 의미를 지닌 '뿌리 내림Bodenständigkeit', 즉 '토착성'에 의해 '던져진 존재'로 특징지었다. ('본유inné'의 장소로 동일시되는) '인종'은** '기획 투사'가 부재할 때 인민의 현존재Dasein를 위한 필요 조건이지만 충분 조건은 아닌, "던져진 존재"의 한 순간에 불과하다. 독일인의 임무는 시초가 그리스인에게로 거슬러 올라가는 "존재의 역사"를 다시 시작하는 것이다—형이상학에 종지부를 찍는, 그가 기계화라 규정하는 끝 이후에 다시 시작하기recommencement다. 이러한 다시 시작하기는 그의 스승이었으며 프라이부르크대학교에서

---

\*   Peter Trawny, *Heidegger et l'antisémitisme. Sur les "Cahiers noirs"*, Paris, Seuil, 2014, p. 26.

\*\*   Martin Heidegger, *Réflexions II-VI. Cahiers noirs(1931-1938)*, trad. fr., Paris, Gallimard, 2018, n° 136, p. 180.

그에게 자리를 물려준 후설과 같은 (유대인) 철학자는 내릴 수 없는 결정을 요구한다. 그렇기 때문에 단절이 있다—이 스승이 배신으로서 경험한 역사에 대해 하이데거가 한 진술에 따르면 말이다.

유대인 배금주의와 탐욕스러운 정신이라는 멍에를 씌우는 기독교적 반유대교주의의 라이트모티프leitmotive는 합리화 과정이라는 문제와 밀접하게 얽혀 있다. 막스 베버는 자본주의와의 유사성 때문에 프로테스탄트 정신에서 합리화의 기원을 파악했다. 막스 베버는 자본주의의 비약적 발전에 유리하게 작용한 문화적 특성과 신념의 형태를 탐구함으로써 생산 관계에 의한 종교적 상부 구조에 대한 마르크스주의 설명에 맞섰다. 반면 하이데거가 보기에 계산 정신은 "유대인들Juifs"에게 내재한 것이었다—참고로 그는 이것이 종교에 따른 집단으로 정의되는지 '인종'에 의해 정의되는지 명시하지 않았다. 그러나 하이데거가 유대인들은 "민족의 탈인종화déracialisation" 실현을 위해 노력하면서 동시에 "인종 원리"에 따라 산다고 쓴 점을 볼 때 두 번째 선택지가 개연성 있다.[*] 또한 그는 전쟁의 발발을 유대인의 탓으로 돌리면서, 근대 반유대주의의 근원 중 하나가 되는 위조문서[**]인 「시온 장로 의정서Protocole des Sages de Sion」와 매우 직접적으로 관련 있는, 히틀러가 선전한 '테제'를 반향시켰다. 그렇게 국가사회주의자들은 유대인에 대한 전투를 개시했고, 이 철학자는 국가사회주의자들의 현대화 기술주의와 생물학적 인종주의에 실망한다.

비록 하이데거가 독일에서 유대인 박해를 목격했고 에마뉘엘 파이Emmanuel Faye가 부각시켰듯 1934-1935년 세미나에서 내부 '적'을 '완전히 전멸'할 필요성을 말하기는 했어도, 이 전투가 체

---

[*]    P. Trawny, *Heidegger et l'antisémitisme, op. cit.*, p. 100 에서 재인용.

[**]   위와 같은 기사, p. 71-76. 페터 트라브니는 원본이 없다는 점에서 위조라는 용어의 사용에 이의를 제기하지만, 여기에서 위조는 어떤 저자의 텍스트라고 추정하는 것에 대한 것이지 원본의 사본을 말하는 것이 아니다.

계적인 절멸 계획으로 이어질 것은 알지도 예측하지도 못했다.* 그렇지만 하이데거는 전쟁이 끝난 후 회한의 어렴풋한 기미조차 내보인 적 없었고 『검은 노트』에서도 마찬가지였다. 그럴 수밖에 없다. 피에르 부르디외는 "국가사회주의의 내적인 진리와 위대함"이라는 유명한 구절이 포함되어 있는 1935년 『형이상학 입문』 강의록이 수정 없이 1953년에 출판된 것을 환기시키며, 그것을 "책임에 호소한 결과들에 대한 책임을 결연히 질 수 없는 것"으로 분석했다.** 『검은 노트』는 이 '할 수 없음incapacité'에 대한 실마리를 제공한다. 하이데거는 1945년에 쓴 「주석 2Remarques II」에서 독일인의 "완전한 절멸"을 목표로 "현재 가동 중인 죽음 기계"에 대해 말한다. 그가 보기에 나치 독일을 굴복시킨 것은 "처벌"도 "복수심"도 아닌, 바로 지난 12년 동안 미리 준비되고 "공동 조직된" 기획이었다.***

페터 트라브니는 하이데거의 저작과 삶을 분리시키려는 시도를 발터 비멜Walter Biemel이 내놓은 "작품이 그의 인생이다"라는 견해와 대소시킨다.**** 그는 비멜과는 달리 전기가 무의미하다고 결론 내리지 않는다. 트라브니에 따르면 이 철학자의 인생은 "그가 다루는 대상과 서로 얽혀" 있다.***** 이 주장에는 쉽게 동의할 수 있지만, 반유대주의로 그의 저작이 "오염"되었다는 표현을 사용하는 것은 문제가 있어 보인다.****** 이 표현은 반유대주의를 외부적이고 이질적인 것으로 전제한다. 그러나 우리는 오히려 그의 저작 안에서, 국가사회주의 정권의 출현으로 전보다 공개적으로 표현할 수

---

\*      Emmanuel Faye, *Heidegger, l'introduction du nazisme dans la philosophie. Autour des séminaires inédits de 1933-1935*, Paris, Albin Michel, 2005, p. 276.

\*\*      P. Bourdieu, *L'Ontologie politique de Martin Heidegger, op. cit.*, p. 49.

\*\*\*      P. Trawny, *Heidegger et l'antisémitisme, op. cit.*, p. 141-142에서 재인용.

\*\*\*\*      위와 같은 책, p. 129.

\*\*\*\*\*      위와 같은 책, p. 130.

\*\*\*\*\*\*      위와 같은 책, p. 27.

있게 된 윤리정치적 성향이, 철학적 개념들로 완곡화되며 미화된 형태로 승화한 것을 보아야 하지 않을까? 이것이 피에르 부르디외가 『하이데거의 정치적 존재론』에서 펼친 주장이었다. 이 책 또한 하이데거의 『검은 노트』에 비추어 다시 읽을 가치가 있다.[*]

부르디외의 분석은, 여기서 그 밀도를 모두 재구현하기란 불가능하지만, 하이데거의 저작을 이데올로기 생산 장과 철학 장이라는 두 공간에 올려놓는다. 사회 공간에서 학문적 위계가 상대적으로 약화되던 시기, 수공업자의 아들인 하이데거의 윤리정치적 성향은 학교 시스템 덕분에 그 위계의 정상에 오른 그의 궤적에 연결되어 있을 뿐만 아니라, 그의 선배들 에드문트 후설과 에른스트 카시러Ernst Cassirer와 자신을 구별하기 위해 철학 장에서 전략적으로 위치하는 것과도 관련이 있다. 이러한 성향이 그로 하여금 본인의 철학에 민족주의적völkisch 분위기와 보수 혁명의 이념소들idéologèmes을[**] 도입하도록 이끌었다—고향 상실/뿌리 뽑힘déracinement의 유의어인 소외aliénation에 반대되는 고향에 정착하기/뿌리 내림enracinement dans le sol natal, 멸시 받는 유물론 및 합리주의의 현현으로서의 과학과 기술 규탄, 민주적 평준화와 복지국가(사회 복지, 유급 휴가) 거부, 구제 대상자의 정신 구조와 연결된 우유부단에 반하는 결단력에 대한 귀족적 호소, 반볼셰비키주의와 반미주의. 이 이념소들은 보다 명백한 형태로 『서구의 몰락Déclin de l'Occident』(1918, 1922)의 저자인 오스발트 슈펭글러Oswald Spengler에게서, 그리고 하이데거가 1939–1940년에 책 『노동

---

[*]  먼저 1975년 《사회과학연구선집(Actes de la recherche en sciences sociales)》에 논문 형태로, 그리고 독일어로 책의 형태로 출간된 이 에세이는, 1987년 빅토르 파리아스(Victor Farias)의 책 『하이데거와 나치즘(Heidegger et le nazisme)』이 출판된 후 철학자에 대한 논쟁이 다시 불거졌던 때인 1988년, 미뉘 출판사(Éditions de Minuit)에서 개정판으로 다시 출간되었다.

[**]  부르디외는 쥘리아 크리스테바(Julia Kristeva)가 만든 이 개념을 보다 정확한 의미에서 상호텍스트성, 즉 하이데거가 이러한 이데올로기적 성운에서 들여온 독사적 신념 체계 단위의 효과를 지칭하기 위해 사용한다.

자『Le Travailleur』를 한 강의에 할애하기도 하면서 특별한 지위를 부여한 에른스트 윙거에게서도 발견된다.* 생산과 수용의 맥락에서 분리된 텍스트를 이해하기 위하여 재구성 작업을 필요로 하는 이러한 이념소들은, 또한 베르너 좀바르트Werner Sombart, 에드가 잘린Edgar Salin, 칼 슈미트 또는 오트마르 슈판Othmar Spann과 같은 학자들에게서도 발견된다.** 그러나 부르디외에 따르면 하이데거의 철학을 이데올로기로 환원하기란 불가능하다. 이는 철학적 형식화 작업 때문인데, 이 작업은 그의 철학을 지적 전통(신칸트주의 그리고 현상학에 의한 신칸트주의 전복)에 포함시키고 철학 장에 고유한 검열 효과에 의한 "연금술", 즉 표현적 관심의 "변모"를 작동시킨다.*** 예컨대 부르디외는 반유대주의가 그의 저작에서 "방황에 대한 규탄으로 승화"되어 있음을 찾아 냈다.**** 하이데거가 1933-1934년 세미나에서 "셈족 유목주의"를 본질화한 것이 그러한 독해를 확증했다.***** 신조어를 저속한 의미로 깎아내리지 않으면서 반유대주의의 흔적을 가지고 있는 상식sens commun의 낱말들을 변형시키는 것은 이러한 표현적 관심을 숨기고 인식할 수 없게 만드는 "성변화transsubstantiation"****** 작용의 핵심이다. "일상적 사

---

\*      슈펭글러와의 이데올로기적 근접성에 대해서는 N. Weill, *Heidegger et les "Cahiers noirs"*, op. cit., 146 sq. 또한 보라.

\*\*     부르디외는 특히 프리츠 링거(Fritz Ringer)와 피터 게이(Peter Gay)의 연구에 근거한다. 이 작업은 Stefan Breuer, *Anatomie de la Révolution conservatrice*(1993), trad. fr., Paris, Maison des sciences de l'homme, 1996과 함께 파악될 수 있을 것이다. 하이데거, 슈미트, 윙거 트리오에 대해서는 또한 Jean-Pierre Faye, "Carl Schmitt, Jünger, Heidegger; le nazisme des intellectuels", *Le Monde*, 2 août 2013를 보라.

\*\*\*    P. Bourdieu, *L'Ontologie politique de Martin Heidegger*, op. cit., p. 49.

\*\*\*\*   위와 같은 책, p. 7.

\*\*\*\*\*  E. Faye, *Heidegger, l'introduction du nazisme dans la philosophie*, op. cit., p. 236-237. 또한 이 분석을 보라. D. Di Cesare, *Heidegger, les Juifs, la Shoah*, op. cit., p. 236-241.

\*\*\*\*\*\* [옮긴이] 성찬의 포도주와 빵이 예수 그리스도의 피와 살이 되는 일, 실체 변화.

유의 이분법과 도식을 은유적으로 활용함으로써 정치는 존재론으로 전환한다."* 조르주-아르튀르 골드슈미트Georges-Arthur Goldschmidt**는 1927년부터 이 철학자의 언어langue에서 어조가 권위적으로 변화함을 발견했다.***

정통성의 수호자들은 전후 칼 뢰비트Karl Löwith, 테오도르 아도르노Theodor Adorno, 에마뉘엘 레비나스Emmanuel Levinas, 그리고 1987년 빅토르 파리아스에 의해 되살아난 당시의 이데올로기에 대한 이러한 통속적인 언급을 인정하지 않는다. 보다 최근에는 아르노 뮌스터가 『전집Gesamtausgabe』 16권으로 2000년에 출간되었던 하이데거의 대학 총장 시절 담화와 편지들을 분석했다. 하지만 사유의 성역은 여전히 지켜질 수 있었다. 2005년, 철학자 에마뉘엘 파이는 공개된 적 없던 1933-1935년 세미나와 강의록 등에 근거한 자신의 책에서 "존재화된 인종주의"라는 결론에 도달하며 스캔들을 국제적인 규모로 재점화했다.**** 학식 있는 독해가 작동시키는 "텍스트의 절대화"*****에 충실한 사원의 수호자들은, 외재적 요소를 활용하는 것을(단, 서신과 같이 순수한 사유의 흔적을 전달하는 자료는 제외하고) 오랫동안 깎아내렸다. 부르디외는 이렇게 썼다. "하이데거의 '정치적 사유'에 의문을 제기하기 위해서는, 이것은 곧바로 온당치 않은 것으로 치부되었지만, 철학자의 나치당 가입만큼이나 이례적으로 중립성에 대한 학술적 위반이 필요했다."****** 사실 1946년부터 장 보프레Jean Beaufret는 다음과 같은 주장을 개진했다. "나치일 수 없다는 것은 『존재와 시간

---

\* P. Bourdieu, *L'Ontologie politique de Martin Heidegger, op. cit.*, p. 93.

\*\* [옮긴이] 독일계 프랑스 작가 및 페터 한트케, 카프카, 니체 등의 번역가.

\*\*\* Georges-Arthur Goldschmidt, *Heidegger et la langue allemande*, Paris, CNRS Éditions, 2016.

\*\*\*\* E. Faye, *Heidegger, l'introduction du nazisme dans la philosophie, op. cit.*

\*\*\*\*\* P. Bourdieu, *L'Ontologie politique de Martin Heidegger, op. cit.*, p. 109.

\*\*\*\*\*\* 위와 같은 책.

Sein und Zeit』이 시간과 존재Zeit und Sein로 역전하는 것과 동일하다. 『존재와 시간』이 하이데거를 나치즘으로부터 보호하지 못했지만, 그를 나치즘으로부터 영원히 멀어지게 한 것은 시간과 존재, 즉 책이 아니라 1930년대 이래 그가 한 사색들과 1946년 이후 그의 출판물 총체다."* 그런데 『검은 노트』는, 하이데거의 사색이 그를 저속한 나치즘으로부터 멀어지게 했지만 (그리고 이것이 그의 여정을 풍부하게 해주었지만) 그로 하여금 반유대주의를 버리게 만들지는 않았음을 입증한다. 부르디외는 책의 「독자에게」 말미에서 "정통성 수호자들"은 "명석함의 전문가들 특유의 맹목에 대해 자문해야 하는 순간을 지연"시킬 뿐이라고 예상했는데, 『검은 노트』의 출간이 그 예측을 충분히 확증해 주었다.**

　　행동 여지의 제약에도 그들 중 일부는 허용된 담론의 한계를 넘었다. 심지어 하이데거의 프랑스어 전집 출판사인 갈리마르도, 에마뉘엘 파이의 책 출간 이후, [갈리마르가 발행하는 잡지] 《데바 Débat》 편집장인 마르셀 고셰Marcel Gauchet의 부추김을 받은 프랑수아 페디에François Fédier가 준비한 반격을 인정하지 않았다. [갈리마르의 발행인] 앙투안 갈리마르Antoine Gallimard는 페디에가 쓴 글이 포함된 공저 『하이데거, 하물며Heidegger à plus forte raison』의 출판을 포기했다. 이 책이 부인주의를 옹호한다는 것을 알리기 위해서 파이가 해당 책의 발췌문을 유포하자, 그에 따라 나타난 반응들을 보고 법무 부서와 변호사가 책을 검토한 후 내린 결정이었다. 페디에는 이 책에서 1978년 부인주의자 로베르 포리송Robert Faurisson에게 그를 지지한다는 편지를 보낸 장 보프레를 옹호했던 것이다. 페디에는 이렇게 썼다. "보프레는 유럽의 유대인에 대한 절멸을 부정하는 것과는 거리가 멀었고 '가스실의 존재에 의문을 제

---

\*　　P. Bourdieu, 위와 같은 책, p.108 에서 인용.

\*\*　　위와 같은 책, p. 8.

기'했을 뿐이었다"*… 결국 이 책은 대폭 손질되어 2007년에 파이야르 출판사에서 출간되었다.

그렇지만 저작에 반유대주의를 새기는 의미에 대한 토론은 끝나지 않았다. 하이데거의 유산 계승에 대한 투쟁 외에도, 사원의 수호자와 철학자를 비방하는 자 사이의 대립이 재정의되었다.** 한편 반유대주의 문제를 회피하지 않으면서 하이데거의 철학을 보전하기 위하여 옹호자***와 비방자 사이 제3의 길을 제시하는 시도가 늘어났다. 예를 들어 페터 트라브니는 하이데거가 아끼는 주제를 따라 그에게서 "실수", "탈선", "방황"을 발견했다.**** 하지만 하이데거의 사례는 작품의 표현적 관심의 바탕을 이루는 세계관으로부터 반유대주의를 격리하는 것이 일으키는 문제와, 오염이라는 개념을 사용하는 것이 드러내는 위험을 넘어, 3장에서 다루었던 '실수'의 개념을 검토하게 해 준다.

논리의 오류erreur인가? 전혀 아니다. 이해력entendement의 오류인가? 그러나 이 경우라면 하이데거 철학이 모두 잘못된 것이다. 왜냐하면 그의 철학은 그로 하여금 전쟁 전부터 미리 준비된 계획에 따라 전후 독일인에 대한(당연히, 유대인에 의한) 절멸을 거론하게 만드는 세계관 위에 세워졌기 때문이다. 도덕적 실수erreur인가? 이 경우 실수라는 개념은 논리에 대한 오류와 다른 의미를 지니는데, 형이상학적 진실과는 거리가 먼, 원죄에 대한 종교적 이해에 더 가깝다. 하이데거는 아마도 실수에 대한 이러한 정의에 동의했을 것 같지만, 존재자와 기계화 속에서 방황하는 모든 이들에 반하여 존재의 역사를 다시 시작하는 자라 스스로 여겼던 그로

---

\*     Jean Birnbaum, "Heidegger à perdre la raison", *Le Monde des livres*, 28 septembre 2006에서 재인용.

\*\*     N. Weill, *Heidegger et les "Cahiers noirs", op. cit.*, p. 140-144을 보라.

\*\*\*     특히 Friedrich-Wilhelm von Herrmann et Francesco Alfieri, Martin Heidegger. *La vérité sur ses "Cahiers noirs"*, trad. fr., Paris, Gallimard, 2018을 보라.

\*\*\*\*     P. Trawny, *Heidegger et l'antisémitisme, op. cit.*, p. 18, 21, 119.

서는, 그러한 실수의 피해자가 된 것을 인정하지 못했을 테다. 1916
년부터 "문화와 대학의 유대화enjuivement"*를 규탄하던 그의 지적
여정 안에는 일관성과 의미가 훌륭하고도 엄숙하게 구성되어 있
으며 그가 결코 버린 적이 없는 세계관에 뿌리 박혀 있다. 우리는
그것을 실수/오류라고 부를 것인가? 아니면 탈선이나 방황이라고
부를 텐가? 그의 작품을 철학의 정전에서 빼내어 나치즘 아카이브
서가에 꽂아 넣자고 자기 책에서 주장하는 에마뉘엘 파이는, 한 기
고문에서 다음과 같이 질문했다.

> 저작이 존재화된 인종주의를 기반으로 할 때 그것은 철학의
> 이름을 지닐 수 있는가? 하이데거의 『검은 노트』가 입증한,
> "존재의 역사"에 반유대주의를 새기려는 시도는 철학적 사
> 유의 최종 모험, 즉—페터 트라브니의 말에 따르면—"방황"
> 에 환원될 수 있는가? 국가사회주의 세계관의 존재화되고 신
> 화화된 버전이라는 점은 명확해 보인다.**

부르디외에게 있어서 이는 오히려 "'철학적' 질서 안에서 다른 형
성 법칙들에 따라서 생산된 '보수 혁명'의 구조적 등가물"이었으
며, "나치즘은 그러한 보수 혁명의 또 다른 발현을 대표한다."*** 그
차이는 상당하다. 그렇다고 해서 이 철학자에게 "책임에 호소한 결

---

\*     P. Trawny, 위와 같은 책, p. 139에서 재인용. 도나텔라 디 세자르에게 있어
     "실수는 그 자체로서 정치적, 철학적 차원을 지닌 현실 참여였다". D. Di
     Cesare, *Heidegger, les Juifs, la Shoah, op. cit.*, p. 37.

\*\*    Emmanuel Faye, "Heidegger; Sa vision du monde est clairement
     antisémite", *Le Monde*, 28 janvier 2014. 철학지의 이데올로기저 방향성에
     너무 관대하지 않으면서 파이의 책에 대해 논증이 뒷받침된 비판으로는,
     철학사학자 피터 고든의 서평을 보라. Peter Gordon, *Notre Dame
     Philosophical Reviews*, 12 mars 2010: https://ndpr.nd.edu/reviews/
     heidegger-the-introduction-of-nazism-into-philosophy-in-light-of-
     the-unpublished-seminars-of-1933-1935/.

\*\*\*   P. Bourdieu, *L'Ontologie politique de Martin Heidegger, op. cit.*, p. 118.

과에 대한 책임"이 면제되는 것은 아니다. 그리고 지금까지 본 것처럼, 철학적 저작으로부터 그의 반유대주의를 분리하면서 지적하는 것으로는 충분치 않다. 외려 우리는 『검은 노트』가, 철학자의 엄청난 저작이 그 흔적을 깊이 새긴 학문 분과의 인식적 무의식으로부터 무엇을 드러내고 있는지 자문해야 한다.

## 모라스를 추념하기?

인식적 무의식을 상기하는 작업과 그것에 수반하는 토론은 바람직할 뿐 아니라 필수불가결한 반면, 추념commemorations의 경우는 사정이 다르다. 2011년과 2018년에 각각 루이페르디낭 셀린과 샤를 모라스를 『국가추념서』에 등재하는 것이 일으킨 소음은 작가를 민족nation을 구현한 영웅적 인물의 반열에 올리는 데 있어서 국가État의 역사적 역할을 보여준다. 판테온에 모시는 것, 출생일과 사망일을 기념하는 행사, 그들의 주거지를 성지로 변환시키는 것과 같은 숭배의 기획은 정교 분리 국가적 정체성 구축의 기반이 되고, 저자라는 사람에게 작품에 관한 상징 자본 전이를 공식화하고 따라서 정당화한다.* 여기서 작품은 수용 미학과는 달리, 가장 독특한 방식으로 작품을 제작자와 결부시키고 동일시하는 것의 측면에서 고려되며, 이를 통해 작품이 기념된다. (여기서[프랑스어 원문에서] 제작자를 남성형 단어로 사용한 것은 현실을 가리킨다. 이 영예에 접근할 수 있는 절대다수는 남성이다. 역사의 뒤안길에 버려져 있던 수많은 여성 창작자들을 동일한 추념 메커니즘에 따라 갑작스레 발견된 사실이 이를 후험적으로 드러낸다.) 이러한 기념의 기획 활동은 집단의 상상 세계에만 머물지 않는다. 이 기획은 상징 자본을 경제자본으로 치환하게 해 주는 상징 재화 경제의 전형으로서, 관련된 문화 생산물(재출간, 자서전, 작품에 대한 에세

---

\*    Anne-Marie Thiesse, *La Fabrique de l'écrivain national*, Paris, Gallimard, 2019.

이) 시장 및 문화 관광 시장을 활성화한다.*

루이페르디낭 셀린을 『국가기념서Livre des célébrations natio-nales』에 등재하는 것이 논쟁을 일으켰을 때, 목록 작성을 담당하는 고등 위원회에 속한 역사학자들은 애매한 부분을 없애기 위해 '기념célébration'이라는 용어 대신 '추념commemoration'이라는 용어를 사용하자고 제안했다. [문화부]장관 프랑수아즈 니센Françoise Nyssen은 2018년 1월 21일 보도 자료를 통해 다음과 같이 설명했다. "이 결정은 국가추념고등위원회가 그 판별 작업에 있어 단지 기념해야 할 영광의 시기에만 집중하지 않고 프랑스 역사의 어두운 시기까지 포함하고자 하는 의지를 표명했다."** 그렇지만 그날 모라스의 이름을 거론하여 야기된 분노에 비추어 보아, 장관은 이러한 단어 교체가 애매성을 제쳐 놓기에는 충분치 않았다는 것과, "추념이 국가의 이름으로 다 함께 기념하자는 요청으로 체험될 수 있다"는 것을 확인할 수밖에 없었다. "이는 프랑스 사회를 분열시키는 오해를 낳는다." 그녀는 논란의 여지가 있는 이름을 삭제하기로 결정한 근거를 이렇게 대며 끝을 맺었다.

해당 역사학자들은 이에 격분하여 사임했다. 모라스의 '통합 민족주의nationalisme intégral' 독트린에 찬동해서 그런 게 아니었다. 그들에게 있어 모라스를 추념하는 것은 그의 저작이 지닌 역사적 관심을 강조하는 한 방식이었다.*** 그들의 선의에 의문을 제기하지 않으나, 역사적 작업은 공식적인 추념과 혼동되지 않는다는 것을 익히 알고 있는 이 걸출한 역사학자들의 논지는 놀라워 보인다. 게다가 연구자들이 모라스나 다른 극우 논쟁가들의 사상을 연

작가와 작품을 분리할 수 있는가?

---

*   P. Bourdieu, "L'économie des biens symboliques", *Raisons pratiques, op. cit.*, p. 175-213.

**  https://www.culture.gouv.fr/Presse/Communiques-de-presse/Declaration-Livre-des-commemorations-nationales-2018 (consulté le 18 mai 2020).

*** Pascal Ory et Jean-Noël Jeanneney, "Commémorer, ce n'est pas célébrer", *Le Monde*, 28 janvier 2018.

구하기 위해 이 '기념일'을 기다린 것도 아니었다. 왕정주의자였던 모라스가 평생 대항하여 싸웠던 공화국이 세운 원칙에 의거하여, 모라스의 명예를 회복시키고 그를 '위인', 민족/국가의 영웅으로 추대하려는 의미가 아니라면 그의 생일을 기념하는 의미가 무엇이란 말인가?* 《리베라시옹》에 실린 연구자들의 공동 기고문도 이 점을 지적하며, 자크 샤르돈Jacques Chardonne의 이름도 같은 이유로 삭제할 것을 요구했다.

> (…) '모라스의 탄생을 추념하는 것'은 '학살자를 추념한다' 는 의미를 가져서는 안 된다. 모라스의 탄생을 비극처럼 추념하자는 것도, 1945년 그의 공민권 박탈을 추념하자는 것도 아니다. 우리가 추념하는 것은, 샤르돈처럼, 우리가 작가나 지식인으로서의 자질을 인정하기 때문에 중요한 인물이라고 간주하는 자다. 이때 '추념한다'는 것은 불가피하게 중대함을 인정한다는 의미를 띠고, 악행은 그의 중대함과 비교하여 필연적으로 축소된다. 그 증거. 마르셀 데아Marcel Déat, 자크 도리오Jacques Doriot, 피에르 라발Pierre Laval, 필립 앙리오Philippe Henriot를 국가 추념 목록에 등재하겠는가? 당연히 아니다. 그러나 이들도 모라스나 샤르돈만큼 역사적으로 중요한 인물이다. 그렇지만 이들의 이름이 더욱 충격을 주는 이유는 이들을 '위대한 작가'라고 볼 수 없기 때문이다.**

---

* 《리베라시옹》 온라인판에서 전개했던 나의 논지를 다시 가져왔다. "Sous le vernis historique, une opération mercantile ?", *Libération*, 2 février 2018: https://www.liberation.fr/debats/2018/02/02/sous-le-vernis-historique-une-operation-mercantile_1627120?_scpsug=crawled_54325_48c26830-0856-11e8-d993-90b11c40440d (consulté le 18 mai 2020).

** Collectif, "Maurras; "Commémorer n'est pas célébrer", un insupportable sophisme", *Libération*, 1er février 2018.

그럼에도 모라스라는 인물을 한사코 이 공식 프레임 안에서 거론하고 싶다면, 그가 적과 내통한 죄로 무기 징역과 공민권 박탈을 선고받은 1945년 1월 재판을 대신 추념하는 건 어떠한가? 오늘날 '국가 정체성'이란 이름으로 행하는 이슬람 혐오와 이주민 추방에 대한 요구에 근거를 대기 위해 이 사상가를 내세우는 사람들을 정당화하는 것 대신, 반유대주의자이자 외국인 혐오자였던 이 사상가가 여러 세대의 지식인들에게 끼친 해로운 영향을 상기하는 것이, 더욱 적절한 방법 아닐까?

그의 집이라는 성가신 유산에 난처했던 마르티그 시청은 1997년에야 해결책을 찾은 것으로 보인다. 바로 그 집과 서재 장서들을 20세기 정치 연구 및 자료 센터에 편입시키는 것이었다. 또한 여기에는 노동, 정치 저서, 그 도시의 공산주의 장서와 함께, 현대판 모라스라 할 수 있는 콩탕생Louis Contencin 박사 장서도 포함되었다.[*]

한편, 로베르 라퐁 출판사에서 샤를 모라스의 글 모음집이 『부캥』 컬렉션에 포함되어 출간되었고, 악시옹프랑세즈연맹Ligue d'Action française 창립자이자 '민족 정체성'의 새로운 옹호자들에게 준거가 되는 저자인 모라스의 명예를 회복하려는 기획이 이를 따랐다. 이 저자를 받아들일 만하게 만들려면 그에 대한 기억을 얼룩지게 하는 오점을 지워야 했다. 프랑스퀼튀르의 한 방송 프로그램에서는 반유대주의가 그의 사유에서 근본적이지 않다고 설명했다.[**] 즉, 페탱 원수의 고문 중 한 명이었던 이 국가 반유대주의 이론가가 뒤늦게 탈선한 듯 반유대주의자가 되었을 거라는 설명이다.

---

[*] Sigolène Vinson, "Martigues; la maison de Maurras, le boulet de la mairie", *Charlie Hebdo*, 25 avril 2018.

[**] "Répliques" d'Alain Finkielkraut, 23 juin 2018: https://www.franceculture.fr/emissions/repliques/lire-maurras-aujourdhui(consulté le 30 juin 2020). 초대 손님은 마르탱 모트(Martin Motte)와 미셸 드 재게르(Michel De Jaeghere)였다.

이러한 주장들은 모라스의 반유대주의와 외국인 혐오가 도리어 그의 사유에 내재하며 심지어 그것을 구성했음을 보여 주는 저작들을 은폐한다. 콜레트 카피탕 페테르Colette Capitan Peter의 책『샤를 모라스와 악시옹프랑세즈의 이데올로기Charles Maurras et l'idéologie d'Action française』(쇠이유, 1972), 빅토르 응우옌Victor Nguyen의 책『악시옹프랑세즈의 기원Aux origines de l'Action française』(파이야르, 1991), 또는 데이비드 캐럴의 책이 그러한 저작이다. 데이비드 캐럴은『프랑스 문학 파시즘French Literary Fascism』(프린스턴대학교 출판사, 1995)에서 파시즘이나 악시옹프랑세즈 같은 유사 독트린에 매료된 작가들이 문화에 대한 그들의 이해를 바탕으로 배제 정치에 동조하게 되었다는 가설을 제시했다.*

실제로 모라스 독트린은 고전주의를 수호하고 빛내는 것과 낭만주의를 단호하게 비난하는 것에 기반을 둔다. 순수한 미학적 다툼으로 보였던 것이 사실은, 동서양의 대립과 엮여 있는 고전주의와 낭만주의의 대립에서 가까스로 완곡화된 유식한 명분을 찾는 이데올로기적 구성물이었다.** 모라스는 고전주의의 규칙을 위반하는 것을 사실상 "야만"이라 보았다. 역사와 세계 지도를 다시 재단하는 능숙한 작업을 통해 그는 알렉산드리아에서 고전주의의 기원을 찾았고, 그것은 "로마와 아프리카에서 기독교의 영향하에" 발전하였으며 이후 비잔티움에, 마지막으로 유대교와 종교 개혁에 의해 근대 유럽, 특히 독일에 도입되었다.*** 모라스는 이러한 작업을 하면서, 독일에 맞서 프랑스를 바로 세워야 하는 위급성에는 적합하지 않지만 기존의 교양 전통에 새겨진 북Nord과 남Midi의 대립

5장. 평판을 위태롭게 하는 현실 참여

---

\*     반유대주의의 전략적 이용에 대해서는 Laurent Joly, "D'une guerre l'autre. L'Action française et les Juifs, de l'Union sacrée à la Révolution nationale (1914-1944)", *Revue d'histoire moderne et contemporaine*, 59/4, 2012, p. 97-124를 보라.

\*\*     *La Guerre des écrivains, op. cit.*, p. 120 sq.에서 한 나의 분석을 여기에 다시 싣는다.

\*\*\*     V. Nguyen, *Aux origines de l'Action française, op. cit.*, p. 801에서 재인용.

을 재정의했다. 몽테스키외의 기후에 대한 이론으로 정교화된* 북반구 '인종'의 우월성에 대한 현학적인 신화는, 독일에서 크게 성공했던 고비노Arthur de Gobineau의 『인종 불평등론L'Éssai sur l'inégalité des races』(1855)에서 한심하게 변모되기도 했다. 동일한 신화적 일관성을 통해 형성된 모라스식 재분할은, 질서와 자제라는 '남성적' 원리에 의해 지배되며 그리스-라틴 전통을 계승하고 남프로방스에 그 중심이 있는 서방과, '여성적' 원리에 의해 지배를 받는 동방을 대립시켰다―낭만주의는 '여성적' 원리의 표현이며 이를 「여성적 낭만주의Le romantisme féminin」(『지성의 미래L'Avenir de l'intelligence』, 1905)에서 설명하기도 했다.

이러한 세계관은 19세기 말에 떠오른 새로운 민족주의의 토대였고 모라스는 곧 '통합 민족주의' 독트린으로 지도자 무리의 일원이 되었다. 이 독트린을 구상한 이들은 1870년 패배** 무렵 태어난 세대였다. 이들은 독일 민족주의적 낭만주의에 끊임없이 영감을 받으면서도 그에 반하여 독트린을 규정했는데, 이것은 '내부의 적'으로 시선을 돌렸다. 모라스는 승리의 드레퓌스주의, 콩브주의***, 정교 분리를 토대로 4개의 연합 신분États confédérés―유대인, 프로테스탄트, 프리메이슨, 프랑스 거류 외국인métèques―에 대한 이론을 개발했다.

악시옹프랑세즈는 반이성주의를 밀고 나간 신비 철학에 대항하여, 그리고 베르그송의 신유심론néospiritualisme이 도입한 생

---

*　Pierre Bourdieu, "Le Nord et le Midi: Contribution à une analyse de l'effet Montesquieu", *Actes de la recherche en sciences sociales*, 35, 1980, p. 21-25.

**　[옮긴이] 1870년 프로이센과 프랑스 제2국 사이 벌어진 프로이센-프랑스 전쟁(보불전쟁)에서의 패배를 말한다.

***　[옮긴이] 에밀 콩브(Émile Combes, 1835-1921)는 프랑스 정치가로 1902-1905년 내무부 장관 및 국무회의 의장, 1915-1916년 총리를 지냈다. 콩브주의(combisme)는 그가 추진한 반교권주의 정책을 일컬으며, 1905년에는 국가와 교회의 분리에 관한 법률이 제정되었다.

성의 주체적 철학에 대항하여, 바레스Maurice Barrès를 계승하며 과학성을 표방하는 사회 철학을 구성했다. 이러한 전통주의와 과학의 종합을 제시하며 악시옹프랑세즈는 일거양득했다—과학주의적 신념에 새겨진 진리에 대한 주장을 정치로 옮기며 이를 자신들에게 유리하게 왜곡했고, 19세기 말 문학 투쟁 가운데 형성된 고전주의에 대한 옹호를 일반화하여 "프랑스성génie français"의 수호자임을 자처했다. 악시옹프랑세즈는 그렇게 신고전주의 및 당시 교회가 인정한 토미즘 교리에 근거하는 주지주의적 실재론을 바탕으로 미학적, 사회적, 정치적 독트린을 구성했다.

계승, 연속성, 인종에 뿌리 내리고 있는 모라스의 조직적 경험주의는 '정치 과학', 혹은 오히려, 루이 드 보날드Louis de Bonald, 조제프 드 메스트르Joseph de Maistre와 같은 반혁명적 사상가들의 전통, 프레데리크 르 플레Frédéric Le Play의 사회학 전통, 오귀스트 콩트의 실증주의 전통, 이폴리트 텐Hippolyte Taine의 환경 결정론 전통에서 사실 관찰로 뒷받침되는 현실적 '과학 정치'이기를 추구한다. 악시옹프랑세즈의 지도자는 한편으로는 낭만주의와 유토피아에 대항하여 '실재론'—즉 '자연적' 위계의 범위 내에서 사회적 한계의 내재화—을 표방하고, 다른 한편으로는 관념론적 추상화에 대항하여 (역사 그 자체보다는) 역사의 경험을 표방하는 규범적 유사 과학 결정론을 확립하기 위해, 전통(프랑스 혁명)을 일소하며 선험적으로 사상과 체계를 적용하는 합리적이고 연역적인 과학과 '실험적' 과학을 대립시킨다.

모라스가 보기에 미학적 관점에서 고전주의가 구현한 원리는 이성에 의한 감정 억제, 스타일을 통한 인상과 사상 배치, 요소들의 위계를 전제로 하는 조화다. 고대로부터 프랑스의 위대한 세기*에 이르기까지 고전주의 전통에 의해 발전된 이러한 '인간성'과

*　[옮긴이] 위대한 세기(Grand Siècle)는 프랑스가 유럽에서 군사적으로 세를 넓히고 문화면에서 영향력을 퍼뜨렸던 17세기를 이르며, 좁게는 그중에서도 루이 14세가 통치했던 기간(1661-1715)을 이른다.

'미'의 원리는 낭만주의에 의해 타락했다. 낭만주의는 이성보다 동물적 감각을 중시하고, 정념을 찬미하는 상대주의적 주관론을 위해 '자아'를 분할하고, 독창성을 과도하게 추구하는 가운데 구성의 기술을 무시하며 '데카당스'의 원리를 도입했고 그 효과는 미학적 질서에만 한정되지 않았다. 프랑스에서 그 시초가 루소였던 낭만주의에 행해진 비난의 핵심은, 반혁명적 전통에서 인권 철학과 동류시되는 개인주의에 대한 공격이었다. 피에르 라세르Pierre Lasserre는 《악시옹프랑세즈지Revue de l'Action française》에 실은 논문들을 통해 감정적 개인주의가 '자아'의 탐욕을 키우며 1830년 프랑스에서 "혁명적 메시아 사상" 전파에 유리한 지형을 만들었다고 설명했다―이 논문들은 『프랑스 낭만주의Le Romantisme français』(메르퀴르 드 프랑스Mercure de France, 1907)라는 제목의 박사 학위 논문이 되었다. 피에르 라세르에 따르면 프랑스 낭만주의는 플라톤 전통과 달리 이성이 아니라 감정에 의해 신에 도달할 수 있다고 생각하는 "독일 범신론"과 "혁명적 메시아 사상"이 결합한 결과다. 그러고서 이 철학 교수 자격자agrégé de philosophie*는 소르본누벨대학교로 관심을 옮기는데, 『대학의 공식적 독트린La Doctrine officielle de l'Université』(메르퀴르 드 프랑스, 1912)이라는 책에서 이 대학이 프로테스탄트와 유대인이 선동한 좌파의 음모에 굴복했다고 책망했다.

모라스의 반유대주의는 순전히 이론적이지만은 않았다. 그것은 실천으로 적용되었다. 비시 정권은 모라스가 권장한 국가 반유대주의를 실행했다. 베르나노스Georges Bernanos 같은 이는 히틀러가 "반유대주의를 훼손했다"고 비난했지만, 모라스는 1940년

---

\*     [옮긴이] '아그레가시옹(agrégation)'이라는 프랑스의 교원 자격 시험을 통과했다는 뜻이다.

10월 유대인 신분이 발효된 후에도*, 유대인 일제 단속 후에도 꿈쩍하지 않았다. 모라스는 해방 후 그의 재판에서 어떠한 후회도 보이지 않았다. 선고 후에 그는 "드레퓌스의 복수다"라고 부르짖었다.

'부캥' 컬렉션에 속한 그의 자전적 저작의 편집자이자 군사軍史 전문가인 마르탱 모트에 따르면 "비시에게 모라스의 지지가 대단히 중요했거나 그가 점령군에게 객관적인 원조를 제공했다고 단언할 수 없다". 모라스도 "행위자"였던 "프랑스 대 프랑스 전쟁"에서 "그를 고발한 자들이 판사이고 상대편이었다."** 따라서 모트의 견지에서 이 재판은 "1936년에 선출된 대다수의 급진주의자들과 사회주의자들이 1940년 7월 10일 원수[페탱]에게 전권을 일임하는 가결을 한 것과 히틀러-스탈린 조약[독소 불가침조약]으로 묶인 공산주의자들이 침공 다음날 점령군에 협력한 것을 잊게 만들고자" 한 복수에 불과했다.*** 그러므로 페탱이 나치 독일과 협력 정책을 선포하고 프랑스 경찰력을 수하에 넣기 4개월 전에 있었던 이 표결은—그 결과의 중대함은 막론하고—모라스가 자신의 이데올로기에 기반하고 있는 정권에 도움이 되도록 1944년 여름까지 나날이 펼친 선전에 상응하는 것이었다. 뿐만 아니라 그가 유대인, 드골주의자, 공산주의자(상당수는 1941년 6월 독소 불가침조약이 파기되기 훨씬 전에 레지스탕스에 가담했고 그 과정에서 목숨을 잃었다)를 향해 격렬히 공격하고 인질을 처형하자고 종용한 것—이에 대해 모트는 한 마디도 언급하지 않았다—에도 상응했다. 정부[검찰] 위원은 이러한 공격을 두고 독일 프로파간다를 돕는 집

---

\*     [옮긴이] 1940년 10월 3일 유대인의 신분에 관한 법은 유대인을 인종으로서 정의, 분류하고 그들이 공공 부문에 종사할 수 없게 했으며, 1940년 10월 4일 프랑스 거주 유대 인종에 대한 법은 외국인 신분의 유대인들을 즉각 특별 수용소에 수용하거나 거주지를 강제 지정할 수 있게 했다.

\*\*     Martin Motte, "Maurras, le juge et le Bon Dieu", in Ch. Maurras, *L'Avenir de l'intelligence et autres écrits, op. cit.*, p. 1106-1107.

\*\*\*     위와 같은 책, p. 1107.

단적인 고발이라고 간주했다. 1943년 모라스는 드골주의자에 대한 사형을 더 자주 행해야 하며 더 나아가 그들의 가족을 인질 삼아 처형해야 한다고 주장했다. 연합군이 알제리에 상륙한 이후 그는 이를 도왔던 장교들이 처형당하지 않은 것을 규탄했고, 드골주의자들을 "체포 시" 총살할 수 있는 권한을 군대에 부여해야 한다고도 주장했다.* 그는 마키maquis** 진압을 강화해야 한다고 촉구했으며 레지스탕스 운동가들을 심문하고 48시간 내에 처형할 수 있게 하는 계엄령 선포를 요구했다. 게다가 피고인이 주장했던, 모라스의 반유대주의가 괴벨스의 반유대주의와 아무 관계가 없다는 사실은, 정부 위원에 따르면 결과를, 다시 말해 유대인에게 지어진 운명을 전혀 바꾸지 못했다―체포, 강제 수용, 고문, 죽음. 모라스는 그의 변호 취의서에서 "그러한 나쁜 것들"을 몰랐을뿐더러 오히려 "유대인 집단은 많은 나라에서 번창했고 그들은 암시장에서 모든 것을 손에 넣었으며 농민을 극도로 타락시켰다"는 걸 알고 있다고 답했다. 1944년 초 연합군이 접근해 오자 많은 나라의 유대인들이 그에게는 "매우 거만해"진 것으로 보였고 심지어 위협적으로 보였다. 그는 위협에는 위협으로 응답해야 했다고 말을 이었다….*** 이 발언의 한없는 비열함을 이해하는 데에는 그로부터 4개월 후 홀로코스트 생존자가 돌아오고 나치 고위 책임자들이 반인도적 범죄로 유죄 선고를 받게 되는 뉘른베르크 재판이 열리기를 기다릴 필요도 없었다.

모라스가 "그의 정치적 신념을 하나도 버리지" 않았고 아무런 회한도 느끼지 않았음에도, 모트는 4년간의 점령 기간 동안 그

저가와 작품을 분리할 수 있는가?

---

\*     *Le Procès de Charles Maurras, Compte rendu sténographique*, Paris, Albin Michel, 1945, p. 256에서 재인용. 그리고 G. Sapiro, *Des mots qui tuent, op. cit.*

\*\*     [옮긴이] 독일에 저항하는 지하 운동 단체를 뜻한다.

\*\*\*     *Le Procès de Charles Maurras, op. cit.*, p. 156.

의 입장 표명이 "탈선"*이라 말하는 것이다! 책의 서문을 쓴 장크리스토프 뷔송Jean-Christophe Buisson은 그의 반유대주의가 "판단과 분석의 오류"에 근거하고 있다고 보았다.** 우리는 오히려 인종주의적 편견이 저작을 관통하며 유식하게 정당화되고, 하이데거가 그러하듯, 그런 편견 위에 이론적 구성물이 세워진 것을 발견해야 할 것이다. 뿌리 깊은 독일 혐오를 전쟁 기간 동안 갑작스레 단념하며 '외교 정책'—다시 말해 1942년 말 프랑스 전역으로 침략하기 전 프랑스 영토의 3분의 2를 점령하고 있던 한 국가와의 협력 정책—에 관해서 더 이상 개입하지 않기로 결정한 통합 민족주의 주창자의 철저한 반전은, 그가 국가 통합성보다 권위주의와 사회적, 인종적 위계에 절대적으로 우선 순위를 부여했음을 드러낼 뿐이다.

## 엔드 게임: 문학에서 이데올로기로

마지막으로 볼 전형적인 예는 문학 세계에서 존중받는 작가들이지만 반유대주의, 외국인 혐오 또는 이슬람 혐오 사상이 뒤늦게 드러나면서 그것이 미디어상 '사건'을 유발하는 경우다. 바로 르노 카뮈와 리샤르 미예의 사례다. 두 사례 모두, 그 전개 과정이 하향세에 있는 그들의 문학 궤적과 관련 있다고 가정할 수 있다. 그들의 도발은 변형하고 있는 장에서 자신의 위치를 유지하기 위하여 취한 전략이었으나, 결국 그들이 장에서 배제되는 결과를 가져온 위험한 도박이었다.

게이 집단에서 컬트가 된 소설 『트릭Tricks』(1979)으로 바르트에게서 서임을 받은—바르트가 서문을 써 주었다—작가인 르노 카뮈는 문학 장의 제한 유통 영역에서 인기 있는 저자였다. 1996년에는 그의 전작이 아카데미 프랑세즈가 주는 아믹상prix

---

\*     M. Motte, "Maurras, le juge et le Bon Dieu", in Ch. Maurras, *L'Avenir de l'intelligence et autres écrits, op. cit.*, p. 1107.

\*\*     J.-Ch. Buisson, "Un prophète du passé", 위와 같은 책, p. XXXII.

Amic을 받았다.(참고로 그는 1999년과 2000년에 아카데미 프랑세즈 회원 후보자였으나 낙선했다.) 한편 2000년에, 1994년 파이야르에서 출간되고 초기에는 찬사를 받았던 그의 일기 『프랑스 시골』이 문학 세계에서 스캔들을 일으켰다. 그 이유는, 작가 겸 비평가 마르크 바이츠만Marc Weitzmann이 《앵로큅티블르Les Inrockupt-ibles》 지면을 통해 그의 일기에서 반유대주의와 공명하는 대목을 지적했기 때문이다.* 일기의 저자가 프랑스퀼튀르의 방송 〈파노라마Panorama〉에서 유대인이 '과잉 대표surreprésentation'되는 것에 대해 특히나 짜증스러워 한 것이다. 지식 장은 카뮈를 옹호하는 청원과 반대하는 청원에 따라 나뉘었다. 한편에서는 문학 작품이 "나쁘게 생각할" 권리와 표현의 자유를 옹호하며 린치에 대해 성토했고, 다른 편에서는 "표현할 권리가 없는, 범죄가 되는 의견"을 규탄했다.** 해당 채널의 국장이었던 로르 아들레르Laure Adler가 내비친 고소라는 위협에 직면하여, 또 이 실질적인 위협을 넘어 반유대주의 발언에 대한 편집 책임을 지기를 거부한 파이야르 출판사의 부사장인 올리비에 베투르네Olivier Bétourné의 주도로***, 책의 발행인이자 출판사 사장인 클로드 뒤랑Claude Durand은 마지 못해 책 판매를 철회했고―이는 카뮈를 비방하는 측 대다수가 요구했던 조치가 아니었다―열 쪽이 잘려 나간 책을 재발행했는데, 이 '사건'을 촉발시킨 미디어 네트워크에 대항하여 자신이 쓴 공격적인 서문을 책에 보강했다. 하지만 뒤랑은, 폴 오차코프스키-로랑

*    Marc Weitzmann, "De l'in-nocence", *Les Inrockuptibles*, 18 avril 2000.

**   "Déclaration des hôtes-trop-nombreux-de-la-France-de-souche", *Le Monde*, 25 mai 2000. 자크 데리다(Jacques Derrida), 미셸 드기(Michel Deguy), 클로드 란츠만(Claude Lanzmann), 쥐디트 밀레르(Judith Miller), 필립 솔레르스(Philippe Sollers), 장피에르 베르낭(Jean-Pierre Vernant)을 포함하여 26명의 지식인이 서명한 이 반대 청원은, 문화계 백여 명의 서명을 받아 5월 16일에 배포된 카뮈를 옹호하는 청원에 응답하는 것이었다.

***  Olivier Bétourné, *La Vie comme un roman. Mémoires d'un éditeur engagé*, Paris, Philippe Rey, 2020, p. 304.

책『P. A.』(1997)에 대해 그랬던 것처럼 논쟁이 된 대목에서 해당 구절을 즉시 삭제하고 "출판사의 요청으로 단락 제외"라는 문구를 달았더라면 이런 사건은 일어나지 않았을 것이라고 쓰는 것은 빠뜨렸다. 파이야르가 "범위가 제한되었지만 인정받은" 저자의 "작품" 중 이러한 부분(일기)을 확보한 반면, 카뮈의 책을 꾸준히 발행해 왔던 출판사 P.O.L은 그의 소설만 출간했고 일기는 더 이상 원치 않았다. (이 출판사는 처음에는 인종 차별, 반유대주의, 동성애 혐오의 목소리를 담은 소설『그림자가 이긴다L'ombre gagne』도 거절했다.)* 물론 두 발행인은 각자 책임에 대해 가진 개념이 같지 않았다. (비록 폴 오차코프스키-로랑스가 그의 일기를 전혀 출판하지 않은 것에 대해 후회한다고 표현할 정도로 르노 카뮈를 옹호하기는 했지만). 뒤랑은 "이러한 고결하고 순수주의적이며, 뻔뻔하다기보다는 맞서려 드는 유형의 작가"에 매료되었다고 말하며, 유대인(또는 무슬림)이 "[그들에게는] 무관한 방식으로" 프랑스 문화와 문명을 표현한다고 쓴 것이 전혀 문제가 될 만하다고 보지 않았다. 이는 르노 카뮈가 말했듯 사유는 "기원에서 유래되기originée" 때문 아니겠는가?** 비평가 파트릭 케시시앙이 보기에 "프랑스 문화의 경계 밖으로 유대인을 몰아내는 이러한—그 스타일까지 아주 "구식의 프랑스"—방식은 정말로 받아들일 수 없[었]다."*** 알랭 핑켈크로트는 단지 "한 독특하고 회귀한 작가의 탈선"만을 발

---

\*    Alexandre Albert-Galtier, "Renaud Camus, moraliste scandaleux?", *Le Monde*, 6 juin 2000.

\*\*    Claude Durand, "Avant-propos", *in* Renaud Camus, *La Campagne de France*, Paris, Fayard, 2000, p. IX-X. 또한 Alain Salles, "Renaud Camus, dix pages en moins", *Le Monde*, 7 juillet 2000; Josyane Savigneau, "L"affaire Camus", une invention médiatique?", *Le Monde*, 12 juillet 2000을 보라.

\*\*\*    Patrick Kéchichian, "Rhétorique d'un discours antisémite", *Le Monde*, 4 mai 2000.

견했을 뿐이다.* 그러나 이 "탈선"은 새로운 정치 경력의 길을 좇는 다.**

2002년 르노 카뮈는 "시민 정신, 예의, 문명, 예절 바름, 발언권 존중, "무–해in-nocence"의 가치를 수호하기 위해 그가 설립한 무해당In-nocence에서 프랑스 대통령 선거에 출마했고, 이후에는 자신의 실패를 인정하며 "문명의 변화" 위협의 핵심이 되는 이민을 저지하기 위해 마린 르 펜에게 투표할 것을 호소했다.*** 이 정당의 공약집(『무해당 입문서Abécédaire de l'In-nocence』, 2010)에서 그는 '대대적 교체grand remplacement'라는, 같은 제목의 책(2010)에서 발전시킨 유사 이론을 설명했다. 이 유사 이론에 따르면, 유럽 바깥에서 온 이민자들이 "토박이" 프랑스 국민을 대체하면서 "엄청난 문화적 동질성의 상실déculturation"을 가져온다. 이 용어는 정체성을 강조하는 우파들 사이에서 성공할 수밖에 없었다. 알랭 핑켈크로트는 2017년 6월 10일 자신의 방송 프로그램 〈레플리크Répliques〉에 그를 초대했고, 심지어 그가 '대대적 교체'를 유럽의 유대인 집단 학살에 비교한 후에도 그를 계속 옹호했다.**** 그는 2014년에 (이슬람)"종교를 이유로 특정 집단에 대한" 혐오와 폭력을 조장한 혐의로 유죄 선고를 받았고 이듬해 국민전선의 위성 정당인 '주권, 정체성, 자유Souveraineté, identité et liberté'에 합류했다.

\*     Alain Finkielkraut, "La France grégaire", *Le Monde*, 6 juin 2000.

\*\*    게다가 카뮈는 《리베라시옹》으로부터 게재를 거절받은 기고문에서 "인종"이라는 단어 외에는 본인이 쓴 모든 것을 수용한다고 분명히 밝혔다. 그는 2000년 4월 28–29일 그를 주제로 예일대에서 열린 컨퍼런스에서 그 기고문을 읽었다. http://www.renaud-camus.net/affaire/liberation.html; 또한 《르 몽드》가 거절한 기사는 다음을 보라: http://www.renaud-camus.net/affaire/monde.html.

\*\*\*   Renaud Camus, "Nous refusons de changer de civilisation", *Le Monde*, 19 avril 2012.

\*\*\*\*  Mathieu Dejean, "Alain Finkielkraut reprend à son compte la théorie du "grand remplacement" de Renaud Camus", *Les Inrockuptibles*, 30 octobre 2017을 보라.

2017년 11월부터는 샤를드골 기념비가 있는 콜롱베레되제글리즈 Colombey-les-Deux-Églises에 공동 설립한 '유럽 레지스탕스 국민 위원회'를 주재하는데, 그 슬로건은 "자유 프랑스 만세, 유럽 문명 만세"다*—집단 기억의 상징을 유용하는 형태가 있다면 이것이 바로 그 예다.

이와 같은 전개는 틀림없이 문학적 인정의 상실과 연결된 사회적 쇠퇴 효과라 볼 수 있다. 그러나 이러한 현실 참여와 저작은 단절되어 있지 않고, 급진화된 형태로 연속성이 존재한다. 위고 마르상Hugo Marsan은 『프랑스 시골』 이전에 있었던 일기, 기사, 소설을 분석하여 "심미주의자의 우월함에 관한 이데올로기"와 인종 차별 및 외국인 혐오 암시로 점철된 반동적 엘리트주의를 찾아냈다.** 1994년 소설 『그러한 것들에 대한 소모적인 욕구L'Épuisant Désir de ces choses』에는 출판사들로부터 인종 차별적 원고 『작품, 니제르Opus Niger』를 거절받는 작가가 등장하기도 했다. 그의 인종주의와 문화주의적 근본주의는 계급 인종주의와 "지성 인종주의"***이기도 하며, 이러한 세계관은 또다른 '심미주의자', 리샤르 미예와 공유된다.

수용 범위가 꽤 제한적인 소설들의 저자이자 국내외 문학의 현 경향을 비판하면서 기독교 유럽이라는 개념을 때때로 드러내 보이는 에세이의 저자이며 전직 교사이기도 한 리샤르 미예는 갈리마르 출판사의 편집자로서 문학 세계에 은근한 권력을 행사했지만, 스캔들이 일어난 후에는 매우 권위 있는 자리인 출간 위원회에서 사직하고 은퇴해야 했다(그러나 2016년 3월 다른 이유로 해고되기 전까지 그는 작가들에게 계속 주의를 기울였다. 해고와 관

---

\*     https://www.cnre.eu//.

\*\*    Hugo Marsan, "La longue quête réactionnaire d'un plaideur immobile", *Le Monde*, 1er juin 2000.

\*\*\*   지성 인종주의와 관련, Pierre Bourdieu, *Questions de sociologie*, Paris, Minuit, 1980, rééd. 1984, p. 264-268을 보라.

련하여 169쪽을 보라.). 2012년 그는 『문학적 테러로서 반인종주의에 대하여De l'antiracisme comme terreur littéraire』와 『유령 언어. 아네르스 브레이비크에 대한 문학기념사 수록Langue fantôme suivi d'un Éloge littéraire d'Anders Breivik』을 동시에 출간했다. 이 두 에세이는 발화적 태도 면에서 팸플릿 장르에 속하고, 미예는 필립 뮈레Philippe Muray와 같은 논쟁가들과 상당수의 주제를 공유한다─68운동 이후로 프랑스 문화의 퇴폐에 대한 견해, 오늘날의 문화 생산물을 '포르노그래피'라 지칭하는 것, 이민과 다문화주의 때문에 정체성을 잃는다는 강박 관념("프랑스 정신에 반하는 범죄"*) 등이 그러한 주제다. 그러나 미예는 더욱 고상하면서도 세련된 스타일로, 따라서 '심미주의적'으로 완곡화된 형태로 그들과 자신을 구별한다.

"오늘날 우리가 문학이라 부르는 것은 허무주의의 쾌락주의적 측면일 뿐이고 반인종주의는 그것의 테러 분파다." 그는 첫번째 팸플릿의 도입부에서 이렇게 말하며 프랑스 내 인종 차별 감정의 존재를 부인했고, 반유대주의가 "인종이 존재하지 않는다고 우리를 설득하려고 하는" 지배적 이데올로기라고 규탄했다.** 그는 스스로를 박해받은 자이자 오늘날 지배적 이데올로기의 희생자로 내보이며, 자신이 불러일으키는 혐오를 백인, 가톨릭, 교양 있는 남성으로서의 확실성을 강화해 주는 구별의 표시로 삼았다. 그러한 확실성의 이름으로 그는 반복적으로, 그리고 거의 강박적일 정도로 그가 '진리'라 주장하는 바를 밀어붙였다. 지배자들이 한 것처럼 미예는 그의 상징적 지배의 기반이 되는 성공 조건들을 보편화하

---

\*  Richard Millet, *De l'antiracisme comme terreur littéraire*, Paris, Pierre-Guillaume de Roux, 2012, p. 46. 미예의 수사학적 전략에 대해서는 다음을 보라. Jérôme Meizoz, "Richard Millet: le scénario Céline", *in* Pascal Durand et Sarah Sindaco (dir.), *Le Discours "néoréactionnaire". Transgressions conservatrices*, Paris, CNRS Éditions, 2015, p. 281-296.

\*\*  R. Millet, *De l'antiracisme comme terreur littéraire, op. cit.*, p. 16.

> 토박이 백인종 프랑스인, 가톨릭 이성애자, 나에 대한 근심
> 만큼이나 타인에 대한 근심으로 가득한, 그래서 언어와 같
> 이 내가 유산으로 얻은 것들에 특히 마음을 쓰고 그것을 물
> 려주는 데에도 신경을 쓰는, 수평성의 아찔함이나 초국적,
> 트랜스섹슈얼, 다인종적, 다문화적 편재성의 황홀함보다 피
> 와 시간의 깊이를 더욱 믿는, 그리고 이러한 유산(진정한 문
> 화의 다른 이름)이 가톨릭과 함께 보편성의 유일한 형태라고
> 확신하며 이 둘을 분리하지 않는, 일반화된 상대주의가 전멸
> 시키려고 애쓰는 모든 것들을. (…)*

미예는 『아네르스 브레이비크에 대한 문학기념사』를 통해 2011년
여름 노르웨이에서 77명의 희생자가 발생한 살인 사건을 미학적
으로 거의 옹호에 가까운 시선으로 바라본다. 희생자 중 대다수는
우퇴위아섬에서 열린 젊은 노동자 연맹 캠프AUF에 참석한 청소년
들이었다. 『아네르스 브레이비크에 대한 문학기념사』는 보들레르
를 뒤이어 악에서 미를 끌어내는 문학 전통에 편입되는가? 이것을
비방하는 자들은 근대 문학이 범죄, 풍속 일탈, 사회적 괴물에 가
지는 관심을 격렬하게 비난하면서 동시에 예술을 위한 예술을 책
망하는, 도덕 수호자의 훌륭한 상속자들인가? 앙드레 지드는 주인
공이 '이유 없는 범죄'를 저지르는 소티sotie**『교황청의 지하실Les
Caves du Vatican』을 내고서 "선한 감정에는 문학의 여지가 없다"라
고 말했다. 미예에게 선한 감정을 늘어놓으라며 나무랄 수는 없다.
하지만 그는 아네르스 브레이비크에 대한 이른바 '문학기념사'에
서 문학을 하고 있는 것일까?

5장. 광판을 위태롭게 하는 현실 참여

---

*      위와 같은 책, p. 28-29.

**     [옮긴이] 시사풍자적 익살극.

미예는 브레이비크의 행적이 나타내는 "형식적 완벽성에 충격을 받았다"고 하며, "완벽은 악과 같이, 언제나 어느 정도는 문학과 함께 보아야 한다"는 명목으로 거기에서 "문학적 차원"을 발견했다. 그러니 우리는 달빛 포탄에 매혹되었던 아폴리네르처럼 그 행위의 '형식적 완벽성'을 미학화하는 서술을 기대하게 된다—다만 미예와 달리 아폴리네르는 그 일을 직접 겪었다. 그런데 그러한 서술 대신, '일어난 일'에 대해 사실에 바탕을 둔 밋밋한 회상이 이어진다. 그 다음 이른바 문학 기념사는, 미예가 곧바로 이 대학살에 "찬성하지 않는다"고 표명했기 때문에 옹호로 전개되지는 않지만 기이한 변론이 되어 버린다—이 글은 살인자에 대한 재판 이틀 전에 출간되었다. 이를테면 미예는 자신의 대의명분을 더 잘 지키기 위해 브레이비크의 전적인 책임을 주장하면서도 그를 다문화주의와 민족 정체성 상실의 희생자로 만든다. "악을 구현하는 것과는 거리가 먼 브레이비크는 순진한 방식으로, 우두머리 없고 기만적인 수평성에 빠진 우리 사회를 갉아먹는 악의 희생적인 대변자가 되었다." 그리고 미예는 살인자의 행위에서 "문명적 생존 본능에 대한 조소"를 읽어 냈다.*

범죄의 책임을 (진짜) 피해자들에게 돌리는 수사학은 익숙하다—나치와 온갖 파시스트들은 제2차 세계 대전의 책임이 유대인에게 있다고 서로 겨루어 강조했었다. 이러한 팸플릿 수사학에는 그 스타일 외에 문학적인 것이 전혀 없으며, 이것은 발터 벤야민이 정의한 것처럼 파시즘에 의해 실행되는 '정치의 미학화'를 환기한다.

이 에세이나, 같은 책에서 이에 앞서 실린 『유령 언어』에서 우리는 제1, 2차 세계 대전 전 반동적 수사학의 라이트모티프를 찾을 수 있다—문명의 끝을 알리는 퇴폐, 혼혈이 "프랑스의 본질"과

*     Richard Millet, *Langue fantôme*, suivi de *Éloge littéraire d'Anders Breivik*, Paris, Pierre-Guillaume De Roux, 2012, p. 115, 110.

언어의 순수함에 초래하는 위험. 그는 인종의 순수함에 대해 말하지 않고 인종주의자임을 부인하지만, '문화'라는 용어 대신 주저 없이 '인종'이라는 용어를 사용한다. 이는 모라스와 악시옹프랑세즈에서 찾아볼 수 있는 주제들이다. 다만 여기서는 무슬림이 유대인을 대체했다는 점이 다르다.

미예의 팸플릿은 인권 수호, 반인종주의, 모든 정체성 근본주의 거부, 성평등과 같은 보편적 가치의 이름으로 분개하는 시위를 일으켰다. 공인된 작가이자 갈리마르에서 책을 낸 노벨문학상 수상자 장-마리 귀스타브 르 클레지오Jean-Marie Gustave Le clézio와 아니 에르노가 쓴 두 선도적인 논설이 모범을 보였다. 장-마리 르 클레지오는 9월 7일 《비블리옵스BibliObs》에서 "인종주의와 외국인 혐오 확산에 있어 작가의 책임"에 대한 질문을 던졌다. "프랑스에서 극우(라 카굴La Cagoule*, 악시옹 프랑세즈)가 외국인 혐오와 반유대주의를 이용하여 나치즘을 맞이할 준비를 해 놓던 (그리고 프랑스의 패배를 준비하던) 1930년대의 구역질 나는 이데올로기가 잿속에서 다시 태어난다." 이것은 이제 이슬람 혐오 양상을 띤다. "…프로파간다는 동일한 용어, 동일한 슬로건, 동일한 강박을 이용한다—외국인의 침략, 기독교적 지표 상실, 인종의 순수성". 그리고 르 클레지오는 "이러한 주제, 이러한 강박이 일부 정치 계급, 그리고 점점 더 많은 지식인 및 예술가에 의해 활용된다"는 점을 우려했다. 그가 보기에 다문화주의는 "이미 케케묵은 질문"이다. 그 이유를 이렇게 설명한다. "우리는 만남과 혼합과 문제 제기의 세계에 살고 있다. 혼합과 이주의 흐름은 언제나 존재해 왔고, 그것이 인간종(단 하나의 인종)의 기원이기도 하다." 르 클레지

*　[옮긴이] 1930년대 프랑스에서 활동한 극우 비밀 무장 단체로, 민족주의, 반공화주의, 반공산주의, 반유대주의, 친파시즘 성격을 띠었다. 본래 명칭은 혁명행동비밀위원회(Comité secret d'action révolutionnaire)이나 대원들이 복면(cagoule)을 쓰고 다녀서 "라 카굴"이라는 별칭으로 알려졌다.

오에 따르면 미예는 오직 "스캔들에 의해서, 그리고 스캔들을 위해서" 존재할 뿐이다. 한편 그는 묻는다. "만약 셀린이 천재이자 선동가였다면, 천재성을 지니기 위해서는 선동가가 되는 것으로 충분한가?"

아니 에르노의 논설은 2012년 9월 10일 《르 몽드》에 실렸다. 작가는 르 클레지오처럼 책을 읽으며 품게 된 반감을 표현하며 첫 에세이 『유령 언어』가 명확히 드러내는 팸플릿의 '타락한 수사학'을 철저히 분석했다. 이 에세이에서 저자는 이민과 다문화주의의 영향으로 프랑스 문학이 쇠퇴하고 "순수성"을 잃어 가는 것을 애석해 한다. 아니 에르노는 다음과 같이 단호하게 이 주장을 인정하지 않는다. "나는 작가로서의 내 작업을 타자와 나를 대비함으로써 정의한 인종, 민족 정체성과 연결시키는 일을 절대로 용납하지 않을 것이며, 인류의 분열을 강요하려 드는 이들과 맞서 싸울 것이다." 아니 에르노는 "프랑스 민주주의의 근간을 이루는 가치를 파괴하려는 목적의 정치적 행위"를 규탄하며 이것은 "문학의 명예를 훼손하는 파시스트 팸플릿" 그 이상도 이하도 아니라고 결론지었다. 이 논설은 작가 118명의 동의를 얻었지만, 에르노는 선동가를 모욕했다는 비난도 받았다. 비슷한 사례들에서 대부분 그렇듯 미예의 옹호자들은 이를 검열이라 부르짖었으나 이러한 대량 학살에 대한 변명이 완전한 자유 속에서 이루어졌다는 점은 언급하지 않았다. 검열과 비판을 혼동하며 뭉뚱그리는 이러한 흔한 논지는 의견을 명확히 하기 위한 논쟁적인 토론을 기대하는 표현의 자유 원칙을 무시하면서 상대방을 침묵에 몰아넣고자 한다. 그렇게 함으로써 그들은 이 논지를 통해 규탄하는 바를 스스로 행하는 꼴이 된다. 어쨌든 문학의 자율성을 주장하기 위해 2015년 첫 앙드레 지드 문학상의 심사위원단이 리샤르 미예의 『시벨리우스Sibelius』에 상을 준 건 사실이며 이 책을 발간한 출판사는… 갈리마르다. 1년 후 출판사는 편집자이기도 했던 리샤르 미예를 해고했다. 2015년 초 그가 편집장이 된 《라 르뷔 리테레르La Revue littéraire》(레오 쉬

르)에서, 그가 베르티칼Verticale 출판사(갈리마르의 자회사)의 작
가 마일리스 드 케랑갈Maylis de Kerangal을 "계집 졸라Zola femelle"
라 칭하며 공격하고 그녀의 독자를 "문화적 동질성을 상실한 국제
적 부르주아지"인 "수천 명의 바보들"이라 일컬으며 비웃었기 때
문이다.*

그러므로 일시적인 명예 회복은 전락한 작가-편집자를 문
학의 연옥으로 추방하는 것을 막기엔 충분하지 못했다. 미예의 말
을 빌리자면 "천민"이 된 그는 본인이 탈락시킨 작가 지망생들에
게 오랫동안 주었던 모욕을 겪게 되었다.** 이러한 실추는 민족적
쇠퇴와 프랑스어의 쇠퇴에 대한 그의 저물어 가는 비전을 그 어느
때보다도 더 키웠다. 그는 『사어 프랑스어. 안티 미예 수록Français
langue morte, suivi de L'Anti-Millet』에서 프랑스어의 순교자를 자처하
며 자신의 희생에 대한 고결한 비가를, 반미주의라는 기치 아래 지
겹도록 되풀이되는 인종차별적, 성차별적, 동성애 혐오적, 반평등
주의 신념에 대한 유식한 정당화와 병치했다. "이전의 미예와 '길
잃은' 미예"를 구분하려는 이들에게 그는 이렇게 반박했다. "나는
이 세계의 우두머리가 대대적으로 조직한 도치 속에서도 나 자신
이 되는 걸 결코 멈추지 않았다."***

---

\* 미예의 논설 "Pourquoi la littérature de langue française est nulle"은 《르
푸앵Le Point》에 2015년 1월 11일에 재수록되었다. 또한 "Richard Millet
"bientôt licencié" de chez Gallimard pour un article hostile à Maylis de
Kerangal", *BibliObs*, 3 mars 2016: https://bibliobs.nouvelobs.com/
actualites/20160303.OBS5788/richard-milletbientot-licencie-de-
chez-gallimard-pour-un-article-hostile-a-maylis-dekerangal.html을
보라.

\*\* Richard Millet, *Français langue morte, suivi de L'Anti-Millet*, Paris, Les
Provinciales, 2020, p. 24.

\*\*\* 위와 같은 책, p. 163.

이 장에서는 서로 매우 다른 사례들을 통해 작품이 작가의 삶과 복잡하게 연결되어 있음을 보았다. 그 연결이 결정되는 방식이 필연적으로 일방적이지는 않다. 저작은 삶의 일부를 이루며, 그것이 저자의 윤리-정치적 성향을 표현할 때는 개념적 형식화나 미학화라는 프리즘을 통하여 완곡화되거나 승화된 형태로 나타나는 경우가 많다. 그리고 그러한 작업은 주어진 장에서의 가능성 및 생각할 수 있는 것의 공간espace des possibles et des pensables에 따라 결정된다. 평판을 위태롭게 하는 현실 참여가 지성적 경력보다 먼저였을 경우 이 사회 참여에 대한 관계를 저작에서 읽을 수 있다. 하이데거의 사례에서는 나치즘하에 철학 장이 자율성을 잃은 것이, 그때까지는 그 공간에 특유한 검열 때문에 완화되었던 반유대주의 세계관을 표현할 수 있게 만들었다. 모라스의 사례에서 그러한 세계관은 그가 강력히 추천했던 정치 체제 및 그가 장려했던 미학과 공존한다. 마지막으로, 급진적인 이데올로기적 현실 참여는 하락하는 궤적에 있는 작가가 지식 장에서 자신의 위치를 유지하기 위한 재전환 전략이 될 수 있다. 그러한 전개가 꼭 이전 작품을 목적론적으로 읽게끔* 만드는 건 아니더라도 우리는 작품과 현실 참여 간 연속성을 되짚어 볼 수 있다.

---

\* [옮긴이] 다시 말해, 특정한 목적을 위해 작품이 쓰였다는 관점에 입각해서 작품을 독해하는 것을 의미한다.

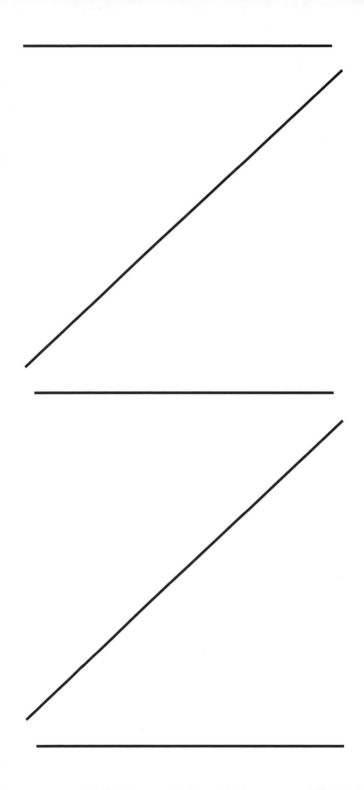

# 6장

## 페터 한트케는 — 악의 — 용호자인가?

오스트리아 작가 페터 한트케에게 노벨상을 수여하며 불거진 스캔들에 대해서는 별도로 검토할 필요가 있다. 앞장에서 검토한 저자들과 달리 한트케는 낙인 찍힌 소수자들에 대한 폭력의 옹호자가 아니며, 출신, 종교, 젠더 또는 성 지향성을 이유로 혐오를 선동한 적도 없다. 이 글의 목적은 구유고슬라비아를 황폐화한 전쟁에 대해 그가 한 특정 발언들과 입장 표명의 애매성 부정이 아니라, 한트케를 둘러싼 논쟁에서의 주요 논거들을 재구성함으로써 그것들을 다시 전망하기 위함이다.

스웨덴 한림원의 종신 사무총장 마츠 말름Mats Malm의 발표에 따르면 노벨문학상이 페터 한트케에게 수여된 이유는 "인간 체험의 변두리와 특수성을 기발한 언어로 탐구한 영향력 있는 작품"이기 때문이다.* 한림원 회원 안데르스 올슨Anders Olsson은 일간지《다겐스 뉘헤테르Dagens Nyheter》에서 노벨상은 "문학상이지 정치상이 아니며, 우리가 그에게 상을 수여한 것은 그의 문학적 공적 때문"이라고 설명했다.** 물론 알프레드 노벨의 유언에 따르면 "전년도에 인류에 가장 큰 이익을 안겨 준 이들에게"*** 상을 주어야 한다. 그렇지만 이 이익은 작품 안에서 표현되는 것이다. 한트케의 작품은 구유고슬라비아 전쟁에 대한 그의 애매한 태도로 얼룩졌는가? 바로 이러한 질문이 제기된다. 수많은 전문가들이 논평한 장대한 작품을 여기서 검토하지는 않겠다. 그보다는 한트케가 표명한 입장과 그것이 촉발한 반응을 살펴보면서 그 애매한 태도가 지닌 속성과 그것이 작품과 맺는 관계를 파악하고자 한다.

6장. 페터 한트케는 악의 옹호자인가?

---

\* Nicolas Weill, "Olga Tokarczuk et Peter Handke, lauréats des prix Nobel de littérature 2018 et 2019", *Le Monde*, 10 octobre 2019, mis à jour le 11 octobre 2019: https://www.lemonde.fr/culture/article/2019/10/10/olga-tokarczuk-et-peter-handke-laureats-des-prix-nobel-de-litterature-2018-et-2019_6014977_3246.html (consulté le 20 mai 2020).

\*\* 위와 같은 글.

\*\*\* https://www.nobelprize.org/alfred-nobel/(consulté le 18 mai 2020).

우리는 노벨상 발표 당시 "문명의 수치"*라고 규탄했던 스레브레니차 대학살 희생자의 부인과 어머니들의 동요를 무시해서는 안 된다. 구유고슬라비아 전쟁에 관계된 복잡한 쟁점들을 여기서 재검토할 작정은 아니지만, 한트케를 비난하는 일부 주장과는 달리** 그는 국제형사재판소에서 집단 학살로 규정된 세르비아인이 스레브레니차 및 다른 지역에서 저지른 대학살들을 결코 부인한 적이 없다는 사실을 곧바로 떠올려야 한다. 케른텐 출신으로 1920년 국민 투표에서 슬로베니아가 당시 태동하고 있던 유고슬라비아에 병합하는 것에 투표한 슬로베니아인의 외손자인 그는,*** 비난받았던 것과 달리 세르비아 민족주의를 옹호한 적이 없으며 구유고슬라비아의 해체를 매우 유감스럽게 생각했고, 뒤에서 살펴볼 바와 같이 서구 열강의 이해관계뿐 아니라 미디어가 전쟁을 재현하는 방식을 규탄했다.

## 의심의 글쓰기에 대한 애매성

노벨상은 한트케의 입장 표명을 둘러싸고 이미 펼쳐졌던 논쟁을 그저 되살렸을 뿐이다. 프랑스에서는 한트케가 2006년 슬로보

---

\* Nicolas Turcev, avec AFP, "Sarajevo: des femmes protestant contre le prix Nobel de Peter Handke", *Livres Hebdo*, le 5 novembre 2019, mis à jour le 5 novembre 2019: https://www.livreshebdo.fr/article/sarajevo-des-femmes-protestent-contre-le-prix-nobel-de-peter-handke (consulté le 20 mai 2020).

\*\* Peter Maass, "Congratulations, Nobel Committee, You Just Gave the Literature Prize to a Genocide Apologist", *The Intercept*, 10 octobre 2019: https://theintercept.com/2019/10/10/congratulations-nobelcommittee-you-just-gave-the-literature-prize-to-a-genocide-apologist/ (consulté le 20 mai 2020).

\*\*\* [옮긴이] 현재 오스트리아에 속한 케른텐 주는 제1차 세계 대전 이후 오스트리아와 세르비아-크로아티아-슬로베니아 왕국의 국경을 정하는 과정에서 1920년 국민 투표를 치렀고, 투표 지역 주민의 59%가 오스트리아에 귀속되는 것을 지지하여 최종적으로 국경이 정해졌다.

단 밀로셰비치*의 장례식에 참석한 것이 4월 6일 《누벨 옵세르바 퇴르Nouvel Observateur》의 '야유Sifflets' 란에서 루스 발랑티니Ruth Valentini의 분개를 담은 단신을 통해 밝혀졌다. 그녀는 한트케를 "수정주의자"라 규정하고, 그가 "청소 명목으로 자행된 스레브레니차 대학살과 다른 범죄들에 찬성했다"고 주장했다―이 비난에 대해 한트케는 5월 11일 반론 게재 청구권을 행사하여 거짓이라고 반박했고, 이 주간지는 명예 훼손으로 유죄 판결을 받았다.** 한트케가 밀로셰비치의 장례식에 참석한 사실 때문에 [프랑스 국립극장] 코메디 프랑세즈의 극장장인 마르셀 보조네Marcel Bozonnet는 그의 연극 〈소리의 나라로의 여행 또는 질문의 기술Voyage au pays sonore ou L'art de la question〉을 극장의 프로그램에 넣지 않았다. 프랑스인이자 독일인 작가 안네 베버Anne Weber는 예술적 검열 행위라 여겨지는 것에 항의하며 문학계, 출판계 및 문화계 인사 40명이 서명한 기고문을 통해 "몇 년 전부터 페터 한트케에게 자행되는 체계적인 추방"을 규탄했다.

그가 『도나우 강, 사바 강, 모라바 강, 드리나 강으로의 겨울 여행Un voyage hivernal vers le Danube, la Save, la Morava et la Drina』(갈리마르)에서 세르비아인의 악마화를 규탄하고 유고슬라비아 내전에 대한 문제들을 제기한 이후로, 미디어는 그 작가를 아무 탈없이 욕할 수 있으며 마음대로 그의 발언을

---

\* [옮긴이] 세르비아 초대 대통령이며, 신유고 연방인 유고슬라비아 연방 공화국의 대통령을 지냈다. 크로아티아 독립 전쟁, 보스니아 전쟁, 코소보 전쟁에서 집단 학살, 반인도죄, 전쟁 범죄 등의 혐의로 기소되어 2002년부터 네덜란드 헤이그의 구유고슬라비아 국제형사재판소에서 재판이 진행되었는데, 재판이 끝나기 전인 2006년 3월 11일 헤이그에서 심장병으로 사망했다.

\*\* "Le Nouvel Observateur condamné pour diffamation", 4 décembre 2007: https://www.nouvelobs.com/medias/20071204.OBS8286/le-nouvel-observateur-condamne-pour-diffamation.html (consulté le 20 mai 2020).

왜곡할 수 있는, 위험한 공공의 적으로 취급했다.*

한편 연구자 장-루이 푸르넬Jean-Louis Fournel과 에마뉘엘 왈롱 Emmanuel Wallon은 "아무리 공식 기관의 수장이라 해도 개인으로 서 책임이 있는 예술가가 한 개인적이고 논리적인 선택"을 "검열" 이라는 용어로 지칭하는 것은 문제가 있다며 이의를 제기했다. 그 들에 따르면 "오스트리아 작가는 예술의 이름으로 인류에 반하는 범죄자에게 기념사를 하면서 본인 스스로 작품과 인간의 구별을 흐리게 만들었다."** 그 연극이 제기하는 질문들을 들려 주는 것이 도움이 될 수도 있다고 밝혔던 문화부 장관 르노 돈디외 드 바브 르Renaud Donnedieu de Vabres에게, 자신의 저서『한트케 케이스Cas Handke』(2003)에서 밀로셰비치를 지지하는 한트케의 현실 참여 를 나치였던 아버지에 대한 명예 회복으로 분석했던 작가 루이즈 랑브릭스Louise Lambrichs는 아래와 같이 반박했다.

···질문의 기술과 관련하여 명백한 사실을 인정해야 한다. 한 트케는 아주 드문 섬세함으로 제대로 된 질문을 하지 않는 기술을 실천한다. 그러면서 그가 계속 전파한 상식을 벗어난

작가와 작품을 분리할 수 있는가?

---

\*   Anne Weber, "Ne censurez pas l'oeuvre de Peter Handke", *Le Monde*, 3 mai 2006. 서명인은 다음과 같다: Klaus Amann, Nicole Bary, Ruth Beckermann, Patrick Besson, Gérard Bobillier, Luc Bondy, Jacqueline Chambon, Yves Charnet, Vladimir Dimitrijevic, Anne Freyer, Robert Hunger-Bühler, Elfriede Jelinek, Peter Stephan Jungk, Colette Kerber, Emir Kusturica, Christine Lecerf, Olivier Le Lay, Jean-Yves Masson, André Marcon, Jean-Michel Mariou, Mladen Materic, Robert Menasse, Pierre Michon, Patrick Modiano, Emmanuel Moses, Paul Nizon, Bulle Ogier, Colette Olive, Pierre Pachet, Christophe Pellet, Serge Regourd, Pierre-Guillaume de Roux, David Ruffel, Eryck de Rybercy, Robert Schindel, Elisabeth Schwagerle, Sophie Semin, Erich Wolfgang Skwara, Gerald Stieg, Josef Winkler.

\*\*  Jean-Louis Fournel et Emmanuel Wallon, "Peter Handke, un témoin sans histoire?", *Le Monde*, 18 mai 2006.

주의néonégationnisme에 속한다.\*

부인주의라는 근거 없는 비난은 차치하고라도, 한트케를 반대하는
자들은 1996년 1월 5일과 16일 [독일 일간지] 《쥐트도이체 차이
퉁Süddeutsche Zeitung》에서 〈세르비아를 위한 정의〉라는 제목하에
(이는 독일어 책의 부제가 되었고 프랑스어 번역본에는 사용되지
않았다) 2부에 걸쳐 실렸던 『도나우 강, 사바 강, 모라바 강, 드리나
강으로의 겨울 여행』, 이 이야기의 속편 『겨울 여행에 대한 여름 회
고Sommerlicher Nachtrag zu einer winterlichen Reise』, 그리고 반인도죄
혐의로 열렸던 세르비아 대통령 슬로보단 밀로셰비치 재판을 다룬
『위대한 법정 주변에서Autour du Grand Tribunal』\*\*에서 한트케가 어
떤 사실은 생략하고 상대주의 형식을 취한 것에 대해 비난했다. 올
리비에 피Olivier Py와 실비 마통Sylvie Matton도 한 기고문에서 이
점을 규탄했다.

예를 들어 한트케가 "세르비아를 위한 정의"를 요구할 때 그
는 범죄 혐의자에 대한 옹호를 다음과 같이 환언하며 주저없
이 묻는다. "누가 침략자들인가?" 그는 시체 더미로 가득한
스레브레니차 지역, 대학살이 있은 지 고작 1년 후에 그가 거
닐었던 그곳을 "평화롭고 아름답다"고 묘사한다. "무슨 일
이 일어날 수도 있었을" 것 같지만 그는 의심을 품고, 목가적
인 꿈속에서 새소리와 샘물이 흐르는 소리를 더 듣고 싶어

---

\*   Louise L. Lambrichs, "Handke, une affaire salutaire", *Libération*, 15 mai
    2006; "Peter Handke crée la polémique", *Le Nouvel Observateur*, 4
    mai 2006: https://www.nouvelobs.com/culture/20060429.OBS5909/
    peter-handke-cree-la-polemique.html (consulté le 22 mai 2020).

\*\*  Peter Handke, *Autour du Grand Tribunal*, trad. fr., Paris, Fayard, 2003.

사르트르와 같이, 침묵도 발언만큼이나 현실에 개입한다고 고려
할 수 있다.** 그러나 한트케는, 독일에서는 47그룹 작가들의 리얼
리즘으로 구현되었던 참여 문학의 개념에 항상 반대했다.*** 초창
기에 아방가르드에 가까웠던 그는 상아탑****에 머물 것과 예술
을 위한 예술을 주장했다.***** 시적인 아름다움을 내세우는 그의
작품은—사르트르는 시가 책임 영역에 해당하지 않는다고 보았
다—비록 그 안에 사회 비판이 넘쳐나지만 명확한 이념적 메시지
를 전달하지 않는데, 이 점에서 토마스 베른하르트Thomas Bernhard
와 공명한다. 한트케는 개입과 서술 사이 양자택일을 거부한다.
《르 몽드》에서 에밀리 그랑쥐레가 그에게 다음과 같이 물었다. "현
실에 개입하기 위해 쓰시나요, 아니면 그저 있는 그대로를 보여 주
기 위해 쓰시나요?" 그가 대답했다. "시선을 열어젖히기 위해 씁니
다. 가끔 우린 그저 어떤 문제를 명확하게 하고 싶을 때가 있어요.
그러면 문장들로 그 윤곽을 그려야 합니다. 그런 식으로 우리는 그

작가와 작품을 분리할 수 있는가?

---

\*          Olivier Py et Sylvie Matton, ""Le Nobel du déshonneur" à Peter
          Handke", *Le Monde*, 11 octobre 2019.

\*\*         『자유의 길』의 저자[사르트르]는 플로베르와 공쿠르가 코뮌(Commune)에
          책임이 있다고 간주했다. 왜냐하면 그들이 "그것을 막기 위해 단 한 줄도
          쓰지 않았기" 때문이다. Jean-Paul Sartre, "Présentation des *Temps
          Modernes*" [octobre 1945], *Situations II. Qu'est-ce que la littérature?*,
          Paris, Gallimard, 1948, rééd. 1975, p. 13.

\*\*\*        Heribert Tommek, "Temporalités. Peter Handke et le champ littéraire
          germanophone des années 1960", in Mireille Calle-Gruber, Ingrid
          Gilcher-Holtey et Patricia Oster-Stierle (dir.), *Peter Handke. Analyse
          du temps*, Paris, Presses Sorbonne Nouvelle, 2018, p. 147-162; Ingrid
          Gilcher-Holtey, "J'écris pour ouvrir le regard", in *ibid.*, p. 193-208.

\*\*\*\*       [옮긴이] 속세의 삶과 떨어져 오직 학문이나 예술에만 잠겨 있는 경지를
          일컫는다.

\*\*\*\*\*      Peter Handke, *J'habite une tour d'ivoire*, trad. Dominique Petit, Paris,
          Christian Bourgois, 1992.

문제를 그려 낼 수 있어요."* 마찬가지로, 문학적 정의正義가 사람을 단죄해서는 안 된다.

> – "문학은 중심의 왕국이다. 즉 정의의 왕국이다"라고 『연필의 역사L'Histoire du crayon』에 쓰셨는데요.
> – 맞아요. 하지만 단죄하지 않는 정의죠. 저는 글을 쓸 때 등장인물들을 상대로 재판을 하는데요, 물론 저에 대해서도 하고요, 하지만 결국에는 이들에게 무죄를 선고해야 합니다. 저는 글에서 단죄하고픈 마음이 조금도 없어요.

그의 현실 참여는 구유고슬라비아에 대한 애착 및 어린 시절 케른텐에서 지내며 이중 언어를 사용한 경험에서 비롯된 소수 집단에 대한 민감성과 관련 있다. 그는 현실 참여를 통해 서구 미디어들이 지역 내 이해관계로 선과 악의 진영을 일방적으로 나눔으로써 만들어진 세르비아인의 이미지를 바로잡으려고 했다.** 이것이 이탈리아 작가 클라우디오 마그리스Claudio Magris의 분석이다.

> …이 반응은 밀로셰비치 사람들이 저지른 범죄에 대해서는 끊임없이 규탄하면서 크로아티아인 투지만***과 무슬림 이제

---

\*     Peter Handke, "J'écris pour ouvrir le regard", propos recueillis par Émilie Grangeray, *Le Monde*, 4 mai 2006.

\*\*     그는 에밀리 그랑주레에게 이렇게 말한다. "저는 세르비아인 희생자에 대해 썼습니다. 왜냐하면 아무도 그들에 대해선 쓰지 않으니까요. 물론 저도 크로아티아인, 무슬림 희생자들을 생각합니다. (…) 저는 결코 부인주의적 입장을 취한 적이 없습니다." *Le Monde*, 4 mai 2006, mis à jour le 20 septembre 2006: https://www.lemonde.fr/livres/article/2006/05/04/je-nai-jamais-eu-de-position-negationniste_768083_3260.html (consulté le 31 mai 2020).

\*\*\*     [옮긴이] 프라뇨 투지만(Franjo Tuđman, 1922-1999). 구유고슬라비아에서 크로아티아의 독립을 이끌었고 크로아티아의 초대 대통령을 지냈다.

트베고비치\* 같은 사람들이 자행한 범죄에 대해서는 묵과하는, 일방적인 정보에 대한 반응이다. 후자 또한 끔찍한 범죄를 무수히 저질렀음에도, 전자의 범죄와 달리 후자의 범죄는 서구의 의식에 들어오지 않았다.\*\*

물론 이것은 풍자 작가 칼 크라우스Karl Kraus로 거슬러 올라가는 오스트리아의 미디어 비평 전통에 포함되는 도발이었다. 『도나우 강, 사바 강, 모라바 강, 드리나 강으로의 겨울 여행』1부가 이러한 도발적 착상에 속하는데 그 팸플릿 형식이\*\*\*─《쥐트도이체 차이퉁》에 실렸을 때의 제목 〈세르비아를 위한 정의〉가 이를 부각한다─그 다음에 채택한 여행 일지 장르와 대조를 이룬다. 이는 일방적인 방식으로 전쟁을 보도하는 저널리스트들을 정식으로 공격한 것이다. "이른바 세계 여론을 위해 이 전쟁에서 가해자와 피해자, 무고한 희생자와 악당의 역할이 너무 성급하게 고정되고 지면에 새겨졌다." 한트케는 세르비아 여행에서 돌아와 이렇게 규탄했고, 이는 언론을 통해 항의를 불러일으켰다.\*\*\*\* 스캔들이 저자의 입장과 전략을 구성한다는 점에서 작가는 아마도 그러한 항의를 원했을 것이다. 하지만 이것은 지배적 이데올로기에 대항하는 진정한 현실 참여에서 유래하기에 냉소주의는 아니다.

---

\*      [옮긴이] 알리야 이제트베고비치 Alija Izetbegović(1925-2003). 구유고슬라비아에서의 독립 이후 보스니아헤르체고비나 연방의 초대 대통령을 지냈다.

\*\*     É. Grangeray, 같은 글에서 재인용.

\*\*\*    Marc Angenot, *La Parole pamphlétaire. Typologie des discours modernes*, Paris, Payot, 1982.

\*\*\*\*   Traduit par Lorraine Millot, "Quand Peter Handke réécrit la guerre pour les Serbes", *Libération*, 30 janvier 1996. 조르주-아르튀르 골드슈미트, 일명 조르주 로르페브르(Georges Lorfèvre)의 번역으로는 다음과 같다. "이 전쟁에서 가해자와 피해자의 역할, 한낱 희생자들과 순전히 더러운 놈들의 역할이 너무 빨리 정해졌고 영원히 고정되었다." (Peter Handke, *Un voyage hivernal vers le Danube, la Save, la Morava et la Drina*, trad. fr., Paris, Gallimard, 1996, p. 38).

언론이, 특히 《슈피겔Der Spiegel》,《프랑크푸르터 알게마이네 차이퉁Frankfurter Allgemeine Zeitung》,《르 몽드》,《리베라시옹》이 피해자를 편파적으로 다루는 것을 규탄하는 일 외에도, 한트케는 알랭 핑켈크로트, 앙드레 글뤽스만André Gluksmann, 베르나르–앙리 레비Bernard-Henri Lévy와 같은 "새로운 철학자들"을 겨냥하며 그들의 단호한 수사학을 분해했고 영화 〈언더그라운드Under-ground〉로 맹비난을 받은 감독 에밀 쿠스트리차Emir Kusturica의 편을 들었다. 하지만 한트케는 "자신의 일부"도 이 지배적 관점에 동의한다고 설명했고, 오마르사크Omarsak나 고른지 바쿠프Gornji Bakuf 강제 수용소에 대한 르포를 보고는 보스니아 헤르체고비나에서의 대학살이 세르비아인들에게 무거운 죄책감을 안겨 준다고 말한 시인이자 세르비아 반대자 뷰크 다르스코피체Vuk Daršković의 문장을 자기가 쓴 것이라 할 수도 있다고 말했다. 그러나 그의 다른 일부는 크로아티아와 보스니아 헤르체고비나의 독립 선언 시 소수민족이라 명시되었던 세르비아인의 관점을 이해하고 싶어 했기에 그는 여행을 떠난 것이었다.*

그러므로 한트케는 대학살을 부인하지는 않았지만, 스레브레니차 대학살에 대해 두 번 언급한 것을 제외하고는 세르비아인들이 자행한 대학살들을 더 이상 거론하지 않았다. 그 언급 중 하나는 그의 동행자 중 한 명의 친구이자 그들을 보스니아 국경에 근접해 있는 자신의 집에서 맞아 준 올가의 말을 간접 화법으로 인용할 때 나온다. "그리고 그녀는 거기 스레브레니차 근처에서 수천 명의 사람들이 살해된 건 사실이라 확신했다."** 아마 세르비아인들도 그 당시 그것을 부정하지 않았다는 것을 보여 주기 위해 사용한 기법이겠지만, 또한 화자와 거리 두기로도 해석될 수 있다. 또 하나는 에필로그에 나온 대화인데 이것은 많은 논평을 불러일으켰다.

---

*      P. Handke, *Un voyage hivernal…, op. cit.*, p. 37.

**      위와 같은 책, p. 90.

그의 파트너 S가 묻는다. "그래도 당신은 스레브레니차 대학살을 의심하지 않을 거지." 화자인 저자는 대답한다.

> "응." 내가 말했다. "하지만 이런 질문을 하고 싶어. 그렇게 자행되었다고들 하는 대학살이, 세계 여론이 보는 앞에서, 게다가 전쟁의 개들을 포함해 모든 당사자들이 죽을 만큼 지친 3년의 전쟁 이후에, 어떻게 설명될 수 있지. 그리고 그건 정말로 체계적이고 조직적이며 오랫동안 계획되었던 일이었어." **왜** 수천 명의 사람들을 학살했나? 그 동기는 무엇인가? 무슨 목적으로? 그리고 왜, 원인을 찾는 대신에('사이코패스'로는 충분치 않다) 거듭, 시장이 결정하는 대로 사실과 사실의 겉모습을 조잡하게 외설적으로 팔기만 하나?*

독일어판에서는 애매성이 더욱 커진다.

> Aber ich möchte dazu fragen, wie ein solches Massaker denn zu erklären ist, begangen, so heißt es, unter den Augen der Weltöffentlichkeit, und dazu nach über drei Jahren Krieg, wo, sagt man, inzwischen sämtliche Parteien, selbst die Hunde des Krieges, tötensmüde geworden waren, und noch dazu, *wie es heißt*, als ein organisiertes, systematisches, lang vorgeplantes Hinrichten.**

저가와 작품을 분리할 수 있는가?

---

\*　위와 같은 책, p. 114-115.

\*\*　"Zum Nachlesen: Peter Handkes Reisebericht "Gerechtigkeit für Serbien"; Epilog", *Süddeutsche Zeitung*, 19 octobre 2019: https://www.sueddeutsche.de/kultur/peter-handke-gerechtigkeit-fuer-serbien-reisereportage-reisebericht-1.4647609-3 (consulté. le 29 mai 2020); et *Eine winterliche Reise zu den Flüssen Donau, Save, Morawa und Drina oder Gerechtigkeit für Serbien*, Berlin, Suhrkamp, 1996, p. 121. 강조는 내가 한 것이다.

애매성은 "wie es heißt"라는 표현에서 비롯되는데, 이것은 [프랑스어로] '사람들이 말하듯comme on dit'으로 번역될 수 있고 영어에서는 '그렇게 보이는as it seems'으로 과잉 해석되었다. 토마스 베른하르트를 연상케 하는 이 표현은, 이 대학살들을 제2차 세계 대전 시기 체계적인 유대인 절멸 계획과 비교하는 대중 담화와 거리를 두는 것을 나타내며—프랑스어에서는 이 거리가 재현되지 않았다*—이는 곧 한트케가 이러한 비교에 대해 하는 비판이다. 독일 학자 슈테폰 헨델Steffen Hendel에 따르면 한트케는 전쟁과 대학살에 대한 설명을 찾고 사건들을 이해하고 싶어 하며, 언론에서 사용된 표현으로 그것들을 서술하고, 동시에 그 원인을 찾으려고 노력한다.**

한트케는 의심을 해소하기 위해『도나우 강, 사바 강, 모라바 강, 드리나 강으로의 겨울 여행』번역판 서문에서 자신의 방식을 명확하게 밝힐 필요가 있다고 느꼈다.

세르비아를 가로지른 나의 여행에 대해 정확히, 언제나 나의 책, 나의 문학을 쓰는 것과 같이, 느리게 이야기하고 질문들을 던지는 방식으로 썼다. 각 문단은 재현, 형식, 문법, 미학

---

\* 그의 작품을 다수 번역한 번역자인 조르주-아르튀르 골드슈미트는 이로써 본인과 작품을 분리하고 싶었을까? 아니면 오해를 줄이고 싶었을까? 어쨌든 그는 "공개적인 필명 조르주 로르페브르로『겨울 여행』을 번역함으로써, 어느 정도는 이 책이 일으킬 수 있는 오해에 대해 주의를 환기시키고자 했다"고 말했다. "Goldschmidt, traducteur du Nobel", *En attendant Nadeau*, 3 décembre 2019: https://www.en-attendant-nadeau.fr/2019/12/03/goldschmidt-traducteur-handke/(consulté le 20 mai 2020). 그러나 그는 페터 한트케가 악의를 지녔다고 의심하지는 않는다며 내게 서면으로 친절하게 알려 주었다. "그에게는 매우 단호하고 '객관적'이어서 그렇게 말고는 달리 표현할 수 없는 강력한 주체성의 시각이 있고, 그것은 여하간에 학살을 지지하는 것과는 완전히 다른 것을 의미하며, 그렇게 가정하는 것은 사유에 대한 터무니없는 악행입니다."

\*\* Steffen Hendel, *Den Krieg erzählen. Positionen und Poetiken derDarstellung des Jugoslawienkrieges in der deutschen Literatur*, Osnabrück, V&R unipress, 2017, p. 141.

적 진실성의 문제를 다루고 이야기하며, 내 책들은 처음부터 끝까지 언제나 그랬다.*

책의 마지막에 이르러 한트케는 "슬로베니아, 크로아티아, 보스니아 또는 세르비아의 독자뿐만 아니라 독일어권의 독자"에게도 전한다며, "우회에 의한, 어떤 부차적인 것들의 보존에 의한" 그의 기법이 미래 평화를 위해 "본질적인 사실들"을 반복하는 것보다 "공통의 기억"을 일깨우는 데 있어 더욱 적합하다고 설명했다.** 그는 이 기법이 불러일으킬 반론을 대화 형식으로 연출했는데, 이를테면 그 스스로도 자문했을 다음과 같은 질문을 통해서였다. "작은 고통(치아가 없는 것)에 대한 이야기는 큰 고통을 희석시키고 가리고 뒤죽박죽으로 만드는 데 기여하지 않는가?" 그리고 그의 "시적인" 작업을 "모호한" 작업에 견주었다. 하지만 이전까지 사라예보, 투즐라, 스레브레니차, 비하치의 "커다란 고통"의 시대를 다루던 이야기는, 1992년 "보스니아의 세르비아인 절멸"에 대해 말하는 올가 아버지의 작별 편지로 별다른 설명 없이 끝을 맺는다.*** 이는 아마도 가해자가 되기 전에 피해자였으며 복수심에서 행동했다는 세르비아인의 주장을 뒷받침하는 증거일 것이다. 고통의 대칭을 재정립하고 애매한 시적 기법을 통해 기억을 교차시키겠다는 목표는, 지배적 담론에 대항하고 싶었던 나머지 불명확한 담론을 쓰는 전략을 활용함으로써 글의 의미를 불안정하게 만든다.

사실 한트케의 문체와 시학의 특징인 의심은 일반적으로 문제 제기나 상대화relativisation로 해석될 수 있다. 더욱이 글에서 그러한 독해를 분명하게 상쇄해 주는 부분이 전혀 없다. 한트케를 반대하는 자들, 특히 가장 맹렬한 반대자 중 한 명인 보스니아인이자

---

* P. Handke, *Un voyage hivernal…, op. cit.*, p. 14.
** 위와 같은 책, p. 125.
*** 위와 같은 책, p.124-125. 편지는 126쪽에 재수록되었다.

독일인 작가 아드난 델라리치Adnan Delalić가 바로 그러한 독해를 했다. "집단 학살의 부인주의는 **'문자 그대로, 아무 일도 일어나지 않았다'**는 주장을 넘어선다. 그것은 흔히 **'무슨 일이 일어나긴 했지만'**의 형태로 나타나며", 이러한 수사학 전략은 "지우고 생략하고 최소화하고 상대화하고 탈맥락화하는" 데 있다. 사실들을 확립하기보다는 "불확실한 분위기"를 조성하면서 그것들을 "불안정하게 만든다".* 예를 들어 1996년 10월에 출간된 『겨울 여행에 대한 여름 회고』에서 한트케는 스레브레니차 대학살 추념일과 관련해 "집단 학살로 추정"되는 대학살이라고 말했고, 이것은 그 당시에 사건들이 아직 재판되지 않았기에 사법 현실에 상응하는 것이기는 했지만, 이 또한 이중 독해의 여지를 주었다.

그는 1999년 코소보 전쟁 기간 동안 서구가 세르비아를 폭격한 것을 비난하며, 항의의 표시로 권위 있는 게오르크 뷔히너상을 반환했고 그 폭격에 동의했던 가톨릭 교회를 떠났다. 또한 이와 관련해 그는 훗날 뉴라이트가 발의한 것으로 밝혀지는 청원서에—이 사건에서 이용당한 다른 지식인들과 마찬가지로—서명하게 되었는데, 이는 그를 반대하는 사람들에게 그가 민족주의라고 비난하는 근거를 강화했고 오해는 계속되었다.**

한트케는 『도나우 강, 사바 강, 모라바 강, 드리나 강으로의 겨울 여행』의 에필로그에서 "이것은 결코 '나는 고발한다' 식이 아니라는 걸 잘 알아야 한다"고 명시했다. 이 책의 초판 제목이 '세르비아를 위한 정의'였던 것이나 언론을 비판하는 것은 1898년 드레퓌스 대위의 무죄를 주장한 에밀 졸라의 「나는 고발한다」나, 더 이전으로는 칼라스 사건 이후 1973년 볼테르가 쓴 『관용론Traité sur

---

\*      Adnan Delalić, "Wings of Denial": http://www.mangalmedia.net/english//wings-of-denial (consulté le 29 mai 2020). 번역은 내가 한 것이다.

\*\*      Ariane Chemin et Christiane Chombeau, "L'embarrassant appel à la paix de la "Nouvelle Droite"", *Le Monde*, 1er avril 1999.

la tolérance』으로 거슬러 올라가는 사법 비판이라는 지적 전통과 공명하는 것처럼 보였다. 2003년에 출간된 에세이 『위대한 법정 주변에서』는 언뜻 그러한 전통에 더욱 직접적으로 연관된 것처럼 보였다. 한트케는 이 작품에서 구유고슬라비아 전쟁 동안 행해진 범죄에 대한 헤이그 국제형사재판소 공판의 인상을 상세하게 이야기하며, "'국제 공동체'에 매수된" 재판관들의 공평성에 문제를 제기하고 그로 인해 이들이 직무를 "전혀" 수행하지 않는다고 말했다―이 전쟁의 전문가들 또한 세심하게 논거를 제시하며 이 점을 확인했다.* 그럼에도 불구하고, 그의 관찰 방식을 지드의 『중죄재판소의 추억 Souvenirs de la cour d'assises』과 견주는 것이 보다 적절할 것이다. 한트케는 사건을 심리하기 위한 논증도 증거도 제시하지 않았다. 당연한 일이다. 그는 애초부터 밝혔다. 작가보다 더 "의심쩍은" 증인이 존재하는가?**

이 에세이는 우선 증언 대신 사법에 대한 미디어상의 재현과 허구적 재현을―매우 흥미롭게―성찰하고, 저자는 이를 미디어가 재판을 보도하는 방식과 그 연출에 비추어 본다. 이러한 성찰은 법정, 교도소 면회실, 또한 법정 영화에 열광했던 전 법대생이라는 그의 경험에 뿌리를 두고 있다. 그는 피고인이 사전에 유죄 판결을 받은 소송을, 그가 기억하는 법정 영화 대부분이 다루는 무죄를 입증하기 위한 싸움의 이야기 및 무죄 추정과 대조한다. 무죄 추정에 대한 이러한 집착과 사법 절차에 대한 의심은, 아직 미성년자였던 남동생이 봉헌용 곡물단을 잘라 투옥된 것에 격분했던 그의 개인적 경험에서 비롯된다. 논증과는 거리가 먼, 개인적인 회고에 대한 이야기지만, 그럼에도 전쟁 범죄자에서 사법에 의해 부당

---

\*   P. Handke, *Autour du Grand Tribunal*, op. cit., p. 30; 이 재판소와 관련, 장-아르노 데랑스의 상세한 분석을 보라. Jean-Arnault Derens, "Le Tribunal pénal international pour l'ex-Yougoslavie: une faillite annoncée?", *Politique étrangère*, 4, 2015, p. 25-37.

\*\*   P. Handke, *Autour du Grand Tribunal*, op. cit., p. 12.

하게 처벌받은 어린이로 이어지는 지적 여정에 대해 자문해 볼 수 있다.* 그는 서구 열강의 이익에 유리하게끔 국제 사법의 편파성이 만연해졌다고 여겼고, 이를 뒷받침하기 위해 반세르비아 진영의 다양한 인물들이 미디어의 박수갈채 속에 받은 상 목록을 일리 있게 언급했다. 그러한 인물 중에는 2001년 독일 서적상이 수여하는 평화상 수상자이자 "유고슬라비아에 대한 폭격에 찬성했으며 그에 대한 법의 지지가 필요하다고 여기지 않던 지혜의 애호가" 위르겐 하버마스도 있었다.**

미디어가 보이는 만장일치와 그가 예시로 들기도 한 독일 언론에 의한 왜곡에 직면하여, 한트케의 이야기는 사실에 대한 균형을 다시 잡고자 한다. 이 지점에서, 비록 그는 증인이나 피해자를 지명하지 않기를 선택했지만, 그의 글쓰기는 정확성이라는 윤리에 충실하다. 1998년 3월 처음 재판소를 방문했을 때 [보스니아] 첼레비치 수용소 —그 책임자 3명이 살인, 고문, 그리고 한 사건에서는 강간으로 유죄 판결을 받았다—에 수감됐던 세르비아 산림 관리인인 한 증인을 만났던 일을 이야기하며, 그는 보스니아인과 크로아티아인이 저지른 범죄를 언급한다. 또한 이 수용소 사건의 한가운데에 놓여 있던, 1992년부터 1994년까지 보스니아의 크로아티아군 지휘관이었던 티호미르 블라스키치Tihomir Blaškić에 대한 소송도 언급한다. 이 사람은 반인도죄로 45년형을 받았는데, 스레브레니차 집단 학살로 라디슬라브 크르스티치Radislav Krsitć 부사령관에게 적용된 형량 이후 두 번째로 높은 형량이었다.*** 그 다음 밀로셰비치 재판에서 피고인이 한 명 한 명 제시한 "단조로운" 폭

6장. 페터 한트케는 악의 옹호자인가?

---

\* 루이즈 랑브릭스는 이것이 아버지의 나치당 참여를 부인하는 것에 기인한다고 보았다. L. Lambrichs, *Le Cas Handke*, Inventaire/Invention, 2003. 이 분석에 대해서는 뒤를 보라.

\*\* P. Handke, *Autour du Grand Tribunal, op. cit.*, p. 31.

\*\*\* 위와 같은 책, p.41-49. 이 유죄 판결과 관련, Sophie Perrier, "45 ans de prison pour un général croate", *Libération*, 4 mars 2000를 보라.

격 희생자 목록, 그리고 그가 그곳에 세번째 방문했을 때 들은 코소보 전쟁의 두 증인이 한 진술이 나오고, 한트케는 그 진술의 결점과 편향성을 보여 주는 데 몰두한다. 또 작가는 "아파르트헤이트"라는 지칭에 이의를 제기한다. "어떤 민족이 코소보의 어떤 민족을 배척했고 또 배척하는가?"*

그의 에세이는 《리베라시옹》이 세르비아인에 대한 편견을 퍼뜨렸다며 비판하고, 대치하는 두 진영에 대한 불균형한 표상을 바로잡아 줄 수 있는 글들을 추천하며 끝난다. 그는 "짧은, 항상 더 짧은 문장으로 된 일방적인 결정"과 "지배적 의견"의 결실인 그러한 표상과, 이를테면 "말편자" 작전을 의심하던 자들이 구현한 "소수 의견"을 대립시킨다. 소위 알바니아인 추방 계획인 이 작전은 독일 국방부 장관 루돌프 샤핑Rudolf Scharping이 [코소보 전쟁 기간] 북대서양조약기구NATO의 폭격을 정당화하기 위해 1999년 코소보에 있는 세르비아군에게 그 책임을 전가한 것이지만, 이 작전의 존재 여부는 전혀 입증되지 않았다.** 따라서 우리는 한트케가 재구성 과정에서 세르비아의 관점을 우선시한다고 정당하게 비난할 수 있지만 이때에도, 어떤 측면에서는 편향적이고 선별적이라 할 수 있는 미디어의 재현을 바로잡으려는 의지 속에 그의 접근 방식을 재위치시켜야 한다.

그럼에도 밀로셰비치의 장례식에 한트케가 참여한 것은, 그가 거기에서 "느낌"이 뒤섞인 의심만을 표명했더라도—"저는 제가 모른다는 것을 압니다. 저는 진실을 모릅니다. 하지만 저는 봅니다. 듣습니다. 느낍니다. 기억합니다. 그래서 저는 오늘 유고슬라비아 가까이에, 세르비아 가까이에, 슬로보단 밀로셰비치 가까이에 있

---

\*  P. Handke, *Autour du Grand Tribunal, op. cit.*, p. 86.

\*\*  일간지 《슈핑겔(Der Spingel)》이 2000년 1월 10일 이렇게 밝혔다. 이 외에도 특히 다음을 볼 것. Serge Halimi et Pierre Rimbert, "Le plus gros bobard de la fin du xxe siècle", *Le Monde diplomatique*, avril 2019, p. 5: https://www.monde-diplomatique.fr/2019/04/HALIMI/59723.

습니다."—작가의 차후 발언들은 선의와 관련해 정당한 의심을 낳았고 그는 해명을 촉구받았다. 그의 연극 상연이 취소되었다는 소식에 한트케는 《리베라시옹》에 상세하게 해명하는데, 특히 사람들이 남용하고 있다고 생각하는 밀로셰비치와 히틀러 간의 비교를 멈출 것을, 크로아티아인과 보스니아인이 자행한 대학살도 고려할 것을 요구했다. 그렇다고 해도 그는 세르비아인이 저지른 대학살들을 부인하지 않고 그중 "1995년 7월 스레브레니차의 대학살들은 사실상 단연코 가장 끔찍하다"고 명확히 밝혔다. 그러나 그는 '집단 학살'이라는 용어는 여성과 어린이가 얽힌 학살에만 사용되어야 한다고 보았다. 이듬해 국제형사재판소의 의견은 그의 견해가 틀렸음을 입증했다. 이 대학살들을 어떤 곳은 '집단 학살적 행위'로, 다른 곳은 '집단 학살'로 규정했다(그리고 집단 학살에 대한 세르비아의 혐의를 벗겨 냈지만, 그것을 막기 위해 아무것도 하지 않았으므로 공모하였다고 판결했다). 그러나 한트케의 논거와 유사한 논거로 이러한 지칭을 문제 삼는 전문가들도 있었다.* 한트케는 본인도 그 존재를 인정했던, 1992년부터 1995년까지 유고슬라비아의 공화국들 영토에, 특히 보스니아에 존재했던 "용납할 수 없는" 수용소를 지칭하기 위해 "집단 수용소"라는 용어를 사용하는 것을 홀로코스트와의 연합association 때문에 거부했으며, 이러한 수용소들이 보스니아와 세르비아에만 있던 것은 아니라고 분명히 밝혔다. "크로아티아인 수용소도 있었고 무슬림 수용소도 있었으

6장. 페터 한트케는 악의 옹호자인가?

---

\* 예를 들어 역사학자 이브 테르농(Yves Ternon)은 "집단 학살적 행위"라는 지칭에는 동의하지만 "집단 학살"에는 동의하지 않았다. 왜냐하면 그러한 속성의 행위들이 다른 여러 장소에서 행해지지 않았으며 성별과 나이에 따른 구별이 있었기 때문이다(살해당한 건 남성들이다). 한편 그는 대학살들이 특히 크로아티아인에 의해서도 행해진 점을 상기시켰다(Yves Ternon, "La décision de la CIJ sur Srebrenica ouvre une boîte de Pandore", *Le Monde*, 2 mars 2007). 1999년에 역사학자 자크 세믈랭(Jacque Semelin)은 "대규모 범죄(crime de masse)"라고 칭하기를 선호했다. "Qu'est-ce qu'un crime de masse? Le cas de l'ex-Yougoslavie", *Critique internationale*, 6, 2000, p. 143-158.

며 헤이그 재판소는 그곳에서, 또 저곳에서 행해진 범죄들을 재판하고 재판할 것이다."* 얼마 지나지 않아, 한트케가 매우 권위 있는 하인리히 하이네상의 2006년도 수상자가 된 것에 뒤셀도르프시 위원회가 항의하며 새로운 미디어 스캔들을 촉발시켰을 때, 이 오스트리아 작가는 《쥐트도이체 차이퉁》에서 논지를 펼치며 스레브레니차 대학살은 "제2차 세계 대전 이후 인류에 자행된 최악의 범죄"라고 말했다.**

## 현실 참여의 대가

문학 세계에서, 어떤 이들은 하이네상에 대한 문제 제기 외에(특히나 독일에서 많이 논의되었다) 작품 자체에 문제를 제기했는데 아이티인이자 캐나다인 작가 다니 라페리에르Dany Laferrière가 그중 한 명이다. 그는 시평을 통해 "우리는 한트케가 파시스트라는 사실을 받아들이기를 거부했다. 그 이유는 그의 책들을 관통하는 끈적거리는 불안과 염려스러운 침묵 때문이다"라며 주장을 밀어붙였다. 뛰어난 작품을 정당하게 평가하지 않는 판단에 몹시 놀란 퀘벡 작가이자 교수 이본 리바르Yvon Rivard는 저자를 "몽상가, 역사에서 길을 잃은 이야기꾼"으로 분류했다.*** 2003년에 작가 루이즈 랑브릭스는 한트케의 모든 작품과 세르비아 독재자에게 호의적인 그의 현실 참여에 대한 실마리는 (한트케가 청소년기 때는 거의 알지 못했던) 생물학적 아버지가 나치당에 참여한 사실을 부인

---

\*     Peter Handke, "Parlons donc de la Yougoslavie", *Libération*, 10 mai 2006.

\*\*    "Ich wiederhole aber, wütend, wiederhole voller Wut auf die serbischen Verbrecher, Kommandanten, Planer: Es handelt sich bei Srebrenica um das schlimmste "Verbrechen gegen die Menschlichkeit", das in Europa nach dem Krieg begangen wurde"(Peter Handke, "Am Ende ist fast nichts mehr zu verstehen. Die Debatte um den Heinrich-Heine-Preis", *Süddeutsche Zeitung*, 1er juin 2006).

\*\*\*   Yvon Rivard, "Présence de l'auteur Peter Handke aux funérailles de Milosevic – Avec Handke", *Le Devoir*, 5 juin 2006.

하려는 것에 있다고 여겼다. 작품에서 (그의 생물학적 아버지로부터 물려받은 것이 아닌) 이름에 대한 문제를 강조하는 것은 아마도 일리가 있겠지만, 설득력이 거의 없고 꼬치꼬치 캐묻는 듯한 독해와 근거가 거의 뒷받침되지 않은 분석을 신뢰하기는 어렵다. 예를 들어 그녀는 한트케가 어머니의 자살 이후 어머니에 대해 쓴 매우 아름다운 이야기에서, 히틀러의 연설에 매료되었던 젊은 시절 어머니의 관점을 그가 택했다고 비난했다. 그렇지만 랑브릭스는 남편(그의 성을 한트케가 물려받았다)에게 얻어맞고 독서에—뒤늦게—관심을 가진 한 여성의 진부하고 의미를 잃은 삶을 자유 간접화법과 탈개인화된 형식으로 서술하는 이 이야기의 전반적인 인상과, 제목 『소망 없는 불행Le Malheur indifférent』에서 생겨나는 슬픈 아이러니를 찾아내지 못했다.

이제 노벨상을 둘러싸고 동원된 논의들을 살펴보자. 첫번째 반응은 분개였는데, 이는 당연히 그의 수상에 충격 받은 보스니아 출신의 작가들의 반응이었다. 이미 언급했던 아드난 델라리치 외에도, 소설 『출신Origine』에서 유고슬라비아 전쟁 기간 동안 가족이 피난한 이야기로 독일도서상을 수상한 보스니아인이자 독일인인 사샤 스타니시치Saša Stanišić가 한트케를 공인한 것에 항의했다. 그의 트위터상 발언에 따르면 한트케는 "현실을 변형시키고 진실을 알지 못하는 척하고서는, 그가 창조한 사실들임에도 이 창조가 엄연한 사실인 양 제시하는 허위를 유포한다".*

1991년까지 한트케를 문학적 모델로 삼았던 보스니아인이자 미국인 알렉산다르 헤몬Aleksandar Hemon은 빔 벤더스의 영화 〈베를린 천사의 시〉의 각본가[페터 한트케]가 전쟁에 대해 한 발언들을 처음에는 믿지 않았으나, 이후 그를 "집단 학살 옹호자들의

---

\* Saša Stanišić, "Handke vermiest mir den eigenen Buchpreis", *Der Spiegel*, 15 octobre 2019. 내가 번역하였다.

밥 딜런"이라 명명했다.* 슬로베니아 작가 미하 마지니Miha Mazzini
또한 다음과 같이 말했다.

> 몇몇 예술가들은 이데올로기를 위해 영혼을 팔았고(함순**
> 과 나치즘), 어떤 이들은 혐오를 위해(셀린과 그의 광적인 반
> 유대주의), 어떤 이들은 돈과 권력을 위해(쿠스트리차) 영혼
> 을 팔았지만, 나를 가장 불쾌하게 한 것은 밀로셰비치 정권
> 에 대한 순진함을 보였던 한트케였다. 개인적인 생각이다.***

전쟁을 직접 겪은 작가와 지식인들만 분개한 것은 당연히 아니었
다. 영국에서는 살만 루슈디가 한트케의 "슬로보단 밀로셰비치 집
단 학살 정권에 대한 열정적 옹호 시리즈"에 대해 1999년 그에게
부여했던 "올해의 국제적 멍청이"라는 칭호를 되풀이했다. 그러나
한트케는 살만 루슈디에게 답하는 편지에서 그의 비난이 거짓됨
을 지적했다.**** 자신이 인정하는 작품을 가르치는 소설가 하리 쿤
즈루Hari Kunzru는 그를 "훌륭한 통찰력과 충격적인 윤리적 무분
별함을 결합시키는 매우 뛰어난 작가"로 정의했다. 쿤즈루는 한트

---

\* Aleksandar Hemon, "The Bob Dylan of Genocide Apologists", *The New York Times*, 15 octobre 2019: https://www.nytimes.com/2019/10/15/opinion/peter-handke-nobel-bosnia-genocide.html (consulté le 21 mai 2020).

\*\* [옮긴이] 크누트 함순(Knut Hamsun, 1859-1952)은 노르웨이의 소설가로
『굶주림』(1890), 『목신 판』(1894), 『땅의 혜택』(1917) 등을 썼고 1920년
노벨문학상을 수상했다. 제2차 세계대전 시기에 자신이 받은 노벨상
메달을 괴벨스에게 보내기도 하고 1945년 히틀러가 자살했을 때 그를
추모하는 글을 신문에 싣기도 하는 등 나치에 찬동했다.

\*\*\* Sian Cain, ""A Troubling Choice": Authors Criticise Peter Handke's
Controversial Nobel Win", *The Guardian*, 11 octobre 2019: https://www.theguardian.com/books/2019/oct/10/troublingchoice-authors-criticise-peter-handke-controversial-nobel-win에서 재인용 (consulté le 21 mai 2020).

\*\*\*\* 한트케의 답변은 "Une lettre de Peter Handke", *Le Monde*, 20 mai
1999을 보라.

케가 세르비아 정권의 전도사 역할을 하지 않았더라면 노벨상을 더 빨리 받았을 것이라고 보았다. 그리고 그는 이렇게 결론 내렸다. "그 어느 때보다도 더, 우리의 정치 지도자들이 보이는 무관심과 냉소주의 앞에서 인권에 대한 굳건한 보호를 표명할 수 있는 지식인이 필요하다. 한트케는 그러한 지식인이 아니다."* 물론 한트케가 그것을 자처한 적은 없다.

사건은 개인 차원의 입장 표명을 넘어섰다. 펜 아메리카PEN America는 제니퍼 에간Jennifer Egan 회장의 입을 빌려 평소에 없던 선언을 했다.

> 우리는 자신의 공적 목소리를 이용해 역사적 진실을 뒤흔들고 슬로보단 밀로셰비치 전 대통령과 보스니아의 세르비아계 지도자 라도반 카라지치Radovan Karadžić 같은 집단 학살 주모자들에게 공개적인 연단을 제공하는 작가를 선정한 것에 말문이 막힌다. (…) 철저한 자료로 뒷받침된 전쟁 범죄에 집요하게 의문을 제기한 작가가 그의 "언어적 기발함"으로 공인받을 자격이 있다는 결정을 거부한다. 민족주의, 권위주의, 그리고 일반화된 정보 조작이 세계적으로 고조되는 시기에, 문학 공동체는 이보다 더 나은 대우를 받을 자격이 있다.**

반대편에서는 수많은 작가, 번역가, 연구자들이 서명을 담은 선언문을 통해 이 작가를 향한 공격에 반발했다.

> 급진적이고 일관되게, 뚜렷한 개인의 이득 없이 오히려 대가 치르기를 감수하면서, 사람들이 자신을 포함한 모든 작가들

6장. 페터 한트케는 악의 옹호자인가?

---

\* S. Cain, "A Troubling Choice…", art. cité. 에서 재인용.

\*\* https://pen.org/press-release/statement-nobel-prize-for-literature-2019/ (consulté le 21 mai 2020). 내가 번역하였다.

에게 기대하는 입장에 맞서, 작가라는 존재가 지닌 자율성을 주장한 저자, 그리고 그의 작품에 사람들이 쏟아 내는 혐오는 참으로 끔찍하다.

반反한트케 선전은 이 저자에 대한 응징을 꾀할 뿐만 아니라, 공개 토론에서 사람들을 동요시키는 작가들의 영향력에 대해서도 응징하려고 한다. 저들은 자율적인 관점을 표현하려는 모든 시도를 규제하고 싶어 한다. 우리는 온 힘을 다하여 페터 한트케를 비롯한 작가들의 자율성에 반하는 이러한 미디어 캠페인에 맞서 싸울 것이다.*

피에르 아술린은 이러한 입장에 동의하며 미국식 '위선moraline'을 공격했다. "창작자의 정치적 또는 사회적 태도에 대한 도덕적 판단을 기준으로, 한 작가의 작품을 판단하고 필요한 경우 검열하는 것은 (…) 부조리하고 환원적이며 한탄스러울 뿐만 아니라 위험하기까지 하다."**

그러므로 한트케를 비판하는 자들과 옹호하는 자들 중 다수가 다음 사실에 의견을 같이한다. 한트케의 처신은 가장 중요한 독일어 문학 작품이라고 널리 인정받는 그의 작품이 지닌 가치를 전혀 변화시키지 못하며, 한트케가 표명한 입장이 작품의 심오한 의미를 바꿀 수 없다는 점이다. 하지만 후자는 한트케에게 상을 수여하는 것이 저자가 윤리정치적으로 애매한 입장을 취했다는 사실과는 독립적으로 작품의 가치라는 면에서 정당하다고 보는 반면,

---

* "Peter Handke et le prix Nobel de littérature, Déclaration d'auteurs et d'auteures, chercheurs et chercheuses en littérature, essayistes, traducteurs et traductrices, etc.", trad. fr.: http://www.handkeerklaerung.at/fra.html (consulté le 20 mai 2020).

** Pierre Assouline, "Le problème avec ceux qui ont un problème avec Peter Handke", *La République des livres*, 12 octobre 2019: http://larepubliquedeslivres.com/le-probleme-avec-ceux-qui-ont-un-problemeavec-peter-handke/comment-page-5/ (consulté le 29 mai 2020).

전자는 그러한 입장 때문에 그가 상을 받을 자격이 없다고 생각한다. 왜냐하면 엘리자베스 필립Élisabeth Philippe이 《롭스L'Obs》에서 설명하듯 "한트케에게 있어 작품과 삶의 경계는 매우 미묘하다. 스웨덴 한림원 회원들은 그와 함께 힘의 어두운 면에 발을 딛고 그들이 잘 가 보지 않았던 기이한 회색 영역으로 들어간다. 그러한 상이 어떤 신호를 보내는가?"* 우리는 다시금 작품과 작가의 현실 참여를 분리하기는 어려움을 보았다. 하지만 그렇다고 해서 작품의 도덕성이 문제가 되는가? 시적 기법을 공론 속 도발적인 발언의 형태로 옮긴 것이 사람들이 유감스럽게 여길 만한 모호함을 품고 있다는 점만으로 그 작품의 자격을 박탈할 수는 없다.

게다가 그를 둘러싼 토론은 작품이 작가의 도덕성에 대하여 자율성을 지니는가 하는 문제로 국한되지 않았다. 이 토론은 도덕성의 성질도 다루었다. 한트케를 옹호한 사람들 중 일부는 그가 취한 입장을 미디어에 대한 비판이자 도발적이고** 유익하기도*** 한 개입이라 분석했고, 그를 비난하는 사람들 대부분은 이를 민족주의이자 '인종 청소'에 대한 변호라고—약간은 악의를 담아—규탄했다. 전자는 그가 취한 입장이 지닌 애매함을 언제나 정확하고 충실하게 설명하지는 않았던 반면, 후자는 맥락을 벗어난 인용을 과도하게 사용하거나 그가 하지 않은 발언들까지 그가 한 것처럼 보이게 만들기도 했다.

---

\*     Élisabeth Philippe, "Peter Handke: le prix Nobel pour un "trou du cul" pro-serbe?", *BibliObs*: https://www.nouvelobs.com/bibliobs/20191010. OBS19606/peter-handke-le-prix-nobel-pour-untrou-du-cul-pro-serbe.html.

\*\*    Ingrid Gilcher-Holtey, "J'écris pour ouvrir le regard", art. cité., et "Politique et littérature: Peter Handke", conférence au Goethe-Institut Lyon, 16 janvier 2020를 보라.

\*\*\*   Eberhard Grüber, "The Scandal Is not Where They say It is", *Diakritik*, 10 décembre 2019: https://diacritik.com/2019/12/10/peterhandke-the-scandal-is-not-where-they-say-it-is/ (consulté le 30 mai 2020)를 보라.

# 결론 —————————————

　　작가와 작품은 분리할 수 있다. 왜냐하면 앞서 보았듯 작가와 작품의 동일시는 절대로 완전하지 않으며 작품이 작가를 벗어나기 때문이다. 먼저 작품은 제작 과정 자체에서 작가로부터 벗어난다. 제작 과정의 초반에는 창조적 기획이 가능성 및 생각할 수 있는 것의 공간espace des possibles et des pensables에 의해 형성된다는 점에서, 후반에는 작품의 의미가 여러 매개자가 얽혀 있는 집단적 작업의 결과로 만들어진다는 점에서 그렇다. 더구나 작품은 수용 과정에서도 작가에게서 벗어난다. 수용 과정은 수동적이지 않으며 서로 상반될 수 있는 전유 형식을 통해 이루어지기 때문이다. 이론적으로는 작품의 의미가 다양한 주관적 해석에 녹아들어서는 안 된다고 해도, 실제로 그렇게 되는 것을 막을 수 없고, 각자가 상상한 바를 작품에 투사하는 것을 막을 수 없다. 오스카 와일드의『도리언 그레이의 초상』의 독자들이나 카미유 로랑스의『색인』의 주인공 클레르가 그렇게 했듯이 말이다.『색인』의 말미에서 클레르는 작품 속 책『색인』을 읽은 다른 독자를 만나 이야기하면서 문득 그가 그녀에 대해 하는 해석이 자신이 하는 해석보다 더 그럴듯함을 깨닫는다.* 수긍할 만한 해석의 경계를 정하는 기능이 작품에 대한 토론과 논평에 있는 것이다. 미디어상에서 일어나는 불같은 논쟁이 관계 자료들에 대한 선행 검토 없이 판결을 선고해 버리는 것은 유감스럽지만—다행히도—학식을 바탕으로 한 논쟁은 작품을 읽는 것만으로는 그 의미를 파악하기에 충분치 않음을 증명해 준다.

　　시공간을 넘나들며 작품이 유통되면 작품이 생산 맥락에

---

*　　[옮긴이] 카미유 로랑스의『색인』은 액자식 구성을 취한 작품으로, 작품 속에『색인』이라는 제목의 책이 등장하며, 주인공 클레르는 이 책이 자신의 이야기를 다루고 있다고 확신하고 책의 저자 '카미유 로랑스'를 찾아나선다. 이와 관련 1부 38-39쪽을 볼 것.

서 분리되기에, 작품을 탈역사화하고 오해할 위험이 높아진다.* 그러나 '기대 지평'이 변화하면서, 작품이 등장할 당시에는 묵인되고 심지어 높이 평가되기도 했던 인종주의, 반유대주의 또는 성차별적 세계관이 담긴 표현을 발견할 수 있게 된다. 바그너와 하이데거의 사례가 그 예시이며, 에드워드 사이드가 보여 주었듯이,** 식민적 표상 생산과 전파에 참여한 많은 사상가와 창작자의 사례도 그 예시가 된다―오늘날 고갱을 둘러싼 토론도 그러하다. 마찬가지로 '기대 지평'의 변화로 인해 드 만이나 야우스 같은 이들의 해석적 실천에서 평판을 위태롭게 하는 과거가 어떻게 억눌리는지 판독할 수 있게 되며, 이로써 수용의 해석학은 자기 덫에 걸린다.

논쟁의 대상이 되었던 작가들의 수가 많지는 않았다. 이는 지식과 예술 세계에 인종주의와 반유대주의 추종자나 이론가가 적었기 때문이 아니라, 아마도 우연은 아니겠지만, 그들이 대체로 역사의 뒤안길로 밀려났기 때문이다. 그런 작품들이 후대의 시험을 통과하지 못한 것은 기쁜 일이지만, 그럼에도 이런 작품을 되살려 내는 것은 필수불가결한 일이다. 그것으로부터 수익을 내거나 새로운 민족주의, 인종 차별, 외국인 혐오 성격의 정전canon을 구축하자고 부추기기 위해서가 아니라, 인식적 무의식에 대한 사회사histoire sociale를 완성하기 위함이다. 이러한 작업이 셀린이나 모라스를 『국가추념서』에 등재하는 것보다 더 시급해 보인다. 놀데 재단은 나치 정권하에 활동한 화가의 과거에 관련된 자료를 독립 연구자들에게 제공하기도 했다.

편집자 로리 헤르첼Laurie Hertzel은 작품의 외재적 요소와 독

작가와 작품을 분리할 수 있는가?

---

\* Pierre Bourdieu, "Les conditions sociales de la circulation internationale des idées", *Actes de la recherche en sciences sociales*, 145, 2002, p. 3-8.

\*\* Edward Saïd, *L'Orientalisme. L'Orient créé par l'Occident*, Paris, Seuil, 1980. 에드워드 사이드, 『오리엔탈리즘』, 박홍규 옮김, 교보문고, 2015. 또한 Gisèle Sapiro, George Steinmetz et Claire Ducournau, "La production des représentations coloniales et postcoloniales", *Actes de la recherche en sciences sociales*, 185, 2010, p. 4-11을 보라.

립적인 내재적 비평을 확립한 신비평을 환기시키며, 우리에게 아직 그러한 사치가 가능한지 궁금해 했다.* 이것이 사회과학에서 한 번도 문제가 되었던 적은 없다. 그러나 인문과학에서 내재적 접근을 우선시하는 경향이 있듯, 사회과학은 작품을 직접 다루는 것을 너무 자제하며 작품이 작가의 전기 및 현실 참여와 분리되어 있음을 받아들였다. 마찬가지로, 정전에 올라 있는 작가들은 전적으로 권위 있는 주석가들이 다루는 반면, 덜 중요하다고 여겨지는 작가들만 사회역사적 접근의 대상이 되는 구별이 이루어졌다. 이제는 이러한 학문적 장벽을 초월하여 우리 학문의 미래에 꼭 필요한 상기 작업을 위해 협력해야 한다. 작품들을 억압하는 것과 다름없는 검열이나 '삭제'보다는, 부르디외가 권유한 것처럼 내재적 그리고 외재적 분석이 모두 필요하다. 이는 바로 작품들의 상대적 자율성 때문인데, 이 상대적 자율성으로 인해 표현적 관심**이 작품 안에 어느 정도 숨겨져 있어 그것을 인식하기 어렵다.

정당한 저작들은, 정당한 저작임을 부정하는 형태로만 드러나는 표현적 관심을 파악할 때 필요한 폭력으로부터, 그것들을 보호하는 폭력을 행사할 수 있다. 공인된 작품들은 형식화 전략을 통해 고유의 인식 규범들을 부과하는데, 미술사, 문학사, 또는 철학사가 이러한 형식화 전략의 유효성을 증명한다.***

---

\* Laurie Hertzel, "Bookmark: Should Literary Prizes Be Judged by the Book, or by the Author? Or by both?", *StarTribune*, 18 octobre 2019: https://www.startribune.com/bookmark-should-literary-prizes-bejudged-by-the-book-or-by-the-author-or-by-both/563317982/(consulté le 21 mai 2020).

\*\* [옮긴이] 표현이 지향하는 바로 이해할 수 있다. 부르디외에 따르면 표현적 관심은 그 담론이 해당 장에서 차지하는 위치, 그리고 담론 생산자가 장에서 점유하는 위치에 의해 규정되는 한편, 장에 특유한 "검열"이라는 구조적 제약을 받게 된다. P. Bourdieu, *L'Ontologie politique de Martin Heidegger, op. cit.*, chapitre 4.

\*\*\* 위와 같은 책, p. 85.

그러한 작업만이 정전이 구성된 메커니즘을 해체함으로써 정전에서 이러한 작가들이 점한 위치를 필요한 경우 이해하고 재평가하게 해 줄 것이다. 아프리카계 미국 사회학자 W. E. B. 듀보이스W. E. B. Du Bois나 러시아 화가 나탈리아 곤차로바Natalia Gontcharova를 재발견한 사실에서 볼 수 있듯, 그 구성 메커니즘은 여성과 인종화된 소수자를 그들의 작품이 아니라 작가라는 사람에 관련된 이유로 정전에서 배제했다. 문화 매개자들에게는 지난 시절의 것들을 우리에게 되풀이하는 대신, 정전을 재독해, 재평가, 현행화하는 작업에서 맡을 역할과 책임이 있다.

아니다. 우리는 작가와 작품을 분리할 수 없다. 왜냐하면 작품에는 형식화 작업을 통해 어느 정도 승화되고 변모된 상태로 작가의 윤리정치적 성향과 세계관의 자취가 남아 있기 때문이다. 작품의 사회적 기원과 효과 안에서 작품을 이해하기 위해서는 그 작업을 드러내는 일이 필요하다. 작가가 자신에게서 벗어나는 작품의 효과를 포함해 작품에 대한 전적인 책임을 지는 것, 이것이 게임의 법칙이다. 그 규칙을 이용하건 회피하건 말이다. 작품의 진화 과정을 고려하며 작품을 분석하는 것이 중요하며, 그 작품이 포함되어 있고 그것에 의미를 부여하는 문화 생산 장의 변화와 작가의 전략과 창작의 전략을 연관 지어 살펴보아야 한다.

정신의 소산을 검열해서는 안 되지만, 인종 혐오와 성차별을 선동하고 취약한 집단에 낙인을 찍으며 강간과 아동 성범죄를 옹호하는 작품들에 대해서는, 작품이 수행적 성격을 지니고 있기 때문에, 옹호와 재현을 구별한다는 조건하에 유보적 입장을 표명한다. 그것들은 이미 법에 의해 처벌받지만, 한편으로 법은 한 시대의 규범들을 체계화한 것일 뿐이다. 『악의 꽃』은 시대의 규범이라는 명목으로 유죄 선고를 받았는데, 이 유죄 선고를 취소하게 만든 것은 표현의 자유를 위한 싸움이었다. 게다가, 마츠네프의 사례에서 보았듯 법이 언제나 적용되는 것도 아니다. 결국 공론이 이론과 실제에서 법의 진화를 돕는 기능을 한다. 페미니즘 협회와 인종주의 및 인종화racisation에 반대하는 협회가 여전히 가려진 문제들에 대한 인식을 높이기 위해 하는 일이 바로 이것이다.

폴란스키처럼 작가가 권위를 남용할 때, 또는 인종 차별적이거나 성차별적인 이데올로기를 전파하기 위해 자신의 명성을 이용할 때(다시 한번 분명히 하지만 한트케의 사례는 이에 해당하지 않는다) 그를 용인하고 심지어 상까지 주어야 하는지는 아직 남아 있는 문제다. 심사 위원들이 최고 권한을 가지고 있다. 그들이 양심에 비추어 행동해야 한다. (공모를 내포하는) 모든 책임하에.

# 감사의 ——————
—————————— 말

이 책을 쓰도록 격려해 준 쥘리 클라리니Julie Clarini, 그리고 이 에 세이 전체를 읽고 풍부한 논평을 해준 로르 뮈라에게 감사의 말을 전하고 싶다. 책의 일부를 읽고 대단히 흥미로운 의견을 제시해 준 프랑신 뮈엘-드레퓌스Francine Muel-Dreyfus, 잉그리드 글리처-홀티 Ingrid Gilcher-Holtey, 주디스 설키스 Judith Surkis, 조셉 유르트, 마르 커스 메슬링Markus Messling, 토마스 베커Thomas Becker, 프랑수아 즈 블룸Françoise Blum에게도 감사의 말을 전하고 싶다. 한트케 자료 에 대한 귀중한 도움을 준 쥘리안 보겔Juliane Vogel, 또한 가끔씩 자 문을 구했던 울리케 콜터만Ulrike Koltermann, 클라우스마이클 보 그달Klaus-Michael Bogdal, 헤닝 마르물라Henning Marmulla에게도 감 사하다. 그리고 주제에 대해 자극을 주는 토론을 나누었던 그웨나 엘 오브리Gwenaëlle Aubry, 루이필립 달랑베르Louis-Philippe Dalem- bert, 크리스토프 그라벤바터Christoph Grabenwarter, 카미유 로랑 스, 길라 루스티거Gila Lustiger, 야엘 니만Yael Neeman, 디나 리바르 Dinah Ribard, 브누아 사피로Benoit Sapiro, 아벨 사피로Abel Sapiro와, 코로나19가 유행하는 동안 멀리서 바흐의 토카타와 엘뤼아르의 시 사이에서 매일 격려해 주신 루스 사피로Ruth Sapiro에게도 감사 의 마음을 전하고 싶다.

# 지은이 ——————
—————— 후기*

* [옮긴이] 이 후기는 2024년 9월 문고판(poche) 발행을 계기로 지은이가 2024년 6월에 추가로 쓴 글이다.

이 책을 쓴 때는 '캔슬 컬처'라 불리는 것이 프랑스에 퍼지고 있을 때였다. 책이 수용되는 과정에서 여러 인터뷰를 했는데 새로운 사건들이 불거지면서 책이 다시 활발하게 읽히고 있다. 아동 성범죄 혐의로 기소된 미술가 클로드 레베크Claude Lévêque*, 그리고 최근 나타난 영화계 미투가 그러한 사건들이며, 이에 대한 숙고를 이어나갈 필요가 있다. 이 책은 스페인어, 포르투갈어, 스웨덴어로 번역되었고 조만간 네덜란드어, 한국어, 아랍어로 번역될 예정이다. 이러한 번역은 미투 운동이 다른 여러 나라에서 시차를 두고 퍼져 나가는 것과 궤를 같이하고, 국가별 지식 장에 특유한 토론에 새겨지며, 문제 제기 또한 각 장에서 특별한 형태로 나타난다. 이 후기는 여러 질문들을 낳게 한 몇몇 지점들을 분명히 밝히고 새로운 사례들을 통해 드러난 측면들을 통합하여 다루는 계기가 될 것이다. 최근 영화계 미투와 관련하여 《리베라시옹》과 했던 인터뷰, 그리고 예술가와 작품을 분리하는 가능성을 둘러싼 논쟁에 답하기 위해 저널 《노동, 젠더, 사회Travail, Genre et Sociétés》에 쓴 논문 또한 부록에 실었다.**

---

\* 레베크는 로랑 폴롱(Laurent Faulon)의 고소에 따라 2023년 6월 "15세 미성년자 강간", "피해자에 대하여 법적 혹은 사실적 권한을 지닌 자에 의한 미성년자 강간", "권위를 지닌 자에 의한 15세 미성년자 성폭행" 혐의로 기소되었다.

\*\* [옮긴이] 본래 부록에는 저자가 앞서 언급한 책 수용 과정에서 매체들과 한 인터뷰 목록과 함께 2024년 3월 6일자 《리베라시옹》 인터뷰 전문, 《노동, 젠더, 사회》에 실린 논문이 수록되어 있으나, 한국어판 부록에는 인터뷰 목록 및 인터뷰 전문 번역본을 싣지 않고 논문 번역본만 실었다. 《리베라시옹》 인터뷰 원문은 다음 링크에서 확인할 수 있다. "L'onde de choc Godrèche: "Un moment de réflexion inédit sur la production culturelle", selon Gisèle Sapiro", recueilli par Ève Beauvallet, *Libération*, 6 mars 2024. En ligne: https://www.liberation.fr/idees-et-debats/londe-de-choc-godreche-un-moment-de-reflexion-inedit-sur-la-production-culturelle-selon-gisele-sapiro-20240306_ZDRTDJ6VRFA37DWLXO2N5RZBYY/

## 남성상으로서의 포식자-작가?

작가라는 형상에 집중하는 이 책은 제작자, 배우, 연주자 등 권력 남용의 문제가 다른 용어들로 제기되는 이들은 다루지 않았다. 그 용어 중 하나가 경제 권력이고(하비 와인스틴Harvey Weinstein), 또 하나는 카리스마적 권력이다(이것이 제라르 드파르디외Gérard Depardieu나 플라시도 도밍고Placido Domingo*의 사례를 설명해 준다). 나는 작가라는 형상 및 현대 사회에서 창작을 실천하는 조건과 관련한 그것의 특성에 한정 지어 분석을 했다. 나의 분석은 부당 행위와 권력 남용으로 유죄 판결을 받은 작가들, 그리고 출신, 종교, 민족, 성적 기호 등을 이유로 사람들을 낙인찍고, 차별하고, 심지어 전멸하는 것을 정당화하는, 비판받을 만한 이데올로기적 관점을 드러낸 작가들의 사례들을 다루었다.

내가 다룬 사례들 가운데 왜 여성은 없냐는 질문을 받은 적이 있다. 여성의 사례를 단박에 제외한 것은 아니었다. 찾아보기도 했었지만, 책에서 다룬 사례에 상응하는 예를 찾지 못했다. 이것이 그런 사례가 존재하지 않음을 뜻하지는 않는다. 하지만 남성 지배 및 젠더화된 분업으로 인하여, 성적性的 포식자-작가 혹은 예술가의 형상은 남성인 경우가 대부분이다.** 마찬가지로, 예술의 정전에 오른 여성 작가들은 훨씬 드물며, 정치 영역에서도 여성들은 오

---

\*   [옮긴이] '세계 3대 테너' 중 한 명으로 손꼽히는 플라시도 도밍고는 2019년 여성 오페라 가수 및 무용수 등의 미투 폭로를 시작으로 2020년, 2023년 연이어 미투 고발을 당했다.

\*\*  옛 제자와 관계를 가졌던 시몬 드 보부아르(Simone de Beauvoir)의 사례를 내게 제시한 사람도 있었다. 그러나 그 여제자는 더 이상 그의 학생이 아니었고 이미 성인이었다. 그러므로 이 사례는 동일한 문제 제기에 해당하지 않는다. 물론 스승-제자 관계는 그 관계가 유효하게 작용하는 조건들을 초월하는 영향력을 낳는다. 따라서 이러한 관계를 책망할 수 있다. 하지만 이는 남성인 스승에게서 훨씬 빈번하게 나타나며 교사 집단이 여성화된 이후에도 그러한데, 이는 젠더 관계를 지시한다. 내 의도는 여성 작가와 여성 지식인의 행동에 윤리적 판단을 내리려는 것이 아니라, 출신, 종교, 민족, 성적 기호 등을 이유로 개인과 집단에 해를 가하는 권한 남용과 입장 표명을 판별하려는 것이다.

랫동안 배제되었고 지식 장에서도 여성들을 주변화했기에, 하이데거나 모라스 등에 상응하는 여성을 찾을 수 없었다—비록 독일 제3제국의 선전가였던 영화 감독 레니 리펜슈탈Leni Riefenstahl처럼 나치 여성 예술인이나 인종 차별적, 반유대주의적 여성 지식인*이 있기는 했어도 말이다. 그렇지만 트랜스포비아에 대항하는 투쟁은 이제 J. K. 롤링 같은 여성 작가들과 젠더 개념에 반대하며 생물학적 성에 대한 근본주의적 이해를 옹호하는 페미니스트들을 표적으로 삼고 있다.

강간과 성폭행으로 남녀 창작자들이 비난받을 때, 일반적으로 이러한 비난을 창작의 자유에 대립하는 것으로 본다. 물론 창작의 자유는 이데올로기 강요나 경제적 압박으로부터 보호되어야 한다. 그러나 창작의 자유가 타인을 해할 자유로 정의된 적은 단연코 없다. 신성한 괴물 혹은 천재라는 카리스마적 형상이 도구로, 심지어 특정한 침해를 덮는 데 이용될 수 있었다는 사실은, 작가나 창작자의 지위가 만들어 내는 권력에 대해 우리 사회가 문제를 제기해야 함을 역설한다. 마찬가지로 작가가 혐오 담론을 확산하기 위해 자신의 상징 권력을 활용했다면 그 작가에게 책임이 있다고 간주해야 한다.

나는 두 가지 전형적인 예를 구별했다. 하나는 작품이 부당 행위나 권력 남용 또는 이데올로기적 입장을 반영하면서 정당화하는 사례고, 또 하나는 그런 것들이 작품에 적어도 명시적으로 드러나 있지는 않기에 작품을 더욱 엄정하게 분석할 필요가 있고 대부분의 경우 작품에서 그 흔적이 발견되는 경우다. 이 양극단의 사례 사이에는 1부에서 논의한 축에 따라 작가와 작품의 관계들이 연속적으로 놓여 있는데, 환유 관계, 유사 관계, 내적 인과 관계(효

지은이 후기

---

\* 나는 이렌 네미롭스키(Irène Némirovsky)가 반유대주의를 보였다고 여겨지면서 촉발된 토론을 언급할까 생각했지만, 강제 수용소로 끌려가 사망한 이 유대인 작가의 사례를, 그러한 강제 수용에 이르게 한 반유대주의 정책을 정당화한 모라스와 하이데거의 사례와 나란히 놓는 것은 부적절하다고 보았다. Susan Suleiman, *La Question Némirovsky*, trad. fr., Paris, Albin Michel, 2017를 보라.

과가 의도적이든 아니든 간에)가 그 세 가지 축이다. 한편 새롭게 드러난 사건들은 작품의 생산 방식에 대한 질문을 제기한다.

## 클로드 레베크 사건

클로드 레베크는 부모가 맡긴 어린 미성년자들을 강간한 혐의로 고소를 당했다. 이 사건은 작품의 생산 방식에 대한 질문을 던진 다. 그의 작품이 아동 성애를 직접적으로 옹호하지는 않더라도 어 린 소년들을 성적으로 착취한 흔적이 있기 때문이다. 아이들의 손 글씨, 털 인형, 〈캄보디아에서의 휴가Vacances au Cambodge〉 연작* 과 같은 모호한 사진들은 언뜻 보기에 무고해 보이지만, 그의 혐의 를 알게 되면 이전과 같은 방식으로 작품들을 볼 수 없다—심미주 의적 관점에서(만약 그것이 존재한다면) 그것은 당혹스러운 경험 이 된다. 피해자가 살고 있는 도시인 제네바의 현대미술관MAMCO 관장이 이를 다음과 같이 표현했다. "기사에 기재된 행위들의 법 적 결과에 대해 의견을 표명하는 것은 제가 할 일이 아닙니다. 하지 만 이건 확실히 말할 수 있습니다. 저는 이제 그의 작품을 볼 때 그 에게 혐의가 있는 범죄의 흔적들을 찾게 될 수밖에 없습니다. 그러 므로 제가 관장을 맡고 있는 우리 미술관은 앞으로 그의 작업을 보 여 주지도, 유포하지도 않을 것입니다."** 레베크의 작품을 보유하 고 있는 다른 공공 시설들이 그러한 범죄를 저질렀을지 모르는 예 술가의 창작물을 대중 앞에 계속 전시해도 될지 망설이는 동안— 기관의 사명과 관련하여 문제가 제기되므로—, 미술가, 미술 비평 가 및 역사학자 60여 명은 서명을 담은 기고문을《아트 프레스Art Press》에 실어 무죄 추정의 원칙을 내세웠다. 한편 이 기고문은 해 당 잡지가 시행하는 젊은 미술가 비엔날레 조직 당시 예술 학교들

작가와 작품을 분리할 수 있는가?

---

*     https://galerie-krinzinger.at/artists/claude-leveque/

**    Témoignage de Lionel Bovier, "Je ressens une profonde tristesse", dans Jill Gasparini, *Le Temps*, 13 janvier 2021.

안에서, 그리고 지면상에서 신진 세대와의 갈등을 촉발하기도 했다.* 레베크의 친구이자 그의 작품 〈추락Chute〉을 전시한 생실뱅소성당chapelle Saint-Sylvain 소유주로서 기고문에 서명한 미셸 필리파르Michel Philippart는 자신의 뜻을 다음과 같이 밝혔다. "저와 제 아내가 이 건물의 책임자로 남아 있는 한 (작품은) 성당에 계속 있을 것이며 방문자들이 이를 볼 수 있을 것입니다." 그에 따르면, "미술 작품은 개별적인 운명을 초월하여 집단의 감정과 성찰에 파고들기 때문"이다.**

공공의 의뢰로 제작된 작품의 경우 공공 공간에서 작품을 철거하는 결정을 내리기는 법적 관점에서 쉽지 않다. 계약에 의거하여 작품의 온전한 상태를 지켜야 하기 때문이다. 그럼에도 불구하고 몽트뢰유Montreuil와 몽루주Montrouge에서는 레베크 작품의 조명을 껐다.*** 몽트뢰유의 문화부시장은 소등 이유를 해명하기 위해 다음과 같이 설명했다. "작품과 인간을 반드시 분리해야 한다고 생각하지만, 〈모던 댄스Modern Dance〉는 사실상 모든 이들이 강제로 봐야만 하는, 공공 장소에 설치된 거대한 작품이었습니다."****

---

\*     "Présomption d'innocence. Claude Lévêque", *Art Press*, 23 février 2021. Clémentine Mercier, "L'affaire Claude Lévêque remue la biennale d'Art Press", *Libération*, 10 décembre 2021 또한 볼 것.

\*\*    Jean-Mathias Joly, "Incompréhension, malaise et soupçons : l'affaire Claude Lévêque fait réagir dans la Nièvre", *Journal du Centre*, 23 janvier 2021에서 재인용.

\*\*\*  [옮긴이] 몽트뢰유와 몽루주는 파리의 근교 도시다. 두 도시에 설치된 작품은 각각 1,300여 개의 엘이디(LED)로 이루어진 〈모던 댄스(Modern Dance)〉, 10미터 길이의 네온사인으로 된 〈일루미네이션Illumination〉으로, 점등이 필요하다.

\*\*\*\*  다음에서 재인용. "Une installation lumineuse de Claude Lévêque, accusé de viols sur mineurs, va être rallumée à Montreuil à la demande des riverains", *France Info*, 16 mars 2022. En ligne: https://www.francetvinfo.fr/culture/arts-expos/art-contemporain/une-installation-lumineuse-de-claude-leveque-va-etre-rallumee-a-montreuil-a-la-demande-des-riverains_5018306.html.

베니스 비엔날레에 레베크의 작품을 전시했던 크리스티앙 베르나르Christian Bernard 제네바현대미술관 전 관장은—그는 이 미술가의 성적 행위에 대해 전혀 알지 못했다고 주장했다—이러한 결정이 검열에 해당한다고 보았다. "공공 권력이 기관 책임자들에게 어떻게 점차 검열 권한을 이양했는지 언젠가 따져 볼 일이다."* 그러나 박물관들은 언제나 선별 작업을 수행한다. 이는 작품 취득 뿐 아니라 작품을 전시할 때에도 마찬가지다. 게다가 동상과 달리, 작품을 파괴하거나 해체하자는 것이 아니다.** 작품들은 보존해 두었다가 공공 장소에 다시 내보일 수 있다.

이것이 몽트뢰유에서 있었던 일이다. 2021년 11월, 참여 민주제 지역 결정 기구인 주민 위원회가 〈모던 댄스〉의 조명을 다시 밝혀 달라고 시청에 요청했다. 이 설치물이 지역 유산에 속하며 작품 감상이 어떤 식으로도 그 작품의 창작자를 지지한다는 의미가 될 수 없다는 것이 요지였다. 그러므로 몽트뢰유 시청이 2022년 3월에 작품의 불을 켜기로 한 결정은 아동 성범죄에 대한 토론과 더불어, 정보를 갖춘 시민들이 협의한 결과다. 토론이 집단적 성찰에 기여한 것이다.

레베크는 어린이를 조수 및 모델로 삼았다. 이 사례는 드가 Edgar Degas, 고갱, 발튀스Balthus와 같은 화가와 조각가들에게 부모가 맡긴 미성년자 모델의 조건을 환기한다. 각각의 사례는 특수성을 띠면서도*** 작품의 생산 방식에 대한 문제를 공통적으로 지니

---

\* Christian Bernard, "Claude Lévêque et les nouveaux censeurs", Sitaudis, 27 janvier 2021. En ligne: https://www.sitaudis.fr/Incitations/claude-leveque-et-les-nouveaux-censeurs-1611740572.php

\*\* 동상 철거와 관련하여 다음을 보라. Laure Murat, *Qui annule quoi?*, Paris, Seuil, 2022.

\*\*\* 드가와 관련하여 다음을 보라. Camille Laurens, *La Petite Danseuse de quatorze ans*, Paris, Gallimard, "Folio", 2019 (2017). 발튀스에 대해서는 다음을 보라. Colette Morel, *Balthus et la photographie; enjeux d'une liaison méconnue* (1935-2001), thèse de doctorat, Paris, université Paris1-Panthéon-Sorbonne, 2021.

고 있는데, 이 문제는 집단 예술에서도 드러난다.

## 집단 예술에서의 분업과 힘의 관계

영화, 연극, 오페라, 무용 등 집단 예술에서 부당 행위는, 법이나 의료 분야처럼 조직화된 직업과 달리 규범화 정도가 미약한 직업 환경의 노동 관계에서 가장 빈번하게 일어난다. 영화와 연극에서 신체와 이미지의 중요성, 촬영이나 연습 소요 기간, 연기자 집단 조직의 부재 때문에 성폭력이 발생할 우려가 특히나 크다. 불평등이 젠더화된 특수성도 있다. 이 특수성은 예술 노동의 분업과 관련이 있다. 프랑스에서는 이러한 창작 형식에서 푸코가 말한 저자 기능 fonction-auteur을 감독이 전유한다(미국에서는 제작자가 저작자 auteur인 것과 달리). 그러므로 작품의 미학적 가치는 우선적으로 연출자와 감독의 것으로 여겨지며, 작가주의 영화에서 특히 그러하다. 그런데 근래까지도 여성 감독과 연출자는 드물었다.[*] 이러한 미학적 가치는 경제적 가치로 치환할 수 있다. 따라서 작가가 상징적 이익과 경제적 이익을 이중 전유하게 된다. 이것이 영화나 연극과 같은 집단 작업물에 있어서도 작품과 작가를 분리하기 어려운 까닭이다.

브누아 자코Benoit Jacquot와 자크 두아용Jacques Doillon 감독이 쥐디트 고드레슈Judith Godrèche 등 10대 소녀들에게 자행한 부당 행위와 폭력이 폭로되었을 때 일어난 충격의 물결이 이를 증명한다. 1980년대에 작가주의 영화가 기성 여배우 대신 어린 소녀에 관심을 가졌던 것은 "신선한 살갗"이 필요해서였다—이 소녀들이 대상화되었음을 잔인하게 보여 주는 표현이다. 이러한 대상화는 노동력의 비용이 낮아 불평등이 심화된 상황에서 일어나며, 자신

---

[*] 특히 다음을 볼 것. Jérôme Pacouret, "L'auteur de cinéma: une construction masculine?", *La Vie des idées*, 9 avril 2023. En ligne: https://laviedesidees.fr/L-auteur-de-cinema-une-construction-masculine-6087.

의 요구 조건을 제시하고 스스로를 보호할 수 있는(특히나 매니저가 있을 때) 경력 있는 여배우와 작업할 때보다 지배domination, 나아가 영향력으로 옭아매기emprise 또한 쉽게 이루어진다.

게다가 이 분야에는 직업 윤리에 대한 규정이 없다. 그러나 아델 에넬과 쥐디트 고드레슈 같은 인물들이 공개적으로 결집한 이후로 프랑스영화감독조합이나 국립영화센터 등 전문 기관에서 노동 관계에 대하여 더욱 성찰하기 시작했다. 규범과 실천이 의식화 덕분에 변화함을 보여 주는 셈이다. 여러 대책이 마련된 것이 그 증거인데, 이를테면 공연 연습 전에 참가자들을 대상으로 관심을 제고하고 대처 수단을 알려 주기 위한 사전 교육 시행, 나체를 노출하거나 성적인 장면에서 배우들의 안위를 보장하는 업무를 담당하는 인티머시 코디네이터 제도 도입, 괴롭힘 관련 담당자 지정 (현재로서는 250인 이상 규모의 촬영지에서만 의무 적용된다), 쥐디트 고드레슈의 변화 요구에 뒤이어 촬영장에서 16세 미만 미성년자를 동행하는 아동청소년 책임자 제도를 도입한 것 등을 꼽을 수 있다. 그러나 (예컨대 보험과 같은) 일부 대책은 여전히 잠재적인 피해자를 보호하기보다는 고소가 있을 경우 경제적 위기로부터 제작자들을 지켜 주는 데 목표를 두고 있다….

마찬가지로 고발된 감독들의 영화 개봉을 미루는 결정은 '집단적 제재'라기보다는 해당 영화 상영으로 수익을 내지 못할까 우려하는 영화관들의 경제적 계산에 해당한다. 그렇지만 어쨌든 사회적으로 지배받는 위치에 있는 집단이 SNS상에서 그러한 일에 연루된 감독들의 영화를 보이콧하는 구호를 내거는 것은 수행적인 효과를 불러올 수 있는데, 관객 일부의 지지를 잃을까 두려워하는 문화 산업이 그들의 메시지에 영향을 쉽게 받기 때문이다.(《리베라시옹》과 했던 인터뷰를 보라.)

누군가가 시사했듯, 이러한 사건들이 작가 정책*을 문제 삼아야 하는가? 제작자를 작품의 소유자로 삼는 할리우드식 대안 또한 하비 와인스틴 사건이 증명하듯 여배우 및 촬영 현장에서 일하는 여성 종사자들을 보호하지 못한다. 또 어떤 경우에는 제라르 드파르디외처럼 유명한 배우로부터 폭행이 발생하기도 한다. 앞서 언급한 대책 외에, 작품의 집단적 속성 및 작품을 주관하는 공동 제작 노동을 더 폭넓게 인정해 주어야 한다. [하지만] 이것이 작품과 작가를 분리하는 문제를 해결하지는 못한다—이 문제는 작품 유통뿐 아니라 작가에게 수여되는 상에 대해서도 제기된다.

## 새로운 매카시즘?

미투 운동에서 탄생한 보이콧 운동은, 가끔 그렇게 말하는 걸 듣기도 하지만, 매카시즘과 비슷하다고 여겨질 수 없다. 국가가 보이콧 운동을 조직하는 게 아니기 때문이다. 이것은 권한 남용과 지배 방식에 대항하는 반응이다. 우리는 피해자들이 겪은 상징 폭력과 물리적 폭력에 대하여 고찰하고 있는가? 보이콧 운동이 지나칠 때조차도 그것은 지난 수십 년, 수 세기 동안 겪어야 했던 폭력을 드러나게 해 준다. 우리는 이것이 '하위주체들'의 가치를 떨어뜨리려는 행동과 표상들에 변화를 불러오기를 기대할 수 있다. 물론 대중의 정의가 사법을 대체해서는 안 된다. 그러나 사법 또한 여성과 아동에게 가해지는 폭력과 관련하여 자기의 일을 조금 더 잘 수행해야 할 것이다. 대중의 심판은 보통 사법 시스템이나 권위를 지닌 사람

---

\*     [옮긴이] '작가 정책(la politique des auteurs)'은 프랑수아 트뤼포가 1954년 프랑스 영화 잡지 《카이에 뒤 시네마(Cahiers du cinéma)》에 쓴 글에서 사용된 용어이며, 일련의 비평가들 및 누벨바그 영화감독들의 지지를 받은 전략이자 운동이다. 이들은 당시 시나리오 작가와 스타 배우, 테크니션에 크게 의존한 '프랑스의 질'적 영화 전통을 비판하고, 영화 매체 특성을 존중하여 고유한 스타일을 실현하며 영화에 인장을 남기는 '작가'로서 영화감독을 영화 가치의 중심에 두었다. 즉, 여기서는 감독을 '영화 작가'로 삼는 흐름을 뜻한다.

들에게 요구되는 직업 윤리에 균열이 있을 때 나타난다. 이 균열—예를 들면 강간에 대한 판결에서—에 대해 심문하는 것이 폭력과 불의에서 탄생한 분노를 모으고 가라앉힐 최적의 방법이다. 아울러 이러한 결집이 없다면 이에 대해 말할 수도 없을 터이다.

고발된 작가와 연기자들이 비록 그 수가 적을지라도 대부분 부정으로 일관하는 한편—가브리엘 마츠네프는 이를 주로 공격적인 형태로 드러낸다—, 성악가 플라시도 도밍고Placido Domingo와 같은 일부가 후회를 표명하는 것은 규범이 진보함을 증명한다. 진정성 있게 표명하든 그렇지 않든, 개인에서 우러난 것이든 매니저나 대리인이 시켜서 한 것이든 간에, 이러한 뉘우침은 악덕이 미덕에 경의를 바치듯*, 노동 관계에서의 행동 및 표현의 자유와 관련하여 규범이 어떠해야 하는지, 그리고 용납의 한계가 어디까지인지 정하고 받아들이는 데 기여한다. 규범을 바꾸는 것이 우리의 목표이고, 제재는 그 수단일 뿐이지 목표가 아니다.

## 예술과 상징 폭력

작가와 작품의 관계를 다루고 있는 이 책은 작가의 소행과 관계없이 작품 자체가 책망의 대상이 되는 경우는 논하지 않았다. 그렇지만 이 에세이를 소개하고 토론할 때 이러한 질문이 수차례 대두되었다. 취약한 소수자를 대상으로 하는, 피에르 부르디외의 개념을 빌려 말하자면, 상징 폭력을 전파하는 작품을 두고 우리는 어떻게 할 것인가? 법은 출신, 종교, 민족, 성적 기호를 이유로 특정 집단에게 가하는 이른바 혐오 담론을 처벌하는데, 우리는 그러한 창작물을 어떻게 대해야 할까?

---

*    [옮긴이] '악덕이 미덕에 바치는 경의'라는 표현은 17세기 프랑스의 모랄리스트 작가 라 로슈푸코(François de La Rochefoucauld)의 것으로 여겨지는 유명한 격언 "위선은 악덕이 미덕에 바치는 경의다(L'hypocrisie est un homage que le vice rend à la vertu)"를 연상하게 한다.

기존의 도덕 질서와 지배 사상에 방해가 되는 작품에 대한 도덕주의적 반발은 늘 있어 왔다. 미국도서관협회가 조사한 공격 및 검열 시도의 대상이 된 책 목록이 이를 증명한다.* 이러한 공격 은 대부분 보수주의자에게서 유래한다. 오늘날 예술을 위한 예술 을 옹호하는 이들은 도덕성을 강조하는 진영이 도덕과 지배 사상 을 어기는 작품들을 대상으로 촉구하는 검열(포르노그래피, 패륜, 체제 의심이라는 명목으로 하는 공격)을, 페미니즘 협회 및 반인 종주의 협회들이 작품에 대해 하는 보이콧에 견주는 경향이 있다. 그러나 전자는 기성 질서를 어지럽히는 것을 검열의 대상으로 삼 는 반면, 후자는 여성이나 취약한 (민족적 또는 성적) 소수자를 낙 인찍고 이러한 집단이 피해자가 되는 상징 폭력과 물리적 폭력을 강화하는 표상을 예술로써 (작품이 그렇게 하건 작가가 그렇게 하 건) 정당화하는 것을 규탄한다.

보수주의적 관점에서의 금기는 지배자 및 지배 사상을 보호 하기 위함이다. 이를테면 19세기에는 왕정 체제, 종교적 신념을 비 판하거나(프랑스에서는 1881년 언론의 자유에 관한 법이 있기 전 까지 무신론이 범죄에 해당했다) 가족과 사회 위계를 문제시하는 것이 금지되었다. 우리의 자유민주주의가 이러한 금기들을 철폐했 고 취약한 개인과 집단을 혐오 담론과 폭력으로부터 보호한다. 극 우는 이러한 보호에 이의를 제기하며, 역사를 전도하여, 표현의 자 유와 예술의 자율성을 주장한다. 반대로 페미니즘 운동과 인종화 된 소수자들 쪽에서는 이 체계가 그들을 충분히 보호하지 못한다 고 비판하는데, 이는 사실이다.

하지만 과거의 작품을 검열하는 것은 필연적으로 해결책이 될 수는 없다—셀린의 반유대주의 팸플릿처럼 인종 차별적 측면

이 무엇보다도 우선시되고 있는 저작을 제외하고 말이다.* 이는 종종 제기되는 주장처럼 규범의 상대성 때문이 아니다. 인종주의적 표현이 당시에는 허용되었으므로 그 대상이 된 이들에게 상징 폭력이 가해지지 않았기 때문이 아니라, 내가 결론에서 밝혔듯 작품을 없애는 것이 상징 폭력의 흔적을 지울 수 있기 때문에, 오히려 그것을 밝혀내고 분석해야 한다.

이러한 관점에서, 경고(주의 경고문disclaimer, 사전 고지trigger warning)를 활용하는 것은 모든 종류의 맥락화가 그러하듯 집단 의식 제고를 촉구하는 해결책이 된다. 이는 내가 결론에서도 언급한 문화 매개자의 책임을 떠올리게 한다. 에이전트, 편집자, 갤러리스트, 제작자, 박물관 등 매개자는 작가의 공적 이미지를 제조하는 특성을 띠며, 경력의 여러 단계에서 그러한 이미지를 만들어 낸다. 따라서 이들에게 공론장에 유포할 작품을 선택할 책임(레베크의 사례에서 이를 보았다), 작품과 함께할 책임, 작품들이 제기할 가능성이 있는 문제를 명백히 밝힐 책임이 있다. 내셔널 갤러리가 고갱 회고전 때 바로 그러한 책임을 보였고, 2020년 영화 〈바람과 함께 사라지다〉가 재개봉했을 때 HBO 맥스도 그러했으며, 영화의 원작인 마가렛 미첼Margaret Mitchelle의 소설의 출판사 팬 맥밀런Pan Macmillan이 2023년 책 재발간 때 책을 '인종 차별적'이고 '유해하다'고 규정한 것도 마찬가지다.

동시대 창작자들에 대해서는 다른 방식으로 문제가 제기된다. 그들은 공인 덕분에 가시성과 정당성을 얻는데, 이 정당성은

---

\* 　그러나 아동청소년 문학은 엄격한 출판 기준을 따르기 때문에 별도로 다루어야 한다. 넷플릭스가 로알드 달(Roald Dahl)의 카탈로그를 인수하던 시기, 로알드 달 스토리 컴퍼니 주도로 2020년 그의 책을 다시 쓰는 작업이 있었고 이에 대해 분개하는 반응이 일었는데, 사실 이러한 반응은 이 문제를 상당 부분 무시한 것이다. 문학은 어린이의 세계관 형성에 기여하기에, 인종주의, 반유대주의, 호모포비아, 트랜스포비아, 비만 혐오 등을 바탕으로 특정 사회 집단을 낙인찍는 표상을 전파하는 것은 편견 형성과 정당한 정체성에 대한 위계 재생산을 조장한다.

(작가나 작품에 의해) 자행된 상징 폭력이나 [물리적] 폭력 행위를 평범한 것으로 만들고 심지어 축소한다. 두 경우 모두에서 문화 매개자는 책임이 요구되는 중대한 역할을 수행한다. 그것은 완화된 예술을 생산하는 것이 아니라, 예술의 사회적 효과와 활용에 대해 성찰하는 것이다.

더욱이, 예술을 억누르고 자기에게 유리하도록 예술을 도구화하려는 이데올로기적, 경제적 제약에 맞서 예술을 지켜야 하지만, 이러한 보호가 예술을 지나치게 신성화하여 우리가 해야 할 질문조차 못하게 되어서는 안 된다. 예술 실천의 사회적 조건, 작품 생산 방식, 그리고 인정에 접근할 기회가 예술 이외의 기준(특히 젠더, 인종화된 소수자 여부, 이주 궤적 등)에 따라 불균등한 상황—이로 인해 정전이 대부분 백인 서구 남성으로 형성되었다—에 대한 질문 말이다.* 이러한 정전은 사회 집단 간 힘의 관계를 재생산한 인지적 편향에서 해방됨으로써 수정되어야 하지만, 그렇다고 정전 자체를 포기하지는 말아야 한다. 그렇게 되면 후세에 물려줄 공통의 레퍼런스와 문화 유산을 아예 잃게 될 것이기 때문이다. 정전을 내버리지 않으면서도 여전히 우리는 낭만주의 이래로 작품의 상징적 가치 생산과 함께해 온 작가 신성화 원리에 문제를 제기할 수 있다.

---

\*      다음 내 책이 이를 대상으로 삼고 있다. *Qu'est-ce qu'un auteur mondial?*, Paris, Gallimard/Seuil/EHESS, coll. "Hautes études", 2024.

# 부록 —————————

# 자율성의 —————————
# ————— 불순한 기초*

*  이 글은 다음 지면에 수록되었던 글이다. "Les fondements impurs de l'autonomie", *Travail, genre et sociétés*, 50, 2023, p. 187-191. https://doi.org/10.3917/tgs.050.0187. 이 잡지의 요청으로, 본 호에서 '예술가와 그의 작품: 이 둘을 분리할 수 있는가(L'artiste et son œuvre : peut-on les séparer)'라는 주제로 기획한 논단에 글을 실었다. 이 글을 책에 다시 신도록 허락해 준 잡지 편집부에 감사를 전한다. 마주(Mage) 강의[노동시장과 젠더]의 일환이었던 토론 소개도 볼 것. https://www.youtube.com/watch?v=EFZz98ZVNNI.

나는 『작가와 작품을 분리할 수 있는가?』에서 푸코를 따라서 형사 책임 및 문학과 예술 소유권의 기반이 되는 '작가'*와 '작품' 동일시가 어떠한 점에서 사회적 구성물인지 분석하였다. 이러한 동일시는 문화 생산 장 및 지식 장의 자율성의 기초가 된다.

## 동일시와 탈동일시désidentification 사이

그러나 이러한 동일시는 절대로 완전하지 않으며, 동일시(자서전, 자화상) 혹은 탈동일시(허구화, 시공간 옮기기, 은유화 혹은 상징화) 방식을 통해 미술사와 문학사를 다시 읽을 수 있다. 문학 소송의 역사는 작가와 작품의 탈동일시 주장으로 점철되어 있다. 플로베르의 변호인은 덤덤한 서술체를 유지하는 화자가 간통을 비난하지 않고 때때로 인물의 관점을 취한 점 때문에, 자신의 고객이 간통을 옹호한 것이 아니라고 재판부에게 설득하기가 무척이나 어려웠다. 보들레르의 경우 악을 "외설적"이고 "부도덕"하게 그렸다는 이유로 처벌을 피해 가지 못했다.**

　　19세기부터, 기소된 작가들은 재현과 옹호를 구별할 것을 정당하게 주장해 왔다. 아나 아르주마노프Anna Arzoumanov가 설명한 바와 같이 2005년 프랑스 판례에 등장한 '거리 두기'라는 개념은

---

\*　법적, 분석적 범주로서 '작가/저자(auteur)'라는 추상적인 개념을 논할 때에는 철자를 그대로 쓰되, 작가/저자라는 사람을 칭할 때에는 'auteure'로 여성화하여 기재할 것이다. 나는 이탤릭 여성 통칭형[여성형 어휘를 대표적으로 사용하되, 여성형 어휘를 만드는 철자를 기울임꼴로 표기]을 사용한다. (이와 관련해 https://www.nouvelobs.com/bibliobs/20210308.OBS41110/inclusive-une-autre-ecriture-est-possible.html을 보라.)

\*\*　다음 내 저서를 볼 것. *La Responsabilité de l'écrivain. Littérature, droit et moral en France, XIX-XXIe siècle*, Paris, Seuil, 2011.

저자의 시점과 인물의 시점을 구별하는 또 하나의 방법이다.* 우엘벡과 같은 작가들이 금지된 담론(그의 경우 이슬람 혐오)을 공론장에 밀어 넣기 위해 픽션을 이용한다고 해서** 이 구별을 포기하는 데에 이르러서는 안 된다. 그렇지만 2020년 8월 27일 《발뢰르 악튀엘Valeurs actuelles》[극우 성향 시사 주간지]에 실린 이야기 「아프리카인 오보노」(다니엘 오보노Danièle Obono에 관한 것이었다***) 사례처럼, 픽션이 개인에 대한 인종 차별적이고 성차별적인 낙인 도구가 될 때 그것은 제재로부터 보호될 수 없다. 이것이 2022년 11월 고등 법원이 확인한 사항이다.****

## 작가의 세계관

그러나 인물을 넘어 작품 자체가 어떠한 방식으로든 언제나 작가의 세계관을 전파한다. 뤼시앵 골드만 같은 마르크스주의 비평가들은 페미니즘 비평가들보다 먼저 이것을 이론화했다. 하지만 죄르지 루카치György Lukács는 발자크의 작품이 저자의 반동적인 입장은 모르게 하면서 당대의 사회적 모순을 전달했다고 설명했다.

작가와 작품을 분리할 수 있는가?

---

\*    [옮긴이] 원문에서 저자가 같은 논단에 실린 글을 언급한 때에는 출처를 별도로 표기하고 있지 않으나, 이 번역본에서는 독자가 참고할 수 있도록 출처를 밝힌다. Anna Arzoumanov, "La distanciation entre l'auteur et ses propos; une notion efficace pour trancher le contentieux relatif à la liberté de création?", *Travail, genre et sociétés*, 50, 2023, p. 181-185.

\*\*    Jérôme Meizoz, "Le roman et l'inacceptable", in *L'Oeil sociologique et la littérature*, Genève, Slatkine, p. 196.

\*\*\*    [옮긴이] 다니엘 오보노(1980~)는 가봉 출신의 프랑스 국회의원이다. 2020년 해당 주간지는 오보노에 대한 이야기를 일곱 쪽 분량으로 실으면서 그녀를 노예로 묘사했고, 정치계로부터 곧장 비판을 받았다. 주간지 발행인 에릭 몽잘루(Erik Monjalous)와 기자 로랑 쥘리앵(Laurent Jullien)은 2022년 11월 16일 항소심에서 인종 차별 성격의 모욕죄로 벌금형을 선고받았고 이 국회의원에게 손해배상금도 지급하라는 판결을 받았다.

\*\*\*\*    Anna Arzoumanov, Amina Damerdji et Gisèle Sapiro, "Analyses littéraires et sociologiques de l'injure raciste; retour sur l'affaire Obono/Valeurs actuelles", in Dominique Lagorgette et Denis Ramond (dir.), *Lutter contre les stéréotypes*, Paris, PUF, coll. "La vie des idées", 2023.

창작 작업은 작가의 의도로 환원될 수 없기에 작가는 당대의 사회적 표상들을 전하게 되는데, 비평가들은 작품이 어떻게 이러한 표상들을 재생산하거나 전복하는지 질문할 수 있을 것이다.* 이는 회화와 영화에도 적용된다. 하지만 표상은 작품을 포섭하기에 충분치 않다. 형식은 전혀 중립적이지 않다. 자유 간접 화법으로 엠마 보바리의 시점을 취한 선택은, 그녀가 여성이기 때문이 아니라 고전 전통에서 희극적으로 다루어지기만 했던 쁘띠 부르주아지이기 때문에 공론장에서 허용될 권리가 없던 그 시점을 공론장에 나타날 수 있게 했다. 문체 기법, 아이러니, 가치를 부여하거나 절하하는 모든 방식은 작품 기저에 있는 세계관과 가치 체계를 표현한다. 이와 유사한 기법은 다른 예술에서도 나타난다. 이를테면 음악에서, 카트린 도이치Cathrine Deutsch가 언급하는 페미니즘에 입각한 연구들이 이를 입증하며**, 장-자크 나티에Jean-Jacques Nattiez도 바그너의 몇몇 작품에 드러난 반유대주의를 분석한 바 있다.***

신비평과 (러시아 형식주의에서 영감을 받은) 구조주의는 '인간'homme과 작품'(절대 '여성'이 아니다****)을 파악한 문학사뿐 아니라 마르크스주의 비평에 대항하여 등장했다. 이러한 두 흐름은 해석의 핵심을 작가에서 비평으로 옮겼고 형식에 대한 분석에 중심을 두었다. 그것들은 역사학, 사회학, 인류학, 법학에 대하여 문학 비평의 자율성을 주장했다. 이 두 흐름은 작품의 형식적 분석에 중요한 기여를 했지만, 그것들의 제도화는 마르크스주의 비평에 대하여 그러했던 것과 마찬가지로 새롭게 떠오르는 페미니즘 비평에 방해가 되었다. 그럼에도 불구하고 페미니즘 비평은 특

---

*    내 저서의 제2부를 보라. *Les Écrivains et la politique en France, de l'affaire Dreyfus à la guerre d'Algérie*, Paris, Seuil, 2018.

**   [옮긴이] Cathrine Deutsch, "Peut-on associer l'œuvre et le compositeur?", *Travail, genre et sociétés*, 50, 2023, p.175-179. https://doi.org/10.3917/tgs.050.0175

***  Jean-Jacques Nattiez, *Wagner antisémite*, Paris, Bourgois, 2019

**** [옮긴이] 'homme'는 '인간' 및 '남성'을 의미한다.

히 '남성적 시선male gaze'이라는 개념과 함께 미술사, 영화, 사진 등에서 빠르게 확립되었다. 페미니즘 비평은 카트린 도이치가 강조했듯 음악학에서는 좀 더 주변부에 있었다. 한편 포스트 식민주의 비평은 모든 분과에서 작품의 자율성에 대한 전제에 의문을 제기했다.

## 삭제하기보다 비판하기

[이번 논단에 수록된] 모든 글들은 삭제보다 비판 작업이 더 바람직하다고 여기는 견해에서 일치점을 보인다. 나는 내 책의 결론에, 정전에 있는 작품들을 지워 버린다면, 시대 규범이 어떠했던 간에, 그러한 작품들이 전달하는 표상을 통해 주변화된 집단들에게 가한 상징 폭력의 명백한 흔적을 지울 위험이 있다고 썼다. 그러므로 이에 대해서는 상기 작업이 필요하다. 정전을 해체하고 그 작품들의 지위를 재평가해서는 안 된다는 말이 아니다. 이는 페미니즘 비평가들이 오래전부터 착수해 온 일이다.

마찬가지로, 나오미 토트Naomi Toth가 학생들과 함께 폴란스키의 영화 〈테스〉를 그 원작 소설인 토마스 하디Thomas Hardy의 『더버빌가의 테스』와 비교하며 분석한 작업은 소설보다 영화에서 '남성적 시선'이 덜 중요하게 그려졌음을 드러나게 해 주며*, 이러한 작업은 학생들의 시선과 독해에 적절한 비판적 도구를 부여해 준다.

그렇지만 작품을 이러한 면으로만 환원한다면 이는 잘못된 일일 터이다. 왜냐하면 부르디외가 하이데거의 철학 저작에 대하

---

\*  [옮긴이] 같은 호 논단에 실린 글에서 나오미 토트는 원작 소설에서는 화자가 강간 피해 여성에게 가해지는 남성 시선의 폭력성에 대해 기술하는 반면, 폴란스키가 1979년(미국에서 미성년자 성폭행 사건이 1977년에 있었다) 연출한 영화에서는 이러한 화자의 아이러니가 덜 드러난다고 분석했다. Naomi Toth, "L'artiste, l'œuvre et nous. Aborder Polanski après #MeToo", *Travail, genre et sociétés*, 50, 2023, p. 163-167. https://doi.org/10.3917/tgs.050.0163

여 실행한 분석처럼*, 미학적 형식을 통하여 수행된 완곡화 작업도 심화 분석을 요구하기 때문이다. 아도르노는 문학 텍스트의 모호성, 다의성을 강조하면서 그러한 텍스트들이 이데올로기적 환원에 저항한다는 점을 보여준 바 있다.

## 문제가 되는 자율성

비판 작업 외에, 상대적 자율성을 갖춘 문화 생산 장의 출현 조건들에 대한 사회역사적 분석은 암묵적으로 존재하는 계급적, 젠더, 인종주의적 위계들을 오늘날 거의 고려하지 않았다. 이러한 위계들은 문화 생산 장 출현 조건들의 기초가 되며, 전혀 자율적이지 않은 편견의 영역에 속한다. 피터 파크Peter Park는 철학에 대하여 이러한 분석을 시도했다. 그는 저서 『아프리카, 아시아, 그리고 철학사Africa, Asia, and the History of Philosophy』**를 통해, 그리스 저자들에게 유리하게끔 철학사에서 이른바 동양적 전통 일부가 배제된 것이, 인종 차별적 인류학 이론의 영향을 받아 형성된 세계관을 지닌 칸트 학파에 기인함을 보여 주었다. 그리고 우리는 민족학이 정복 식민주의 시대에 하나의 과학으로서 구성되어 인종주의 이론들을 꽃피웠고 이것들이 식민 소행에 대한 유식한 정당화로 사용된 점을 알고 있다.*** 그러나 뒤르켐 학파는 문명화 과정에서 이미 지나간 단계의 잔재를 이른바 '원시' 종족에게서 본 진화론적 이론에 대항하여 다른 사회 및 문화의 존재를 충분히 인정하며 식민주의적 관심에 대한 자율성을 입증했다. 뒤르켐은 비일신론적 종교

---

\*      Pierre Bourdieu, *L'Ontologie politique de Martin Heidegger*, Paris, Minuit, 1988.

\*\*      Peter K. J. Park, *Africa, Asia, and the History of Philosophy: Racism in the Formation of the Philosophical Canon*, New York, SUNY, 2014.

\*\*\*      Carole Reynaud-Paligot, *La République raciale (1860-1930). Paradigme social et idéologie républicaine, 1860-1930*, Paris, PUF, 2006.

를 종교인 양 취급하였다고 거세게 공격받기도 했었다.* 마찬가지로 레비스트로스의 구조주의 인류학은 프랑스 민족학으로 하여금 식민적 선개념prénotions으로부터 벗어나게 해 주는 패러다임을 제공했다.

분과의 자율화 및 문화 생산 장의 자율화는 여성과 소수자들을 배제하거나 그들을 주변화함으로써 이루어지기도 한다. 예컨대 도로시 로스Dorothy Ross는 미국 사회학이 사회적 노동, 다시 말해 여성을 배제함으로써 전문화되었다고 설명한다.** 이는 조직화된 직업의 경우에 있어서도 마찬가지다.*** 미술 장은 프랑스 대혁명기에 여성들에게 개방되어 있었지만 미술 시장이 도래하면서 그 문이 다시 닫혔다.**** 진입 통제가 가장 약한 문학 장에서 19세기 여성들은 종종 남성 필명 뒤에 몸을 숨겼다. 그녀들은 수상이나 아카데미 등 매우 남성적인 공인의 경로에서 거의 배제되었다.***** 이러한 위계화는 순수하게 미학적이거나 과학적인 가치가 아닌, 편견에 기초했다. 안-마리 티에스Anne-Marie Thiesse가 강조하듯, "민

---

\*  다음 나의 논문을 보라. "Défense et illustration de "l'honnête homme". Les hommes de lettres contre la sociologie", *Actes de la recherche en sciences sociales*, nº 153, 2004, p. 11-27.

\*\*  Dorothy Ross, *The Origins of American Social Science*, Cambridge, Cambridge University Press, 1993.

\*\*\*  Juliette Rennes, *Le Mérite et la nature: Une controverse républicaine; l'accès des femmes aux professions de prestige (1880-1940)*, Paris, Fayard, 2007.

\*\*\*\*  Séverine Sofio, *Artistes femmes. La parenthèse enchantée, XVIIIe-XIXe siècles*, Paris, CNRS, 2016.

\*\*\*\*\*  1901년부터 1990년까지 노벨 문학상 여성 수상자는 여섯 명뿐이다. 공쿠르상의 첫 여성 수상자는 1945년 엘자 트리올레(Elsa Triolet)였다. 페미나상은 공쿠르 아카데미의 여성혐오에 대항하여 1904년에 만들어졌다. 마르게리트 유르스나르(Marguerite Yourcenar)는 1980년 아카데미 프랑세즈의 첫 여성 회원으로 선출되었는데, 첫 흑인 작가 레오폴드 세다르 상고르(Leopold Sedar Senghor)가 1983년에 회원으로 뽑히기 얼마 전의 일이었다.

## 전유, 신성화, 이익

렌 프라트Reine Prat**와 주느비에브 셀리에Geneviève Sellier***는 작가라는 형상이 작품 생산의 집단 노동을 희생시켜 작품에 연합된 상징 자본을 독점하는 경향이 있음을 강조한다—사회학은 오래전부터 이러한 집단 노동을 부각해 왔다. 그러나 작품을 그 작가가 전유하는 것은 당연한 일이 아니었으며, 재판에 직면하여 자율성을 쟁취한 것처럼, 그것은 투쟁으로 이루어졌다. 문학 소유권, 뒤이어 예술 소유권은 누구보다도 작품 이용 독점을 요구하던 문화 매개자들이 주장했고, 그들은 그러한 이용의 주요 수혜자가 되었다. 미국 법에서 영화의 저작자/작가auteurs는 제작자다.**** 그리고 스캔들이 되는 작가들로부터 계속 돈을 벌어들이는 자도 이러한 문화 매개자들이다.

　　낭만주의(여기에는 조르주 상드, 메리 셸리와 같은 여성 인물도 포함된다)에서 기원하는 작가 신성화는 민족 정체성 구축의 일환으로 교육 체계 및 국가 장례식, 판테온에 모시기, 추념 등의 의식에 의해 제도화되었다.***** 거의 대부분이 남성인 위대한 사상가나 학자 같은 인물들에 대해서도 마찬가지다.

\* 　　Anne-Marie Thiesse, *La Fabrique de l'écrivain national*, Paris, Gallimard 2019.

\*\* 　　[옮긴이] Reine Prat, "Un art de la ruse. La distinction entre l'homme et son œuvre, cache-sexe de la domination masculine", *Travail, genre et sociétés*, 50, 2023, p. 159-162.

\*\*\* 　　[옮긴이] Geneviève Sellier, "De quoi le "cinéma d'auteur" est-il le nom? Peut-on et faut-il séparer l'auteur de ses films?", *Travail, genre et sociétés*, 50, 2023, p. 169-173.

\*\*\*\* 　　Jérôme Pacouret, *Les droits des auteurs de cinéma. Sociologie historique du copyright et du droit d'auteur*, Paris, Fondation Varenne, 2019.

\*\*\*\*\* 　　Anne-Marie Thiesse, *La Création des identités nationales; Europe, XVIIIe-XXe siècle*, Paris, Seuil, 1999; *La Fabrique, op. cit.*

그러므로 문화 생산 장 및 지식 장에 대한 진정한 사회사his-toire sociale는 상prix 및 보상récompenses에서 공식적인 경의의 표시에 이르는 공인의 메커니즘을 분석하고 해체하기를 요구한다. 마츠네프 같은 사람이 아동 성범죄 옹호를 포함한 에세이로 르노도상을 받은 것을 어떻게 설명할 텐가? 또 셀린이나 모라스가 『국가 추념서』에 등재되었던 것이 이데올로기적 유사성 때문은 아니었다. 하지만 이 저자들의 생일을 추념함은 무엇을 의미하는가? 창작자들이 그들의 작업으로부터 상징적, 경제적 이익을 얻을 정당한 권리를 문제시하지 않되, 작가라는 형상은 해체되어야 하는 제도이며, 작품을 이용하고 작품으로부터 이득을 보는 형태 또한 해체해야 한다.

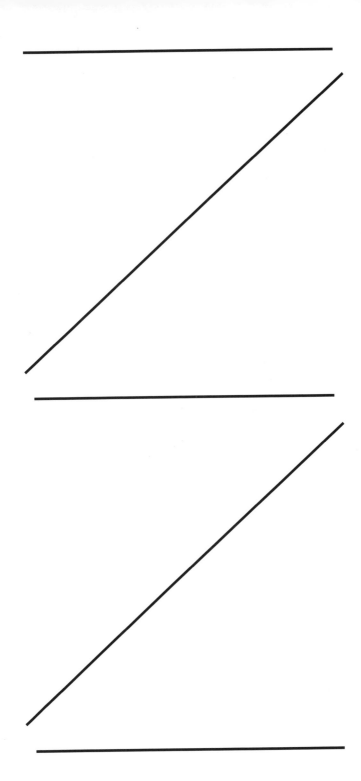

# 작가와 작품을 분리할 수 있는가?

**처음 펴낸 날**   2025년 1월 20일

**지은이**   지젤 사피로
**옮긴이**   원은영

**펴낸이**   주일우
**편집**   이유나
**디자인**   cement

**펴낸곳**   이음
**출판등록**   제2005-000137호 (2005년 6월 27일)
**주소**   서울시 마포구 토정로 222 한국출판콘텐츠센터 210호
**전화**   02-3141-6126
**팩스**   02-6455-4207
**전자우편**   editor@eumbooks.com
**홈페이지**   www.eumbooks.com
**인스타그램**   @eum_books

**ISBN**   979-11-94172-09-3 (03300)
**값**   18,000원